정치부 기자가 쓴 ─────

당선으로 가는 길

최 재 익 편저

한누리미디어

머 리 말

1948년 대한민국 정부가 수립된 이래 우리의 민주적 선거의 역사도 반세기를 헤아리고 있습니다. 그러나 불행하게도 그동안 우리가 수없이 치루어 온 각종 선거 중 부정과 부패, 타락과 폭력으로 얼룩지지 않은 깨끗한 공명선거는 단 한번도 없었다고 해도 과언이 아닐 것입니다.

5·16 군사정권에 의해 지난 60년 광역 도의원 선거를 끝으로 이 땅에서 영원히 사라졌던 풀뿌리 민주주의 지방자치가 실종된 지 35년만에 다시금 그 빛을 보게 되어 이제 제2회를 맞게 되었습니다. 역사는 한때의 반동은 허용할지는 모르나 결국 영원히 후퇴하는 일은 없는가 봅니다. 어떠한 폭군의 강권정치도 한때 국민을 침묵시키거나 현혹시킬 수는 있어도 영원히 국민과 역사를 지배할 수는 없듯이 말입니다.

바야흐로 지방화 시대가 본격적으로 열렸습니다. 1995.6.27 사상 유례없는 4대 지방선거의 동시 실시에 이어 1998년 6월 4일 실시되는 제2회 지방선거의 중요성이야말로 백번 강조해도 지나침이 없을 듯합니다. 왜냐하면 주민들이 선거를 통하여 스스로 자율적인 지방정부를 구성하여 정치적 민주성이 견고해지면 개별 지방은 물론이고 국가전체를 위해서도 유익한 그야말로 민주주의의 학교이기 때문입니다.

따라서 본 저자는 새롭게 출발하는 제2회 지방자치세의 선거를 맞이하여 새로운 시각정립과 올바른 이해의 폭을 넓히고자, 더 나아가 지방자치의 성공적인 발전을 위해 나름대로 정리해 두었던 것을 책으로 엮어 보게 되었습니다.

먼저 올바른 선거문화의 정착을 위해 다함께 힘써야 할 부문들을 정리하였으며, 지방자치에 실천적으로 참여하고자 하는 관계자들을 위해 현행 선거법을 더욱 소상히 서술해 놓았습니다. 선전과 홍보부문에서는 알기 쉽게 요점만을 간추려 도식화하였으며 과학적인 선거기획 방법을 게재하여 효율적인 선거운동을 하도록 하였습니다.

뿐만 아니라 여야 후보들의 연설문을 이번 선거에 맞게 이슈를 선정, 작성하였기 때문에 시의성에 맞는 원고라 하겠습니다. 부록으로는 선거일정표를 수록하여 미리 선거일정을 알아볼 수 있도록 하였음은 출마하고자 하는 분들에게 조금이나마 도움이 될 것으로 사료됩니다. 이제 본격적인 지방화 시대를 맞이하여 불법·타락이 없는 공명정대한 선거가 되도록 다 함께 노력해야겠습니다.

수난과 고난의 역사 속에서, 질시와 반목의 정치사 속에서도 용케도 우리는 그 생명력을 잃지 않고 우리의 운명을 개척해온 저력있는 민족의 자긍심을 가지고 새로운 선거문화 정착에 이바지 해야겠습니다.

끝으로 이 책이 나오기까지 격려를 아끼지 않으셨던 새정치국민회의 이종찬위원장님과 자민련 김을동위원장님, 장정자부위원장님, 그리고 충청향우회 회장님 및 임원진선생님, 이상조선생님, 박창화선생님, 김석전선생님, 변동철선생님, 영원한 친구 김시원, 서윤식에게도 감사드리며 오늘도 병마에 시달리시는 부모님께 쾌유의 마음을 담아 이 책을 올립니다. 항상 마음 고생 속에도 언제나 웃음을 잃지 않고 내조하는 사랑하는 아내 권선숙과 아들 최의원, 최윤형에게도 고마움을 표하면서 본 책자가 관심있는 모든 분들에게 조그마한 참고라도 된다면 본 저자는 더 없는 영광으로 생각하는 바입니다.

1998. 4. 1

편저자 최 재 익

추 천 사

　해방 후 끊임없는 정통성 시비와 반목으로 점철되었던 50
년간의 암흑의 정치사 속에서, 한 때는 군사정권에 의해 실종
되었던 지방자치제가 새로운 문민정부에 의해 35년만에 실시
되고 다시금 김대중 국민의 정부에 의해 제2회가 실시하게 되
어, 금년에는 풀뿌리 민주주의의 상징이라고 할 수 있는 지방자
치 시대가 확고히 정착되리라 생각된다.
　"말은 풀고 돈은 묶겠다"는 새로운 선거법의 입법취지는 돈
안드는 선거를 실현하고 선거일을 미리 예시하여 정치불안과
국민경제의 혼란을 사전에 예방하는 동시에 예측 가능하고 투
명한 정치를 지향하기 위한 "선거의 장"을 만들겠다는 것으로
언론을 비롯한 사회 각계와 국민 모두가 이러한 선거제도의 혁
명을 모두 반기고 있는 실정이다.
　그러나 우리가 한가지 유의해야 할 점은 참다운 민주발전과
선거문화의 정착을 위해서는 제도못지 않게 국민들의 절대적
참여와 준법정신은 물론 의식수준의 향상이 수반되어야 한다는
것이다. 독일 바이마르 헌법이 당시 세계에서 가장 모범적인
헌법이었지만 바이마르 공화국은 몇년을 지탱하지 못하고 결국
붕괴되고 말았다는 교훈은 우리에게 많은 시사점을 던져 주고
있다.
　역사의 흐름 속에서 보면 한 시대가 지나고 새로운 시대가
전개될 때에는 반드시 이에 따른 큰 변화가 있게 마련이고, 흐

르는 물결이 있는가 하면 파도치는 물결과 역류하는 물결도 있게 마련이다. 역사의 눈으로 보면 한 때의 역류가 이기는 것처럼 보일지 모르나 그것은 짧은 순간의 허상일 수도 있다. 이러한 엄숙한 역사의 원리를 인식하여 이번에 실시하는 제2회 4대 동시선거를 무리없이 수행하여 탄탄한 지방화시대의 기저를 다져 나아가야 함은 우리 국민 모두의 책무이다.

이와 같이 중요한 시대의 전개를 목전에 두고 정치부 기자가 쓴 ≪당선으로 가는 길≫이라는 작은 책자가 선거에 임하는 정당이나 후보자, 그리고 유권자들에게 올바른 선거문화의 정착에 기여할 것을 믿어 의심치 않으며, 딱딱한 선거법을 좀더 명확하고 알기 쉽게 해설한 것은 선거에 임하는 모든 독자들에게 신선감을 불어 넣어 주는 기회가 되리라 생각되어 기쁜 마음으로 추천하는 바이다.

1998. 4. 1

국회의원 김한길

목   차

제3편. 사전선거운동 사례

제4편. 선전과 홍보

제6편. 선거연설의 요령과 실제

제1편
공명선거 실천방안

Ⅰ. 공명선거 실천방안

가. 최근 선거의 일반적 특성

대의 민주정치 체제하에서의 선거는 유권자의 의사를 가장 잘 대변할 수 있다고 간주되는 대표자를 유권자 가운데에서 선출해 내고자 하는 작업이다. 또한 대의과정에 유권자의 주류의사를 반영하고자 하는 제도이고 유권자 대다수의 요구에 합당하도록 정부를 구성하고자 하는 절차이기도 하다.

따라서 이와 같은 선거가 주권재민의 원리를 훼손없이 반영한다는 전제하의 요구이므로 사회구성원 각자의 의사가 균등하고 공정하게 고려되도록 해야 한다. 주권재민의 원리에 충실한 선거란 결국 선거과정의 기회균등과 공정성 등이 보장되는 공명선거를 뜻하게 된다. 즉 공명선거는 민주국가 성립의 관건이 되는 셈이다. 그러나 이 경우에 주권재민의 기본원리에 충실한 양식으로 치루어지는 선거란 과연 어떤 선거를 구체적으로 의미하느냐 하는 문제이다.

이에 대해서는 대체로 공정한 선거제도, 자유로운 투표 분위기, 도덕적 정치풍토, 입후보자간의 경쟁성 등이 확보되어야 함에도 불구하고 우리나라 역대 각급 선거의 대부분이 공명성의 확보에 미달되는 것이었으며 거의 완벽한 의미의 불공명선거가 계속되어 왔다는 의미이다. 이는 선거의 3대 구성요소라고 할 수 있는 정당, 후보자, 유권자 모두가 공명성을 저해하는 주요 인자로 작용해 왔다고 보여지기 때문이다.

우리 나라의 역대 선거를 조망해 보면 우리 사회의 정치문화 즉 유교적 전통이나 권위주의 사회의 일반적 특성 등이 배경이 되어서 금권선거, 관권선거, 감정선거 그리고 이러한 불공정 선거의 기초를 이루는 비윤리적 선거양식이 주류를 형성해 왔다. 특히 현대 정치사 전개의 초기에는 후보자 등록 방해나 선거운동 방해, 투·개표 부정 등과 같은 보다 직접적이고 물리적 강제력에 의존하는 관권선거가 주종을 형성해 오면서 점차 간접적이고 제도적인 영향력 행사의 양식으로 변모되면서 금권 타락선거가 대규모화, 고단위화, 조직화 하는 새로운 양상을 보여주게 되었다.

그리고 이 과정에서 지역간 대결의식을 고취하고 이를 선거에 이용하려는 심리적 왜곡현상도 등장하게 됨으로써 일종의 감정선거가 유도되고 있는 실로 안타까운 지경에 이르게 된 것이다. 이러한 감정선거는 정치적 통합과 사회적 결속의 촉진을 목적으로 하는 선거의 존재 이유에 정면으로 역행하여 사회구성원간의 대립과 갈등을 확대 재생산하고 그 결과 오히려 타협과 조정의 소지를 축소하는 효과를 낳게 되었다.

이는 사회 구성원간의 관계를 감정관계로 단일화하고 단세포적 대응을 조장함으로써 다원적 의식구조나 의사소통 내지는 관계구조를 파편화 하는 망국적인 현상으로 시급히 청산해야 할 과제인 것이다.

나. 공명선거의 저해 요인

불법선거와 타락선거의 주요 원인은 선거의 3대 구성요소인 정당, 후보자, 유권자 모두에게서 찾을 수 있다. 그러나 후보자의 경우는 대개가 정당소속으로써 정당의 성격으로부터 직접적인 영향을 받는다는 점에서 볼 때 정당과 후보자는 거의 비슷한 요인을 갖는다고 할 수 있다. 그리고 이들 선거 참여자들로 하여금 부패선거나 부도덕한 선거전에 나서지 않을 수 없게 하는 이유에는 바로 이런 선거양식을 유인하는 요인과 그런 유인 요인에 손쉽게 조응할 수 있도록 하는 상황적 조건이 있다고 상정해 볼 수 있다.

정치란 물흐르듯 자연스러워야 지도하는 사람도 추종하는 사람도 다같이 편안한 것이다. 그러나 정치권력을 장악한 지배자는 권력유지와 강화를 통하여 자신의 권력을 지속화 하려는 경향이 바로 정치와 권력에 내재되어 있는 속성이다. 이러한 권력의 속성 때문에 권력적 지위를 확보하고 있는 기득권자는 그가 사용할 수 있는 모든 방법을 다 동원하게 되는 것이다.

또한 유권자의 방관과 관용, 나아가 그들이 요구하기 때문이다. 선거때만 되면 당연히 있는 것으로 아니면 거절할 수 없는 우유부단한 태도, 자신이 지지하는 후보의 성의로써 자의적으로 해석하고 나아가서는 이왕지사 누가 되어도 나 자신과는 아무 상관없다는 식으로 돈이나 챙기자는 금전만능의 세태에 스스로 적응하기 때문이다. 다시 말해서 후보자는 당선을 위해서 금전과 향응을 제공하고 유권자들이 그것을 의식적으로든 무의식적으로든 바라고 있다는 사실이다.

이번에 새로 개정된 통합선거법은 선거가 끝난 후라도 불법, 탈법 사항이 드러나면 당선무효화 하는 내용도 있지만 선거진행 과정상에 있어서의 관리능력에는 문제가 없는 것은 아니다. 선거관리위원회의 조직과 권한이 취약한 상태에서 사실상 효과적으로 선거 진행과정을 계도하고 지휘하기가 어려운 실정이다. 이렇게 선거과정에 대한 행정 지도력이 효과적으로 발휘되지 못한다는 사실은 정당과 후보자의 입장에서 볼 때 우선 득표에 유리한 행위라면 무엇이든지 행하고 보자는 식의 생각을 갖게 만드는 필요조건을 제공하게 된다는 것이다.

다. 공명선거 실천방안

1. 정당·후보자의 선거에 대한 인식전환

정당은 단순히 후보자를 공천하여 선거전에 내세우는 일만으로 자신의 소임이 모두 끝난 것같이 생각하는 자세에서 탈피함은 물론 과학적으로 치룰 수 있는 각종 선거기술 지원체제를 확대하여 선거기술의 부족이나 저발전상태 때문에 부패선거에 의탁하고자 하는 후보자의 유혹을 차단할 수 있도록 하는 노력이 요구된다.

정당의 정책개발 능력이나 선거전략의 개선 그리고 엄정한 정치적 이해득실의 계량 등을 통하여 계몽부재에서 오는 불필요한 정파간의 경쟁이나 오해를 불식하고 인기에 영합하기 위한 허위공약의 남발을 자제하는 등의 새로운 정치적 관행을 정립해 나가기 위하여서도 정당의 전문기술요원 확충이 필요하다.

또한 지금까지의 후보자에 대한 지원체제를 금전이나 바람몰이 위주에서 벗어나 정보의 제공이나 각종 행정적 기술적 서비스의 보조방식으로 변화되어야 한다. 예를 들면 선거전략의 개발, 연설문의 작성, 지도, 훈련, 선거홍보물의 기안 등과 같은 서비스 형태로 전환함으로써 훌륭한 정책대결, 인물본위로 국민앞에 당당히 나설 수 있는 정당이 되어야겠다.

이번에 새로 개성된 통합 선거법이야 말로 지난 날의 선거법과는 달리 현실에 맞게 고쳐진 아주 이상적인 법으로 국민들로부터 선거혁명이라고까지 불리웠던 것이므로 후보자와 국민의 배후에서 막강한 영향력을 행사하는 정당들은 거듭 태어나는 자세로 지역감정을 조장하거나 선거법의 편향화 등을 통하여 선거전에서 보다 유리한 입지를 구해 보려는 것과 같은 저급한 전략에서 벗어날 수 있는 토대마련에 힘써야 할 것이다.

2. 선거관리위원회의 사법권 부여

선거관리위원회가 헌법기관으로서 독립된 권능을 가지고 있음에도 불구하고 실제로는 그 기능을 다하지 못하고 있는 실정이다. 중앙 선거관리위원회 및 위원장의 권한이 실질적으로 보장되기 위해서는 현재와 같이 단순한 임명이나 추천에 의한 제청으로 임명하는 것이 아니라 보다 효율적인 방법으로 선출하여 보다 독립적이고 중립적이 되도록 해야 한다.

각급 선거관리위원회의 위원들도 정당의 의석수 순대로 배분, 구성할 때만이 지금까지 선거관리위원회에 대한 편향된 시각에서 벗어날 수 있을 것이다. 그리고 현재의 인원과 예산으로는 기본적인 선거사무를 수행하기조차 어렵다. 각종 선거사무에 관한 인원의 증원과 예산의 증액이 수반될 때만이 선거관리위원회의 주요 기능인 공명선거 계도 및 감독이 원활히 이루어질 것이다.

또한 한정된 선거운동 기간동안만이라도 선거관리위원회에 사법권을 부여해야 한다. 이 사법권 부여는 부정선거 방지를 위한 선거관리위원회 활동이 형식적으로 끝나지 않게 하기 위하여 필요한 것임은 물론 선거관리위원회가 고발한 사건을 사법부에서 무시하고 정치적 홍정물로서 이용하는 정치상황에서는 더욱 필요하다 하겠다.

선거관리위원회에 대해 「공명선거 실현을 위한 여론조사」에 의하면 헌법상의 독립기관인 선거관리위원회가 선거때만 있는 기관이라거나 행정부에 소속된 기관으로 잘못 알고 있는 경우가

45%가 넘는 것으로 나타나 유권자의 절반 가량이 선거관리위원회에 대해 부정적인 반응을 보였다. 따라서 이와같이 부정적 이미지를 탈피하기 위해서도 선거사무에 관하여 필요한 경우 행정기관에 지시할 수 있는 권한을 가진 기관임을 보여줌 직도 좋은 예라 하겠다.

예를 들어 선거법 위반의 예방, 감시활동과 선거범죄의 단속, 고발은 선거관리위원회의 권한 사항이고 처벌은 사직당국의 고유 권한이긴 하나 사직당국 중에서도 법원이 아니라 행정부 소속인 검찰의 고발처리, 수사속도, 방향에 대해서는 중앙 선거관리 위원장이 법무장관 혹은 검찰총장에게 지시 내지는 협조를 구하는 모습을 보여줄 때 관련 후보자는 물론 유권자 모두에게 선거관리위원회의 위상제고와 홍보에 상당한 효과가 있으리라 생각된다. 이와 같은 바탕위에서 시민협의회 같은 운동단체와 유기적으로 협조하여 공정한 선거관리에 충실함과 동시에 나라의 앞날을 걱정하는 미래지향적 모습을 보여줄 때 범국민적 지지와 새로운 선거문화의 정착에 이바지하게 될 것이다.

3. 언론의 공정한 보도와 계몽활동

올바른 선거문화 정착을 위해서는 범시민 운동의 전개에 이어 신문·방송을 통한 적극적인 계몽운동이 뒷받침 되어야 할 것이다.

선거의식의 개혁을 위해서는 국민의 정서를 거의 마음대로 좌우할 언론매체 즉, TV를 통한 캠페인이 침투 효과면에서 가장 광범위한 것이므로 효율적인 선거계도를 위해서 언론은 유권자의 민주의식의 고양을 위해 권력으로부터 철저히 독립되고 중립된 자세를 견지함은 물론 언론 종사자들의 부정 타락선거에 대한 인식을 공유하고 그것을 척결해야 된다는 사명감이 구체적인 노력으로 연결되어야 한다. 특히 언론기관은 광고료의 수입에 의존하고 있으나 공익 광고협의회 등 일반기업체의 세금면제 혜택의 지원을 받아 유권자의 정치의식 고양을 위한 정확한 인식을 고취·선거의 역할과 기능에 대한 인식 확대 그리고 주체적인 참여와 비판의 중요성, 부정과 타락선거의 결과와 유권자 자신에게 미치는 영향 등을 심층 분석·홍보함으로써 주권자 자신이 현실적으로 수행하게 만들어 나가야 한다.

　TV를 통한 선거계도 방법으로는 홍보 프로그램의 제작유도와 지원이 있을 수 있고 방송사가 주관하고 선거관리위원회가 테마를 제공하며 기업이 협찬하는 방법에 일반시민이 참여하는 종합기획 형식의 캠페인도 가능하며 외국의 성공사례, 시사토론, 르포의 프로그램을 제작토록 유도하는 것이다.

　또한 방송사의 작가와 연출가의 협조를 얻어 최근 인기리에 방영되고 있는 드라마에 시민단체 등에서 자원봉사하고 있는 역할을 출연시킨다든가 자연스럽게 공명선거 관계대사를 끼워 넣어 선거가 일회성이 아닌 일상생활의 일부분임을 인식시킬 때 위법, 타락선거 풍토 추방을 위한 시민 개혁운동이 점차 확산되어 나갈 것이다.

　각종 잡지 등은 발행일자가 한정되어 있어 기획 및 분석기사를 싣기에 아주 유리하므로 이에 협조를 구하는 한편 여성에 관한 잡지가 홍수처럼 쏟아지는 요즈음 여성들의 정치참여와 관심을 끌어내기 위한 자원봉사 인물위주의 소프트한 기사와 여성들의 자긍심과 역할 등에 대한 기사로 올바른 정치의식을 일깨워 나아갈 때 유권자들은 진정한 정치적 주체로서 홀로설 수 있는 것이다. 그러므로 주체적이고 참여적인 정치문화는 언론으로부터 시작되어 시민의 민주의식으로 견정되어 그 국가의 정치발전을 가져오는 것이다.

4. 유권자의 주체적 노력

직접 민주정치와 대의 민주정치의 정신을 최대한 살릴 수 있는 공명정대한 선거를 이루는 데는 무엇보다도 유권자의 주체적인 판단과 노력이 필요하다. 선거가 깨끗하고 공정하지 못하면 대의 민주정치는 직접 민주정치의 깨끗한 생명과 수혈을 공급받지 못한 것과 같은 것이기 때문에 병들고 절름발이 민주정치 밖에 될 수 없다.

국민의 뜻이 대의기구에 전달되는 통로인 선거가 제도적 · 법적으로 깨끗하고 공명하지 못하다는 것은 유권자와 후보자가 깨끗하고 공정하지 못하다는 뜻으로 풀이할 수 있기 때문에 우리 유권자인 국민들은 현대 민주정치의 주체라는 것을 명심하여 과열된 선거분위기에 흔들림없이 의연한 자세로 성숙한 민주시민 의식을 발휘하여 선거질서를 저해하는 행위와 불법적인 선거운동을 철저히 외면 배격하여 정당 및 후보자로 하여금 불법 선거운동이 오히려 역효과를 가져다 준다는 것을 깨닫도록 해야 할 것이며 우리가 행사하는 한표 한표는 우리의 양심과 인격의 표상이어야 하고 국정 방향에 대한 선택이어야 한다는 것을 인식하여 흑색선전에 흔들리고 금품에 현혹된다든가 지역감정에 우리의 선택이 좌우되는 일이 없도록 다같이 노력해야 할 것이다. 그동안 우리는 수 많은 선거를 치러 왔으면서도 그때마다 부정과 시비로 얼룩졌던 불행한 경험을 가지고 있다. 그러므로 지금부터 우리 유권자는 지난 날에 대한 뼈아픈 반성으로부터 출발하여 선거에 작용했던 부정적 요인들을 하나하나 과감하게 척결해 나가는 성숙된 민주시민으로서의 자존심을 지켜야겠다.

그러기 위해서는 우선 정당과 후보자는 누구보다도 선거정국을 바르게 이끌어 가야 할 책임을 통감하여 국민의 배후에서 막강한 영향력을 행사하는 정당들은 거듭 태어나는 자세로 훌륭한 정책

대결, 인물본위로 선거정국을 이끌어 가야 할 것이다.

따라서 선거과정에서 그들이 과연 선거법을 제대로 지키고 있는가 하는 것은 국민의 신뢰와 지지를 얻는 데 매우 중요한 척도가 되는 것이다. 스스로 법을 지켜야 할 사람들이 법을 어기면서까지 당선을 바라는 행위야 말로 후보자 본인을 죄인으로 만들어 욕되게 하는 것임은 물론 우리 국민 모두를 모멸과 좌절의 구렁텅이로 몰아 넣는 행위로써 우리 유권자들은 신성한 주권행사로 본때를 보여줘야 하겠다.

이와 같은 유권자들의 올바른 선거권의 행사야 말로 민주시민의 기본적인 권리이자 의무인 동시에 국민적인 의사표현인 것이다. 나의 한표가 곧 나라의 장래를 좌우한다는 긍지와 민주주의의 토착화에 솔선한다는 주인의식을 가지고 금전 몇푼에 신성한 주권을 포기할 수 없다는 자존심을 가질 때 불법·타락선거를 극복할 수 있는 현실적 조건을 확보하게 됨은 물론 공명선거를 위한 범시민운동으로 확산시켜 나갈 때 부정과 타락, 선동과 모략, 비방과 인신공격 등 일체의 선거질서는 새롭게 정화되어 바르고 깨끗한 선진 선거문화가 정착될 것이다.

제 2 편

공직선거 및 선거부정 방지법

Ⅰ. 총 칙

가. 법제정의 의의

선거란 민주정치를 구현하기 위한 불가결한 제도이자 국민의 기본권인 참정권을 행사하는 절차이며 특정 공직을 수행하는 인물을 선출하는 행위인 것이다. 그러나 우리나라에 있어서 선거는 권위주의적 구시대가 남긴 법과 제도 및 관행들로 인해 온갖 불법과 타락으로 점철된 오명의 선거역사를 가지고 있다. 구시대가 남긴 비민주적인 법과 제도 중 가장 대표적인 것은 정치에 관련된 법과 제도들로써 정당제도의 비민주성, 선거제도의 타락, 의회의 비능률 등을 들 수 있다. 이와 같은 비민주적인 법과 제도는 문민정부가 들어선 이래 시대상황과 국제적인 변화에 맞추어 선거제도를 비롯한 각종 정치개혁을 추진하지 않을 수 없게 되었던 것이다.

따라서 여·야 합의로 이루어 낸 공직선거 및 선거부정 방지법은 새로운 선거풍토 아래 모든 후보자들 간에 공정한 경쟁과 자유로운 선거운동을 보장하고 그간의 과열과 타락, 불법과 탈법이 횡행하던 잘못된 선거풍토의 척결을 위한 제도적 장치를 마련하였다.

부정의 소치를 차단하고 21세기를 향한 보다 합리적이고 실효성 있는 공명정대한 선거문화를 정착시키기 위한 것이다.

나. 선거체제의 개선

기존의 선거법들은 선거마다 해당 법률들이 별도로 존재하여 개별법으로 되어 있는 대통령 선거, 국회의원 선거, 지방의회의원 선거 및 지방자치단체의 장선거법을 하나의 단일법으로 통합하여 모든 선거에 통일적으로 적용되도록 함으로써 선거관리에 일관성을 유지하고 선거에 참여하는 정당·후보자 및 국민들이 선거에 관한 규범을 쉽게 이해할 수 있도록 하였다.

또한 해마다 치러야 하는 각종 선거를 한데 묶어 동시에 실시토록 하여 국력낭비를 최소화 하도록 하는 데에도 역점을 두었다.

II. 선거권과 피선거권

가. 선거권

선거권은 공무를 집행하는 공직자를 선임할 수 있는 권리이자 자격으로 대의 민주주의를 실시하고 있는 모든 나라에서 국민의 가장 중요한 참정권이자 기본적인 권리라 할 수 있다. 각국에 따라 차이는 있으나 미국, 영국, 프랑스, 독일, 이탈리아, 캐나다 등 선진국에서는 18세가 되면 선거권을 부여하고 있는 반면 일본과 스위스 등에서는 20세 이상으로 하고 있다.

우리나라에서는 민법상의 성년과 균형을 맞추기 위해 20세로 하였다.

1. 선거권이 있는 자(제 15 조)
○ 20세 이상의 국민은 대통령 및 국회의원 선거권이 있다.
○ 20세 이상의 국민으로서 선거인명부 작성기준 및 현재 당해 지방자치단체의 관할구역안에 주민등록이 되어 있는 자는 그 구역에서 선거하는 지방의회의원 및 지방자치단체의 장의 선거권이 있다.

2. 선거권이 없는 자(제 18 조)

○ 금치산 선고를 받은 자

○ 금고이상의 형의 선고를 받고 그 집행이 종료되지 아니하거나 그 집행을 받지 아니 하기로 확정되지 아니 한 자

○ 선거법으로서 100만원 이상의 벌금형의 선고를 받고 그 형이 확정된 후 5년 또는 형의 집행유예의 선고를 받고 그 형이 확정된 후 10년을 경과하지 아니 하거나 징역형의 선고를 받고 그 집행을 받지 아니 하기로 확정된 후 또는 그 형의 집행이 종료되거나 면제된 후 10년을 경과하지 아니한 자(형이 실효된 자도 포함된다)

※ **선거범이라 함은 법 제16장 벌칙에 규정된 죄와 국민투표법 위반의 죄를 범한 자를 말한다.**

※ **선거범과 다른 경합범은 선거범으로 본다.**

○ 법원의 판결에 의하여 선거권이 정지 또는 상실된 자

나. 피선거권

대통령 선거를 제외한 국회의원 및 지방의회의원과 지방자치단체의 장선거에서의 피선거권을 낮춤으로써 피선거권을 확대하였으며 선거부정을 방지하기 위해 선거범죄를 저지른 사람에 대한 피선거권의 제한을 엄격히 하였다.

피선거권이 있는 자(제 16 조)

○ 대통령 : 40세 이상

○ 국회의원 : 25세 이상

○ 지방의회의원 및 지방자치 단체장 : 25세 이상

○ 선거일 현재 계속하여 90일 이상 당해 지방자치 단체의 관할 구역안에 주민등록이 되어 있는 자

○ 지방자치단체의 사무소 소재지가 다른 지방자치단체의 관할구역안에 있어 당해 지방자치단체의 장의 주민등록이 그 다른 지방자치단체의 관할구역안에 있게 된 때에는 당해 지방자치단체의 관할구역안에 주민등록이 되어 있는 것으로 본다.

1. 피선거권이 없는 자(제 19 조)

○ 금치산 선고를 받은 자

○ 선거법으로 100만원 이상의 벌금형의 선고를 받고 그 형이 확정된 후 5년 또는 형의 집행유예의 선고를 받고 그 형이 확정된 후 10년이 경과하지 아니 하거나 징역형의 선고를 받고 집행이 종료되거나 면제된 후 10년을 경과하지 아니한 자.

○ 법원의 판결에 의하여 선거권이 정지 또는 상실된 자

○ 금고이상의 형의 선고를 받고 그 형이 실효되지 아니 한 자

○ 법원의 판결 또는 다른 법률에 의하여 피선거권이 정지되거나 상실된 자

Ⅲ. 선거기간 및 선거일

구 선거법과는 달리 선거일을 법정화 함으로써 공고권자가 법정기한 내에서 임으로 선거일을 공고함에 따라 후보자의 입장에서는 미처 준비없이 선거에 맞닥뜨리기 일쑤였던 종전에 비하면 선거일을 명확히 알 수 있어 사전에 법에 위배되지 않는 범위내에서 선거준비를 할 수 있게 되었다. 또한 선거기간이 다소 축소되어 돈 안드는 공명선거에 이바지 할 수 있음은 물론 선거일이 임박함에 따라 강화되는 사안별 단속지점을 명확히 알 수 있다.

가. 선거기간(제33조)

선거기간이라 함은 후보자 등록신청 개시일로부터 선거일까지를 말한다.
○ 대통령 선거 23일
○ 국회의원 선거 17일
○ 지방자치단체의 장선거 17일
○ 지방의회의원 선거 14일
※ 2이상의 다른 종류의 선거를 동시에 실시하게 되어 선거기간 및 선거사무 일정이 서로 다른 때에는 특례규정에 의하여 선거별 선거기간에 관계없이 동시에 실시하는 선거 중 선거기간이 긴 선거의 기간에 의하도록 하여 선거기간의 장기화로 인한 선거과열 및 국력의

낭비를 방지하고 선거비용을 절감토록 하였다.

나. 선거일 법정화(제34조, 35조)

종전의 선거법에서는 선거를 실시할 수 있는 기간만 정해 놓고 구체적인 선거일자는 공고권자에게 일임하여 정치적인 이해관계가 대립하는 정당 및 후보자간에 선거일을 둘러싼 논란이 있어 이를 개정하여 선거일을 법정화 하였다.

○ 대통령 선거 : 임기 만료일 전 70일 이후 첫번째 목요일

○ 국회의원 선거 : 임기 만료일 전 50일 이후 첫번째 목요일

○ 지방자치단체의 장선거 : 임기 만료일 전 60일 이후 첫번 째 목요일

○ 지방의회의원 선거 : 임기 만료일 전 60일 이후 첫번째 목요일

※ 선거일이 민속절, 공일이거나 선거일 전·후일이 공휴일 인 때에는 그 다음주 목요일

※ 이 법 시행 후 최초로 실시하는 지방자치단체의 장선거와 임기 만료에 의한 지방의회의원 선거는 '95. 6. 27 동시 실시하고 그 선거에서 당선된 자의 임기는 '95. 7. 1일부 터 개시

※ 차기 선거일을 계산하면 다음과 같다.

• 대통령 선거 : 제15대 대통령 선거일은 1997년 12월 8 일

• 국의회원 선거 : 제15대 국회의원 선거일은 1996년 4월 11일

• 지방의회의원 선거 및 지방자치단체의 장선거 : 1995년 6월 27일

다. 선거일정에 따른 제한 사항

① 선거일 전 180일부터
  ○ 후보자 또는 후보자가 되려는 자는 일체의 기부행위 금지
  ○ 각종 현수막 및 간판, 풍선, 화환 등 선전물 설치 금지.
  ○ 광고, 벽보, 인사장, 문서, 도서, 인쇄물이나 녹화테이프 등 배부 및 첩부금지
  ○ 후보자가 설치한 유사기관 및 단체의 명의 또는 후보자 명의로 벽보, 현수막, 신문 등 일체의 방법으로 선전이나 홍보행위를 할 수 없다.
  ○ 후보자의 성명, 사진 또는 명칭을 유추할 수 있는 내용을 명시할 수 없다.
② 선거일전 60일부터 30일까지
  ○ 현역의원은 이 기간에는 의정활동 보고를 할 수 있다. 그 이후부터는 의정활동 보고가 제한되므로 기일을 넘겨 선거전략 수립에 차질이 없도록 해야 한다.
  ○ 각 정당 및 후보명의의 여론조사 금지
③ 선거일 전 30일부터
  ○ 확대 당직자회의는 허용되나 당원 단합대회는 금지된다. 확대 당직자회의는 읍·면·동별로 1회 개최가 가능하며 통·리와 자연부락의 남녀 책임자급 또는 청년 책임자급 이상의 간부만 참석해야만 한다.
    회의 개최는 정당만이 할 수 있으며 확대 당직자회의를 개최하고자 할 때는 개최일 전일까지 관할 선거관리 위원회에 서면으로 신고해야 한다.
  ○ 어떠한 형태로든 당원교육을 실시할 수 없다.
④ 선거일 전 25일부터

○ 정당후보의 경우 정당 공천장을 비롯한 피선거권에 대한 증명서와 등록대상 재산에 대한 신고서를 확인하고 무소속 후보의 경우 유권자의 후보추천장이 법에 규정된 수를 확보하였는지를 점검해야 한다.

○ 정당 후보자는 가능한한 후보등록과 함께 선전벽보, 선거공보, 책자형 소형인쇄물, 전단형 소형인쇄물을 선거관리위원회에 제출하기 위해서 미리 제작해 두는 것이 우수한 작품을 만들 수 있을 뿐 아니라 경비절약에도 도움이 된다.

○ 무소속 후보자들은 후보등록 후 기호 배정을 받는 후 3일 이내에 선전벽보, 선거공보, 책자형 소형인쇄물, 전단형 소형인쇄물을 선거관리 위원회에 제출한다.

○ 대통령 선거에서는 선거일 전 28일, 국회의원 및 지방자치단체의 장선거에서는 선거일 전 22일, 지방의회의원 선거에서는 선거일 전 19일부터 5일 이내에 선거인 명부를 작성하므로 정당 후보자들은 읍·면·동마다 1인씩을 선정하여 선거인명부 작성 입회인을 참석시켜야 한다.

※ **명함형 소형인쇄물은 선거관리 위원회에 제출하지 않고 후보자 본인이 직접 배부함.**

⑤ 선거일 전 16일부터

○ 대통령 선거에서는 선거일 전 22일, 국회의원·지방자치단체의 장선거에서는 선거일 전 16일, 지방의회의원 선거에서는 선거일 전 13일(동시 선거의 경우 단체장 선거의 예에 따름)부터 2일간 선거관리 위원회에 후보자등록 신청을 해야 한다.

○ 대통령 선거를 제외한 모든 선거의 후보자는 선전벽보, 선거공보, 책자형 소형인쇄물, 전단형 소형인쇄물을 등록

마감일 후 3일까지 관할 선거관리위원회에 제출해야 한다.

○ 입당원서 배부금지

※ 선거기간 중에는 당원을 모집할 수 없으므로 선거기간 개시일 전일까지 최대한 당원모집에 힘써야 할 것이다. 그러나 무엇보다도 자원봉사자를 많이 확보하는 것이야 말로 선거에서 승리의 관건이 된다는 것을 알아야 한다.

⑥ 선거일

○ 모든 선거운동이 금지된다.

⑦ 선거일 후 20일까지

○ 선거비용에 대한 회계마감을 해야 한다.

⑧ 선거일 후 30일까지

○ 각종 비용을 공제한 나머지의 기탁금을 반환한다.

○ 수입 및 지출 보고서를 상대방이 열람할 수 있으므로 정확하게 기재하여 보고해야 한다. 허위로 보고한 경우에는 당선무효가 될 수 있다.

라. 보궐선거 등의 선거일

○ 대통령선거 : 선거의 실시 사유가 확정된 때부터 60일 이내
○ 지역구 국회의원 선거 : 선거의 실시사유가 확정된 때부터 90일 이내
○ 지방자치단체의 장선거 : 선거의 실시 사유가 확정된 때부터 60일 이내
○ 지방의회의원 선거 : 선거의 실시 사유가 확정된 때부터 180일 이내

마. 일부 재선거의 선거일

　일부 재선거란 선거의 일부 무효판결을 받았을 경우 실시
되는 선거로써 그 선거일은 확정판결 또는 결정통지를 받은
날로부터 30일 이내로 한다.

Ⅳ. 후보자

각종 공직선거에서 일정한 제약을 두지 않으면 후보자의 난립이 예상된다. 따라서 공직선거에 입후보할 의사를 가지고 있는 사람은 정당이나 또는 입후보하고자 하는 당해 지역구의 선거권자로부터 법률이 정하는 바에 따라 추천을 받지 않고는 현행 선거제도하에서는 입후보할 수 없도록 하여 후보자의 난립현상을 방지하고 출마 단계에서부터 국민의 의사를 존중·반영하는 선거가 되도록 하였다.

가. 정당 후보자 추천 확대(제 47 조)

○ 선거구별 선거할 정수 범위내에서 국회의원·자치단체장·시도의원 선거 등 모든 선거에 정당이 후보자를 추천할 수 있도록 함.

※ 구·시·군(기초선거)의원 후보자는 정당추천 배제

나. 무소속 후보자의 선거권자 추천인 수(제 48 조)

○ 후보등록 신청 개시일 전 5일부터 관할 선거관리위원회가 검인하여 교부하는 추천장을 사용하여야 함.

○ 대통령 후보 : 2500인 이상 5000인 이하(5개 이상의 시·

도에서 1개 시·도에 500인 이상)
- ○ 지역구 국회의원·기초단체장 후보 : 300인 이상 500인 이하
- ○ 시·도(광역의회)의회의원 후보 : 100인 이상 200인 이하
- ○ 구·시·군(기초의회)의원 후보 : 50인 이상 100인 이하 (인구 1천 미만 선거구는 30인 이상 50인 이하)

다. 후보자 등록 및 제출 서류

① 등록기간 : 후보자등록 개시일로부터 2일간
② 접수시간 : 오전 9시부터 오후 5시까지(공휴일에도 접수)
③ 공무원 등은 선거일 전 90일까지 그 직에서 사임해야 한다.
④ 등록신청 서류
- ○ 등록 신청서
- ○ 추천서(정당추천 후보자)
- ○ 후보자 본인 승낙서(정당추천 대통령 후보자와 전국구 국회의원 후보자에 한함)
- ○ 추천장(기초의원 후보 및 무소속 후보자)
- ○ 등록재산 신고서 또는 등록대상 재산공개 확인 서류
- ○ 신원 조회서(피선거권 증명용)
- ○ 사직원 접수증 또는 해임 증명서(공무원 등 해당자)
- ○ 호적초본
- ○ 주민등록초본(지방의회 의원 및 지방자치단체의 장선거에 한함)
- ○ 재직 증명서(지방자치단체의 장에 한함)
- ○ 기탁금

라. 후보자 등록 무효 사유(제52조)

○ 후보자의 피선거권이 없는 것이 발견된 때
○ 무소속 후보자의 선거권자 추천인 수가 미달된 것이 발견된
  때
○ 등록대상 재산에 관한 신고서를 제출하지 아니한 것이 발견
  되거나 공직자 윤리법 제10조의 규정에 의하여 등록재산의
  공개확인 서류를 제출하였거나 제출하지 아니한 자 중 등
  록재산이 공개되지 아니한 것이 발견된 때
○ 정당의 당원인 자가 무소속 후보자로 등록하거나 후보자 등
  록기간 중 당적을 이탈·변경하거나 2이상의 당적을 가지
  고 후보자로 등록하거나 소속정당의 해산이나 그 등록의
  취소 또는 중앙당의 지구당 창당승인 취소로 인하여 당원
  자격이 상실된 경우
○ 공무원 등의 입후보 규정에 위반하여 등록된 것이 발견된
  때
○ 무소속 후보자가 정당의 당원이 된 때
○ 후보자가 동시에 실시되는 같은 선거의 다른 선거구나 다른
  선거의 후보자로 등록된 때
○ 후보자의 등록이 무효로 된 때에는 관할 선거관리위원회는
  지체없이 그 후보자와 그를 추천한 정당에 등록무효의 사
  유를 명시하여 이를 통지하여야 한다.

마. 입후보 제한 대상자(제53조)

○ 국가 공무원 및 지방 공무원(정무직 공무원은 제외)
○ 선거관리위원회 위원 및 교육위원회 교육위원

○ 정부 투자기관의 임·직원

○ 농·수·축협, 농지개량조합, 임업협동조합, 엽연초 생산조합, 인삼협동조합의 상근 임·직원과 중앙회장, 연합회장

○ 지방공사와 지방공단의 상근 임·직원

○ 정당 당원이 될 수 없는 사립학교 교원

○ 대통령령으로 정하는 언론인

※ 입후보 제한 대상자가 입후보하기 위해서는 선거일 전 90일까지 그 직을 그만 두어야 한다. 그러나 대통령 선거와 국회의원 선거에 있어서 국회의원이 그 직을 가지고 입후보하는 경우와 지방의회 의원 및 지방자치단체의 장의 선거에 있어서 당해 지방의회 의원 및 지방자치단체의 장이 그 직을 가지고 입후보하는 경우에는 그러하지 아니 하다.

바. 기탁금의 합리적 조정

기탁금제도는 참정권 제한이라는 위헌의 소지가 없지 않으나 후보자의 난립과 선거과열을 방지하기 위해 영국·호주·캐나다·프랑스·뉴질랜드 등 많은 나라에서 시행하고 있다. 종전의 선거법에서는 정당추천 후보자와 무소속 후보자 간의 기탁금액의 차별을 두었으나 개정된 통합 선거법에서는 이를 철폐하였으며 시·도지사 선거시 기탁금 3천만원을 5천만원으로 상향 조정하고 기탁금의 반환요건을 강화하였다.

1. 기탁금액 (제 56 조)
○ 대통령 선거 : 3억원

○ 국회의원 및 기초자치단체의 장선거 : 1천만원

○ 시·도(광역)의회의원 선거 : 4백만원

○ 시·도지사(광역 단체장)선거 : 5천만원

○ 기초(구·시·군)의회의원 선거 : 2백만원

2. 기탁금 반환(제 57 조)
○ 대통령 선거·지방자치단체장 선거 : 당선자·사망자 또
　　　　　　　　　　　　　　　는 유효투표 총수
　　　　　　　　　　　　　　　의 100분의 10이
　　　　　　　　　　　　　　　상 득표 시
○ 국회의원 선거·지방의회의원 선거 : 당선자·사망자 또
　　　　　　　　　　　　　　　는 유효투표 총수
　　　　　　　　　　　　　　　를 후보자로 나눈
　　　　　　　　　　　　　　　수의 2분의 1이상
　　　　　　　　　　　　　　　득표 시
○ 전국구 국회의원 선거 : 전국구 국회의원 후보자 명부에
　　　　　　　　　　　　　올라있는 후보자 중 당선인이 있
　　　　　　　　　　　　　는 때

Ⅴ. 선거운동

　　선거운동이라 함은 당선되게 하거나 당선되지 못하게 하는 행위를 말하는데 종전의 포괄적 제한 금지의 선거법 하에서는 선거운동에 있어 많은 제약과 논란이 있었다. 그러나 개정된 선거법은 개별적 제한 금지사항만을 두어 구체적으로 제한 금지된 방법이 아닌 한 모든 선거운동이 가능토록 하였다. 개정된 공직선거 및 선거부정 방지법에서 가장 큰 변화를 보인 것은 선거운동에 관한 부분이다. 선거의 고질적인 병폐인 금전·타락선거를 방지하고 깨끗하고 돈 안 쓰는 선거문화를 실현하기 위해서 선거운동의 3대 요소에 근본적인 개혁을 단행하였다. 개혁의 내용은 말은 풀고 돈은 묶는 선거운동을 만들어 내는 것이었다. 따라서 정당·후보자·선거사무장·선거연락소의 책임자 또는 선거사무원만 할 수 있었던 것을 미성년자·선거권이 없는 자 등 법에서 제한한 자를 제외하고는 누구나 선거운동을 할 수 있도록 하였다.

가. 선거운동을 할 수 있는 자

　　과거의 선거법에서는 정당, 후보자, 선거사무장, 선거연락소장 또는 법으로 제한된 수의 선거운동원과 후보자의 배우자, 후보자 및 배우자의 직계 존·비속과 형제자매만이 선거운동을 할 수 있었으나 개정된 법에서는 이 법에 의하여 제한·금지된 자를 제외하고는 누구든지 선거운동을 자유롭게 선거운동을 할 수 있게 되었다. 따라서 향후 선거는 선거운동원으로 등록되지 않은 사람도 특정 후보의 당선 또는 낙선을 위하여 자유롭게 선거운동을 할 수 있지만 유급 선거운동원으로 등록되지 않았으므로 선거운동에 대한 어떠한 댓가도 받을 수 없으며 요구할 수도 없다. 다만 순수한 자원 봉사자로 활동해야만 한다.

나. 선거운동을 할 수 없는 자(제60조)

○ 대한민국 국민이 아닌 자
○ 미성년자
○ 선거권이 없는 자
○ 정당의 당원이 될 수 없는 공무원
○ 공무원 등의 입후보 제한직에 있는 자
○ 향토예비군 소대장급 이상의 간부
○ 통·리·반의 장
○ 바르게 살기운동 협의회·새마을운동 협의회·한국 자유총연맹의 상근 임직원과 이들 단체의 중앙회장
○ 지역 의료보험조합의 상임 대표이사·직원 또는 의료보험연합회의 상임 임·직원
※ 향토예비군 소대장급 이상의 간부 및 통·리·반의 장이 선거사무장, 선거연락소장, 선거사무원, 회계책임자, 연설원, 대담, 토론자 또는 투표 참관인이 되고자 하는 때에는 「선거일 전 90일(보궐선기 등에 있어서의 그 선거 실시 사유가 확정된 때부터 5일 이내)까지」 그 직을 그만 두어야 하며 선거일 후 6월이내에는 종전의 직에 복직할 수 없음.

다. 선거운동기구 설치(제61조)

정당 또는 후보자는 선거운동 기타 선거에 많은 사무를 처리하기 위하여 선거사무소와 선거연락소를 설치할 수 있으나 하나의 선거에 2개 이상 설치하거나 유사한 기구를 설처하는 것은 부정선거운동에 해당되어 선거법상 처벌을 받게 된다.

① 대통령선거

정당 또는 후보자가 설치하되 선거사무소 1개와 시·도 및 구·시·군(하나의 구·시·군이 2이상의 국회의원 지역구로 된 경우에는 국회의원 지역구를 말한다)마다 선거연락소 1개소

② 지역구 국회의원 선거

후보자가 설치하되 당해 국회의원 지역구안에 선거사무소 1개소. 다만 하나의 국회의원 지역구가 2이상의 구·시·군으로 된 경우에는 선거사무소를 두지 아니 하는 구·시·군마다 선거연락소 1개소

③ 전국구 국회의원 선거

정당이 설치하되 선거사무소 1개

④ 지방의회의원 선거

후보자가 설치하되 당해 선거구안에 선거사무소 1개소

⑤ 시·도지사 선거

후보자가 설치하되 당해 시·도안에 선거사무소 1개소와 당해 시·도안의 구·시·군마다 선거연락소 1개소

⑥ 자치구·시·군의 장선거

후보자가 설치하되 당해 자치구·시·군안에 선거사무소 1개소. 다만 자치구가 아닌 구가 설치된 시에 있어서는 선

거사무소를 두지 아니 하는 구마다 선거연락소 1개소를 둘 수 있으며 하나의 구·시·군이 2이상의 국회의원 지역구로 된 경우에는 선거사무소를 두지 아니 하는 국회의원 지역구마다 선거연락소 1개소를 둘 수 있다.

라. 선거운동기구의 간판·현판·현수막(규칙 27조)

선거사무소와 선거연락소에 설치·게시하는 간판은 각각 1개로 현판·현수막은 모두 합하여 각각 3개 해야 한다. 또한 건물을 벗어난 장소에 설치하거나 게시할 수 없으며 애드벌룬, 네온사인, 기타 전광에 의한 방식으로 설치·게시해서도 안 된다.

○ 간판에는 후보자의 성명·기호·소속정당명(무소속 후보자는 무소속이라 표시해야 함) 및 선거사무소 또는 선거연락소명·전화번호 기타 필요한 사항을 게재할 수 있다.

○ 현판과 현수막에는 후보자의 성명·기호·소속정당명, 후보자의 정견 및 소속정당의 정강·정책, 선전구호·전화번호 기타 선거운동을 위하여 필요한 사항(사진은 제외)을 게재할 수 있다.

• 대통령 선거의 선거사무소 및 시·도 선거연락소 • 전국구 국회의원 선거사무소 • 시·도지사 선거사무소	• 간판 1개 • 현수막·현판:3개 이내	• 간판:길이 200cm 너비 50cm 이내 • 현판·현수막:40㎡이내

• 지역구 국회의원 및 자치구·시·군의장 선거사무소와 선거연락소 • 지방의회의원 선거사무소 • 대통령 및 시·도지사의 선거연락소	• 간판 1개 • 현수막·현판:3개 이내	• 간판:길이 200cm 너비 50cm 이내 • 현판·현수막:20㎡ 이내

마. 선거사무 관계자(제62조)

선거사무소와 선거연락소에는 선거운동을 할 수 있는 자 중에서 선거사무장, 선거연락소장 각 1인을 두어야 하며 수당과 실비를 지급받을 수 있는 선거사무원을 둘 수 있다. 그외 수당과 실비보상을 할 수 없는 자원봉사자는 그 수에 제한없이 둘 수 있다.

1. 선거사무장

선거사무장 행위에 대하여 후보자가 연대책임을 지며 선거사무장이 법규위반으로 징역형을 선고받게 되면 후보자의 당선은 무효가 된다. 또한 선거운동의 총괄 주재자이며 선거비용의 지출에 대해 일정 정도 책임을 지는 위치에 있어 선거사무장의 역할은 매우 중요하다. 선거사무장의 업무는 다음과 같다.

○ 선거인명부의 사본교부 신청
○ 선거사무 관계자의 인영 신고
○ 선거운동기구의 설치·변경과 선거사무원의 선임·해임·

교체와 그에 대한 신고

○ 회계책임자와 함께 선거비용 관리

○ 선전벽보, 선거공보, 소형인쇄물 등의 작성·운반 및 선거
관리위원회에 제출

○ 투표용지 가인 대리인 선정, 투·개표 참관인 선정·신고
등 투·개표 사무관리

○ 기타 관할 선거관리 위원회와의 연락관계

2. 선거연락소장

선거연락소내의 사무처리와 당해 선거연락소 관할구역 내의
선거사무업무, 투·개표 사무업무 등 관할 선거관리위원회를
상대로 처리해야 할 제반 사무를 담당하며 후보자와 선거사무
장을 보좌한다.

3. 선거사무원

선거사무소에서 선거사무장의 지휘를 받아 선거사무소의 운
영, 선거운동 및 후보자 수행 등 선거운동과 관련된 직접적인
활동을 담당한다.

4. 선거사무원 수(제62조)

선거의 종류	선거운동기구	선거사무원의 수
대통령 선거	선거사무소	시·도수의 3배수 이내. 즉 15×3=45명 이내
	시·도연락소	당해 시·도안의 구·시·군(하나의 구·시·군의 2이상의 국회의원 지역구로 된 경우에는 국회의원 지역구를 말한다)수의 2분의 1에 상당하는 수 이내로 하되 구·시·군수가 10미만일 경우 5인 이내
	구·시·군연락소	구·시·군안의 읍·면·동수의 2분의 1에 상당하는 수 이내
지역구 국회의원 및 자치구 시·군의 장선거	선거사무소와 선거연락소를 두는 구·시·군안의 읍·면·동수의 1.5배수 이내	
전국구 국회의원 선거	선거사무소	시·도수에 상당하는 수 이내
시·도의회의원 선거	선거사무소	7인 이내
시·도지사 선거	선거사무소	당해 시·도안의 구·시·군 수에 상당하는 수 이내로 하되 그 수가 10미만일 때는 10인 이내
	선거연락소	연락소가 있는 구·시·군안의 읍·면·동수의 2분의 1에 상당하는 수 이내
자치구·시·군 의회의원 선거	선거사무소	3인 이내

※ 수당을 지급받을 수 없는 정당의 유급당원, 국회의원, 비서관, 보좌관, 지방의회 의원이 선거사무원이 된 경우에는 선거사무원수에 산입하지 않는다.

바. 선전벽보(제64조, 65조)

○ 선전벽보는 후보자가 4색도 이내로 작성하여 후보자등록 마감일 후 3일까지 관할 선거구 선거관리위원회에 제출하고 관할 선거관리위원회가 확인하여 구·시·군 선거관리위원회가 제출 마감일 후 2일까지 첩부
○ 작성비용은 후보자가 부담하고 선전벽보의 첩부·철거비용은 국가에서 부담
○ 첩부기준
   • 구가 설치된 시의 동에 있어서는 인구 1천인에 1매
   • 구가 설치되지 아니 한 시의 동에 있어서는 인구 700인에 1매
   • 읍에 있어서는 인구 500인에 1매
   • 면에 있어서는 인구 200인에 1매와 100인 이상 200인 미만의 자연부락마다 1매를 더한 매수
※ 선거관리위원회에 제출할 때에는 읍·면·동마다 5매씩을 추가하여 제출하고 대통령 선거, 국회의원 선거, 시·도지사 선거에서는 전체 수량의 100분의 10 이내의 수량을 추가하여 구·시·군 선거관리위원회에 제출한다. 이는 선거기간 중에 훼손된 부분을 보충하기 위한 것이다.

사. 선거공보(제65조)

종전까지는 유일하게 모든 세대와 부재자 신고인에게 우편으로 전달된 선거 홍보물이었다. 그러나 개정된 선거법에서는 소형 인쇄물 중 명함형 인쇄물만 제외하고는 모두 우편으로 발송하도록 하여 선거공보의 제작 필요성에 이의가 있을

수도 있다. 그러나 한가지 색도를 사용해 소박하고 절제된 표현방식으로 작성할 수 있음으로 해서 다른 후보자들과 객관적으로 비교될 수 있다는 장점이 있다.

○ 후보자등록 마감일 후 3일까지 후보자가 흑색으로 작성하여 관할 선거구 선거관리위원회에 제출하고 관할 선거관리위원회가 이를 확인하여 구·시·군 선거관리위원회가 부재자신고 명부에 올라있는 선거인과 관할 구역안의 매세대에 공보제출 마감일 후 3일까지 각각 우편으로 1회 발송.

○ 작성비용은 후보자가 부담하고 선거공보의 발송비용은 국가가 부담한다.

아. 소형 인쇄물(제66조)

○ 모든 선거(전국구 국회의원 선거 제외)에 있어 4색도 이내로 작성하되 소형 인쇄물에는 작성근거, 작성·배부하는 후보자의 성명·소속정당명·인쇄소의 명칭 및 주소·전화번호를 표시하여야 함.

※ **기초의원후보는 소속정당명 표방 못함.**

○ 책자형 소형 인쇄물(지방의회의원 선거의 경우에는 전단형 소형 인쇄물)을 후보자가 후보자등록 마감일 후 3일까지 관할구·시·군 선거관리위원회에 제출하고 해당 선거관리위원회가 이를 확인하여 제출 마감일 후 3일까지 부재자신고 명부에 올라있는 선거인과 매세대에 우편으로 발송(선거공보와 동봉하여 발송하고 부재자 투표용지 발송시에도 동봉 발송)

○ 전단형 소형 인쇄물(지방의회 의원선거는 제외)은 후보자가 후보자등록 마감일 후 6일까지 관할 구·시·군 선거관

리위원회에 제출하고 해당 선거관리위원회가 이를 확인하여
제출 마감일 후 3일까지 우편으로 발송.

자. 소형 인쇄물의 종류, 수량, 규격 및 배부 발송방법

구분 / 선거별	책 자 형	전 단 형	명 함 형
대통령 선거	○1종(16면 이내) ○세대수＋부재자 　수이내 ○길이 27cm 너비 　19cm이내 ○후보자가 배부	○2종이내 ○선거권자수 이내 ○길이 38cm 너비 　27cm이내 또는 　길이 54cm 너비 　19cm이내	○1종 ○선거권자수 이내 ○길이 10cm 너비 　6cm이내 ○후보자가 배부
지역구 국회의원 선거	○1종(8면 이내) ○세대수＋부재자 　수 이내 ○길이 27cm 너비 　19cm이내 ○선관위가 선거공 　보와 동봉 발송 　(1차)	○1종 ○세대수 이내 ○길이 38cm 너비 　27cm이내 또는 　길이 54cm 너비 　19cm이내 ○선관위가 투표안 　내문과 동봉 발 　송(2차)	○1종 ○선거권자수 이내 ○길이 10cm 너비 　6cm이내 ○후보자가 배부

구분 선거별	책 자 형	전 단 형	명 함 형
지방자치 단체의 장선거	○1종(8면이내) ○세대수＋부재자 　수 이내 ○길이 27cm 너비 　19cm이내 ○선관위가 선거공 　보와 동봉 발송 　(1차)	○1종 ○세대수 이내 ○길이 38cm 너비 　27cm이내 또는 　길이 54cm 너비 　19cm이내 ○선관위가 투표안 　내문과 동봉 발 　송(2차)	○1종 ○선거권자수 이내 ○길이 10cm 너비 　6cm이내 ○후보자가 배부
지방의회 의원 선거	없음	○1종 ○세대수＋부재자 　수 이내 ○길이 38cm 너비 　27cm이내 또는 길 　이 54cm 너비 19 　cm이내 ○선관위가 선거공 　보와 동봉 발송(1 　차)	○1종 ○선거권자수 이내 ○길이 10cm 너비 　6cm이내 ○후보자가 배부

차. 현수막(제67조)

후보자의 기호, 성명 및 소속정당명(정당 상징 마크 및 심벌표시 포함) 선거의 종류 선거구명을 게제할 수 있다. 대통령선거의 경우 선거구호 게재 가능.

① 대통령선거 및 시·도지사(광역 자치단체장)선거 : 읍·면
·동수의 2분의 1매수

카. 신문·방송 및 연설회 등을 통한 선거운동

1. 신문광고(제69조)

선거운동을 위한 신문광고는 대통령 선거와 시·도지사
선거에서만 행할 수 있다. 신문광고를 대통령 선거와 시·
도지사 선거에만 허용한 것은 선거지역이 광범위하게 언론
을 통한 선전효과가 크기 때문이다. 일간신문에의 광고횟수
의 계산에 있어서는 하나의 일간신문에 1회 광고하는 것을
1회로 본다.

○ 대통령 선거는 총 150회 이내

○ 시·도지사 선거는 총 5회이내 다만 인구 300만을 넘는
시·도에 있어서는 300만을 넘는 매 100만까지마다 1회
를 더한다.

○ 광고는 흑색으로 하며 광고근거와 광고주명을 표시해야
한다.

○ 규격은 가로 37cm 세로 17cm 이내로 한다.

2. 방송광고(제70조)

소속정당의 정강·정책이나 후보자의 정견, 기타 홍보에
필요한 사항을 텔레비젼 및 라디오 방송을 이용하여 실시하
는 것이다.

○ 대통령 선거의 경우 텔레비젼과 라디오 방송별로 10회
이내

○ 시·도지사의 경우 텔레비젼과 라디오 방송별로 3회 이
  내

3. 후보자등의 방송연설 (제71조)

대통령 선거와 시·도지사 선거에서만 인정되는 선거운동
으로 대통령 후보자나 시·도지사 후보자는 자신이 이용가
능한 방송 연설의 횟수내에서 후보자가 지명하는 연설원과
함께 소속정당의 정강·정책이나 정견, 기타 홍보에 필요한
사항을 발표할 수 있다.
○ 대통령 선거
  후보자와 후보자가 지명한 연설원이 각각 1회 20분 이
  내에서 텔레비젼 및 라디오 방송별로 5회 이내
○ 전국구 국회의원 선거
  정당별로 전국구 국회의원 후보자 중에서 선임된 대표
  2인이 각각 1회 10분 이내에서 텔레비젼 및 라디오 방송
  별로 각 1회
○ 시·도지사 선거
  후보자가 1회 10분 이내에서 지역 방송시설을 이용하
  여 텔레비젼 및 라디오 방송별로 각 1회.

4. 합동연설회 (제75조)

합동연설회는 선거구내 유권자들이 운집한 장소에서 당해
선거에 출마한 모든 후보자들이 대중연설을 통해 자신의 정
견을 발표하고 지지를 호소하는 선거운동 방법이다. 합동연
설회의 강점은 후보자들이 다수의 선거인들을 직접 대면하
여 자신에게 투표할 것을 자유롭게 호소할 수 있음은 물론
각 후보의 됨됨이나 정견 등을 서로 비교하는 유일한 기회

이기도 하다.
- ○ 지역구 국회의원 선거 : 지역구마다 2회. 다만 하나의 국회의원 지역구가 2이상의 구·시·군으로 된 경우에는 그 구·시·군마다 각 1회.
- ○ 시·도의회의원 선거 및 기초단체의 장선거 : 선거구마다 2회(동시 선거시에는 1회)
- ○ 연설회 시간 : 후보자마다 30분
※ 합동 연설회가 개최될 때 구·시에서는 300m, 군에서는 500m 이내의 거리에서 정당·후보자 등에 의한 연설회를 개최할 수 없다.

5. 정당·후보자등의 연설회(제77조)

합동 연설회와는 달리 정당 및 후보자가 사전에 일정한 장소와 시간을 정하여 다수인을 모이게 하여 소속정당의 정강·정책이나 후보자의 정견, 기타 홍보에 필요한 사항을 발표하는 연설회를 말한다.

따라서 이 연설회는 주로 후보자의 정견을 유권자에게 자세히 설명하는 기회가 되거나 주로 중앙당의 유력인사들이 지원유세를 하는 자리가 될 것이다.
- ○ 대통령 선거 : 국회의원 지역구마다 3회(1회 5시간 이내)
- ○ 지역구 국회의원 선거 : 지역구마다 2회 이내(1회 4시간 이내)
- ○ 시·도지사 선거 : 시·도내의 구·시·군마다 3회 이내(1회 4시간 이내)
- ○ 구·시·군의 장선거 : 자치구·시·군마다 2회 이내(1회 4시간 이내)
- ○ 시·도의회의원 선거 : 선거구마다 1회(1회 2시간 이내)

○ 구·시·군의회의원 선거 : 선거구마다 1회(1회 2시간 이내)

※ 연설회의 신고는 개최일 전일까지 서명으로 관할 구·시·군 선거관리위원회에 신고해야 한다.

※ 연설회장에 설치하는 표지의 길이는 10m, 너비는 1m 이내로 연설회장마다 5매 이내로(지방의회의원 선거는 2매) 설치할 수 있다.

> 연설회장으로 이용할 수 있는 무료 공공시설

○ 국가나 지방자치단체가 소유하거나 관리하는 학교, 공회당, 공원, 운동장, 시장, 도로변, 광장 또는 역광장

○ 국가기관이 소유하거나 관리하는 주민회관, 체육관, 문화원, 기타 고수부지, 제방, 임야 또는 나대지 등 다수인이 모일 수 있는 시설이나 장소

※ 정당·후보자·선거사무장·선거연락소장은 사용 이전에 신청서를 당해 공공시설 등의 관리자에게 제출해야 한다. 이때 학교 및 기타 공공시설의 관리자는 사용신청이 있을 경우 정상적인 수업 등 정당한 사유가 있는 경우를 제외하고는 다른 목적에 우선하여 허용해야 한다.

6. 공개장소에서의 연설·대담(제79조)

1. 후보자 또는 그 배우자 및 연설원(대통령 선거 및 시·도지사 선거에 한함)이 도로변·광장·주민회관 등 다수인이 왕래하는 공개장소를 방문하여 정당이나 후보자에 대한 지지를 호소하는 연설을 하거나 청중의 질문에 대답하는 방식의 선거운동이다.

2. 연설·대담시 확성장치를 사용할 수 있으나 정지된 상태에서는 사용하되 차량 부착용 확성장치와 휴대용 확성장

치를 동시에 사용할 수 없다.

3. 공개된 장소에서의 연설·대담은 옥내 연설·대담과 옥외 연설·대담 두가지가 가능하다. 옥내 연설·대담은 마을회관이나 공화당, 동사무소의 강당 등 다수인이 자유롭게 참여할 수 있는 곳이어야 한다.

4. 확성정치가 부착된 차량을 타고 이동하면서 연설하거나 휴대용 확성장치만을 들고 이동하면서 연설회를 개최할 수 없다.

5. 자동차 확성장치의 수

　○ 대통령 선거 : 후보자 1대 1조, 구·시·군 연락소 2대 2조

　○ 시·도지사 선거 : 후보자 및 구·시·군 연락소 각 1대 1조

　○ 지역구 국회의원 선거 : 후보자마다 1대 1조

　○ 지방의회의원(기초·광역)선거 : 후보자마다 1대 1조

　○ 자치구·시군의 장선거 : 후보자마다 1대 1조

※ 연설시간은 아침 6시부터 밤 11시까지 할 수 있다.

타. 기부행위(제112조 내지 118조)

기부행위라 함은 당해 선거구안에 있는 자나 기관·단체·시설 및 선거구민의 모임이나 행사 또는 당해 선거구의 밖에 있더라도 그 선거구민과 연고가 있는 자에 대하여 금품의 제공 및 기타 이익을 제공하는 의사표시를 하거나 그 제공을 약속하는 행위 등으로 선거일 180일 전부터 일체의 기부행위를 할 수 없도록 하였다.

1. 기부행위 제한자

정당, 후보자, 후보자의 배우자 및 직계 존·비속과 형제 자매의 직계 존·비속, 형제 자매의 배우자, 선거사무 관계자(연설원·대담 토론자 포함), 후보자 가족과 관련된 회사, 단체의 임직원 등

2. 기부행위의 예시

○ 금전·화환·달력·음식물 기타 물품 제공 행위
○ 물품이나 시설의 무상대여 또는 채무의 면제·경감 행위
○ 입당이나 입당원서를 받아주는 댓가의 제공행위
○ 관광의 편의를 제공하기 위한 경비 부담행위
○ 교통시설 편의의 제공행위
○ 연설회 등에 청중을 동원해 주는 자에 대한 댓가 제공행위
○ 물품이나 용역을 싼값 또는 무료로 제공하거나 비싼 값으로 구입하는 행위
○ 종교·사회단체 등에 금품의 제공 기타의 재산상의 이익을 제공하는 행위
○ 기타 명칭여하를 불문하고 이익을 제공하거나 이익제공 의사표시 또는 약속을 하는 행위, 다만 관혼상제 등에서와 같이 통상적인 범위 안에서 제공하는 이익은 기부행위로 보지 않음.

3. 기부행위로 보지 아니 하는 행위

○ 선거사무소, 선거연락소 또는 정당의(창당준비위원회 포함) 구·시·군 당연락소 이상의 당부의 당사를 방문하는 자에게 통상적인 범위 안에서 다과 또는 음료(주류제외)를 제공하는 행위. 이 경우 통상적인 범위안에서 제공

하는 다과 또는 음료라 함은 일상적인 예를 갖추는 데 필요한 정도로 현장에서 소비될 것으로 제공하는 것을 말하며 기념품 또는 선물 등은 제외가 된다.

○ 국회의원, 지방의회의원 및 지방자치 단체장의 직무상의 행위로써 개최하는 의정활동 보고회 등 집회에서 통상적인 범위안에서 다과·떡 또는 음료(주류는 제외)를 제공하는 행위.

○ 관혼상제의 의식이 거행되는 장소에서 중앙선거 관리위원회 규칙이 정하는 의례적인 금액 범위 안에서 축의금품 또는 부의금품을 제공하는 행위

○ 후보자가 선거운동을 위하여 그와 함께 다니는 자에게 통상적인 범위안에서 식사·다과·떡 또는 음료를 제공하는 행위

○ 장학재단 또는 장학기금이 선거일 2년 이전부터 정기적으로 지급하여 온 장학금을 지급하는 행위, 다만 기부행위 제한기간 중에 장학금의 금액과 대상 지급방법 등을 확대·변경하는 행위 또는 후보자(입후보 예정자 포함)나 그 소속 정당의 명의를 밝히거나 후보자나 그 소속정당의 명의를 추정할 수 있는 방법으로 하는 행위는 제외.

○ 기타 의례적이거나 직무상의 행위로써 중앙 선거관리위원회 규칙으로 정하는 행위.

Ⅵ. 선거비용

가. 선거비용의 정의(제119조)

선거운동을 위하여 소요되는 금전·물품 및 채무 기타 재
산상의 가치가 있는 모든 것으로써 후보자가 부담하는 비용
과 선거법에 위반되는 선거운동을 위하여 지출한 비용 및 기
부행위 제한규정을 위반하여 지출한 비용, 그리고 제3자가
정당·후보자·선거사무장 또는 회계책임자와 통모하여 당
해 후보자의 선거운동을 위하여 지출한 비용을 말한다.

나. 선거비용으로 보지 아니 하는 비용(제120조)

① 선거권자의 추천을 받는데 소요된 비용 등 후보자 등록 전
　의 선거운동을 위한 준비행위에 소요되는 비용
② 정당의 후보자선출 대회비용, 기타 선거와 관련한 정당활동
　에 소요되는 정당비용
③ 선거에 관하여 국가·지방자치단체 또는 선거관리위원회에
　납부하거나 지급하는 기탁금과 모든 납부금 및 수수료
④ 선거사무소와 선거연락소의 전화료·전기료 및 수도료 기
　타의 유지비로서 선거기간 전부터 정당 또는 후보자가 지출
　하여 온 경비

⑤ 선거사무소와 선거연락소의 설치 및 유지비용

⑥ 정당·후보자·선거사무장·선거연락소장·선거사무원·
회계책임자·연설원 및 대담·토론자가 승용하는 자동차
(선박포함)의 운영비용

⑦ 선전벽보·선거공보의 작성비용 및 전단형 소형 인쇄물 및
책자형 소형 인쇄물의 작성비용(대통령 선거에 있어서는
전단형 소형인쇄물과 책자형 소형 인쇄물의 발송비용과 우
편요금을 포함) 다만 이 법에 규정된 수량을 초과하여 작성
한 비용은 제외

⑧ 제3자가 정당·후보자·선거사무장·선거연락소장 또는
회계책임자와 통모함이 없이 특정 후보자의 선거운동을 위
하여 지출한 전신료·자필 서신우송료 등의 비용.

⑨ 제112조(기부행위의 정의 및 제한기간 등) 제2항의 규정
에 의하여 기부행위로 보지 아니 하는 의례적인 직무상의
행위에 소요되는 비용.

⑩ 선거일 후에 지출원인이 발생한 잔무정리 비용.

다. 선거비용의 불법지출의 규제 장치(제119조 내지 136조)

선거비용의 수입과 지출은 선거관리 위원회에 신고한 금융
기관의 계좌를 통해서만 하도록 하고 수입·지출 보고서 제
출시는 반드시 예금통장 사본을 함께 제출토록 하였다.

라. 선거비용 제한액 축소(법121조)

○ 대통령 선거 : 평균 193억원
○ 국회의원 선거 : 평균 5천 700만원

○ 시·도지사 선거 : 평균 7억 2천만원

○ 구·시·군의 장선거 : 평균 5천 6백만원

○ 광역의회의원 선거 : 평균 1천 8백만원

○ 구·시·군의회의원 선거 : 평균 1천 1백만원

※ 정확한 선거비용 제한액은 선거일 전 30일까지 선거구 선거관리위원회가 산정 공고함.

Ⅶ. 선거와 관련있는 정당활동의 규제

가. 정강·정책의 신문광고 제한(제137조)

① 정당의 정강·정책의 홍보, 당원·후보지망자·선거운동
   자원봉사자의 모집, 당비 모금 등의 신문광고는 선거일 전
   120일부터 선거운동 개시일 전일까지 가능하나 게재횟수
   및 규격을 제한하였음.
   ※ 선거기간 중에는 일절금지
② 일간신문 등에 광고를 게재할 때에도 입후보 예정자의 사진
   ·성명(성명을 유추할 수 있는 내용 포함) 기타 선거운동
   에 이르는 내용은 게재할 수 없음.

나. 정강·정책 홍보물의 배부 제한(제138조)

① 선거기간 중 중앙당이 후보자를 추천한 선거구의 소속당원
   수의 범위내에서 8면이내의 책자형 정강·정책 홍보물(1
   종)을 배부할 수 있음.
② 배부하고자 할 때에는 중앙 및 관할 선거관리위원회에 배부
   전까지 각 2부 제출.

다. 정당 기관지의 발행·배부 제한(제139조)

① 정당기관지의 발행·배부의 횟수와 방법을 통상적 범위안으로 제한하여 정당활동을 보장하면서 후보자간 기회균등을 도모함.

② 중앙당외의 당부가 발행하거나, 연설·대담·토론장소에서 배부하거나, 거리에서 판매·배부·첨부·살포하는 것은 통상적인 방법에 의한 배부로 보지 아니함.

라. 창당대회 등의 개최와 고지의 제한(제140조)

① 정당이 선거일 전 120일부터 선거일까지 창당대회, 합당대회, 개편대회 및 후보자 선출대회를 개최할 때에는 다수인이 왕래하는 장소가 아닌 장소에서 소속당원만을 대상으로 개최하여야 함.

② 창당대회를 알리기 위한 신문공고, 고지벽보에는 후보자(후보자가 되고자 하는 자를 포함)의 사진, 성명(성명을 유추할 수 있는 내용) 또는 선전구호를 게재할 수 없음.

※ 기부행위 제한기간에 허용되는 기부행위

○ 참석당원과 내빈에게 통상적인 범위안에서 식사·다과·떡·음료 또는 교재 기타의 정당 홍보물의 제공

○ 교통이 불편한 경우 등 부득이 한 경우 참석당원에게 교통편의 제공

○ 싼값의 정당뺏지나 상징 마스코트 제공

마. 당원 단합대회 및 당원교육의 제한(제143조)

① 정당은 선거기간 개시일 전 30일부터 선거일까지 소속당원

의 연수·단합·훈련 등 어떤 명목으로도 당원 단합대회,
당원 연수회, 당원교육을 실시할 수 없음.
② 기부행위 제한기간 개시일로부터 선거기간 개시일 전 31일
까지는 참석당원만을 대상으로 하여 정당의 경비로 통상적
범위안에서 다과·떡·음료·교재 및 정당 홍보물 등을 제
공하는 것은 허용되지만 온천장·관광지 또는 유흥시설을
갖춘 장소 등에의 초대와 향응이 부가되는 경우는 금지.

바. 당직자 회의 제한(제142조)

① 선거기간 개시일 전 30일부터 선거일까지 확대 당직자 회
의를 읍·면·동별로 1회 개최할 수 있음.
② 당직자 회의시 정당의 경비로 통상적인 범위안에서 다과·
떡·음료 또는 교재 기타 홍보물을 줄 수 있음.

사. 당원모집 제한(제144조)

정당은 선거기간 중 당원을 모집하거나 입당원서를 배부할
수 없음. 다만 지구당 창당대회 또는 개편대회를 개최하는
경우에는 그 집회일까지는 그러하지 아니함.

Ⅷ. 투·개표

가. 투표 참관인(제161조)

○ 투표 참관인의 수를 12인으로 한다.

○ 투표 참관인은 후보자마다 2인(대통령 선거에 있어서는 후보자마다 4인)을 선정하여 선거일 전일까지 투표구 선거관리위원회에 서면으로 신고해야 한다.

○ 신고된 참관인 수가 12인을 넘을 때에는 투표구 선거관리위원회는 후보자별로 1인씩을 지정한 후(단, 후보자 수가 12인 미만일 때) 추천에 의해 나머지 수의 참관인을 선정한다.

○ 후보자가 투표 참관인을 신고하지 아니 하거나 선정·신고하였다 하더라도 6인에 미달하는 때에는 투표구 선거관리위원회는 당해 투표구를 관할하는 구·시·군의 구역안에 거주하는 선거권자 중에서 본인의 승낙을 얻어 6인에 달할 때까지 선정한 자를 투표 참관인으로 한다.

○ 투표상황은 쉽게 볼 수 있는 장소에 투표 참관인석을 마련해야 한다.

○ 투표 참관인은 투표에 간섭하거나 투표를 권유하거나 기타 어떠한 방법으로든지 선거에 영향을 미치는 행위를 하여서는 안된다.

○ 투표 참관인은 투표소안에서 사고가 발생한 때에는 투표상황을 촬영할 수 있다.

○ 위법 사실에 대한 시정을 요구할 수 있다.

○ 6인씩 교대로 참관하되 한 후보자가 선정한 2인이 동시에 참관할 수 없다.

○ 선거인 명부가 분철되어 있는 선거구에 있어서는 투표 참관인을 그 분철 수마다 2인씩 추가하되 1인씩 교대로 참관하게 해야 한다.

○ 투표는 오전 6시부터 오후 7시까지 하되 이 시각에 투표소에 대기하고 있는 선거인들은 투표를 하게 한 후 투표소를 닫아야 한다.

나. 개표 참관인(제181조)

○ 관할구역 안에서 실시되는 선거에 참여하는 정당은 8인을, 무소속 후보자는 4인을 선정하여 선거일 전일까지 당해 구·시·군 선거관리위원회에 서면으로 신고하여 참관하게 하되 신고 후 언제든지 교체할 수 있으며 개표일에는 개표소에서 교체신고할 수 있다.

○ 개표 참관인의 신고가 없거나 한 정당 또는 한 무소속 후보자가 선정한 개표 참관인 밖에 없는 때에는 구·시·군 선거관리위원회가 선거권자 중에서 본인의 승낙을 얻어 12인에 달할 때까지 선정한 자를 개표 참관인으로 한다.

○ 개표 참관인이 개표내용을 식별할 수 있는 가까운 거리(1m 이상 2m 이내)에서 참관할 수 있도록 개표 참관인석을 마련해야 한다.

○ 개표 참관인은 개표소 안에서 개표상황을 언제든지 순회·

감시 또는 촬영할 수 있으며 당해 구·시·군 선거관리위원회 위원장이 개표소 안 또는 일반 관람인석에 지정한 장소에 전화·컴퓨터 기타의 통신설비를 설치하고 이를 이용하여 개표상황을 후보자 또는 정당에 통보할 수 있다.

○ 정당의 개표 참관인은 4인씩, 무소속 후보자의 개표 참관인은 2인씩(12인 이하인 경우에는 참관인 수의 2분의 1씩) 교대하여 참관하게 하되 한 정당 또는 한 무소속 후보자가 선정한 개표 참관인 모두를 함께 참관하게 하여서는 아니된다. 다만 지방의회의원 선거에 있어서는 한 무소속 후보자가 선정·신고한 개표 참관인 모두를 함께 참관하게 할 수 있다.

다. 개표 종사원

개표 사무원은 당해 관할 구역내의 행정공무원·법원공무원·교원·은행직원 중에서 위촉하며 행정공무원의 수는 전체 사무원 수의 3분의 1을 넘을 수 없다. 다만 법원공무원·교원·은행직원만으로는 전체 개표 사무원 수의 3분의 2를 넘지 못하는 때에는 예외로 한다.

개표개시

○ 투표함이 모두 도착된 후에 특별한 사유가 없는 한 투표함의 도착순위에 따라 행한다. 다만 교통 기타 부득이한 사정에 의하여 일부 투표함의 도착이 지연되는 경우에는 투표함의 3분의 2이상이 도착되면 개표를 개시할 수 있다.

○ 관할구역 안에 2 이상의 투표구가 있는 때에는 투표구

단위로 투표함의 도착순위에 따라 개표한다. 동일한 개표 순위에 해당하는 선거구가 2이상 있는 때에는 이 법 또는 시·도 조례의 선거구 순위에 의한다.

○ 우편 투표함은 개표 참관인의 참관하에 선거일 오후 6시 후에 개표장소로 옮겨서 개함하여 회송용 겉봉투와 속봉투를 개봉하여 일반 투표함의 개표지와 혼합하여 개표한다.

○ 투표구별로 개표하며 하나의 투표구의 투표수 계산이 끝난 후 다음의 투표함을 개함하되 동시에 개표하는 투표함은 4개 이내로 한다.

무효투표

① 다음 각호에 해당하는 투표는 무효로 한다.

○ 정규의 투표용지를 사용하지 아니 한 것.

○ 어느 난에도 표를 하지 아니 한 것

○ 2이상의 난에 표를 한 것

○ 어느 난에 표를 한 것인지 식별할 수 없는 것.

○ ⊗표를 하지 아니 하고 문자 또는 물형을 기입한 것

○ ⊗표 외에 다른 사항을 기입하거나 후보자난 외에 ⊗표를 추가한 것.

○ 선거관리위원회의 기표용구가 아닌 용구로 표를 한 것

○ 부재자 투표의 경우 정규의 회송용 겉봉투를 사용하지 아니 한 것

○ 속봉투 또는 회송용 겉봉투가 봉함되지 아니 한 것.

○ 회송용 겉봉투의 봉함부분에 확인인 또는 거소 투표자의 사인 날인이 전부 누락된 것

○ 부재자 투표소에서 투표하기로 신고한 자가 거소투표

의 방법으로 투표한 것

② 다음 각호에 해당하는 투표는 무효로 하지 않는다.

○ Ⓐ표가 일부분 표시되거나 Ⓐ표 안이 메워진 것으로서 선거관리위원회의 기표용구를 사용하여 기표를 한 것이 명확한 것.

○ 한 후보자난에만 2이상 기표되거나 중첩 기표된 것.

○ 기표난 외에 기표된 것으로써 어느 후보자에게 기표한 것인지가 명확한 것

○ 기표한 것이 전사된 것으로써 어느 후보자에게 기표한 것인지가 명확한 것

○ 인육으로 오손되거나 훼손되었으나 정규의 투표용지임이 명백하고 어느 후보자에게 기표한 것인지가 명확한 것.

○ 거소투표의 경우 이 법에 규정된 방법외의 다른 방법 [인장(모인을 제외한다)의 날인·서명기재 등 누가 투표한 것인지 알 수 있는 것을 제외한다]으로 표를 하였으나 어느 후보자에게 기표한 것인지가 명확한 것

Ⅸ. 선거범죄에 대한 제재 강화

가. 재정신청제 도입(제27조)

선거범죄의 고소인이나 고발인이 검사로부터 당해 고소, 고발사건에 대해 공소를 제기하지 아니 한다는 통지를 받은 날로부터 10일 이내에 그 검사 소속의 고등검찰청에 대응하는 고등법원에 재정을 신청하고 고등법원은 항고의 절차에 준하여 20일 이내에 재정결정을 하며 고등법원이 재정신청을 이유있다고 인정하는 때에는 직접 지방법원의 재판에 회부하고 변호사 중에서 특별검사를 지정하여 공소유지를 위해 검사의 직권을 행사하도록 하는 제도이다.

나. 선거범죄에 대한 연좌제 강화(제265조)

선거사무장·선거사무소의 회계책임자 또는 후보자의 직계 존·비속 및 배우자가 선거와 관련되어 활동하는 자에게 금전·물품·향응 등 기타 재산상의 이익을 제공하여 징역형을 선고받거나 또한 법에서 정한 일정한 선거범죄로 징역형을 선고받은 때에는 당선을 무효로 함.

다. 선거비용 초과 지출로 인한 당선무효(제263조)

선거비용 제한액의 200분의 1 이상을 초과 지출한 이유로 선거사무장 또는 선거사무소의 회계 책임자가 징역형을 선고받은 때에는 그 후보자의 당선을 무효로 함.

라. 공무담임 등의 제한(제266조)

매수 및 이해유도죄 등 선거범죄로 징역형의 선고를 받은 자는 그 집행을 받지 아니 하기로 확정된 후 또는 그 형의 집행이 종료되거나 면제된 후 10년간, 형의 집행유예의 선고를 받은 자는 그 형이 확정된 후 10년간, 100만원 이상의 벌금형의 선고를 받은 자는 그 형이 확정된 후 5년간, 공무원 정부투자기관, 농·수·축협 등 공공단체의 임·직원 등 공직에 취임할 수 없음.

마. 기부행위 및 위반자에 대한 벌칙(제257조)

기부행위 제한규정을 위반하여 금품·향응 기타의 이익을 제공하거나 제공할 의사의 표시 또는 그 제공의 약속을 한 자는 5년 이하의 징역 또는 1천만원 이하의 벌금에 처하고 기부를 지시·권유·알선·요구하거나 기부를 받은 자는 3년 이하의 징역 또는 500만원 이하의 벌금에 처함.

바. 양벌규정 및 과태료 부과규정 신설(제260, 261조)

회사의 임직원이 선거범죄 시 당사자 외에 회사들도 처벌

할 수 있도록 하였으며 경미한 선거법 위반자 또는 의무위반자 등에 대해서도 과태료를 부과·징수할 수 있도록 함.

사. 지위를 이용한 선거운동 금지(제85조)

① 공무원이 그 지위를 이용하여 그 소속직원이나 정부투자기관, 유관 사기업체 등이 임·직원을 대상으로 선거운동을 할 수 없음.

② 누구든지 교육적·종교적 또는 직업적인 기관·단체 등의 조직내에서의 직무상 행위를 이용하여 그 구성원에 대하여 선거운동을 하게 하거나 계열회사나 하도급등 거래상 특수한 지위를 이용하여 기업조직, 기업체 또는 그 구성원에 대하여 선거운동을 할 수 없음.

③ 누구든지 교육적인 특수관계에 있는 선거권이 없는 자에 대하여 교육상의 행위를 이용하여 선거운동을 할 수 없음.

아. 공무원 등의 선거에 영향을 미치는 행위 금지(제9조, 60조, 86조)

공무원, 정부투자기관 및 지방공사와 지방공단의 상근 임·직원·통·리·반의 장, 향토예비군의 소대장급 이상의 간부, 바르게 살기운동 협의회·새마을운동 협의회·한국자유총연맹의 상근 임·직원과 중앙회장, 의료보험의 상임 대표이사·직원과 의료보험 연합회의 상임 임·직원은 특정 정당이나 후보자의 업적을 홍보하거나 선거기간 중 정상적 업무 이외의 출장 등 선거에 영향을 미치는 행위를 할 수 없음.

자. 각종 집회의 제한(제254조)

누구든지 선거기간 중 선거에 영향을 미치게 하기 위하여 단합대회, 향민회, 야유회, 종친회 또는 동창회를 개최할 수 없으며 특별한 사유가 없는 한 반상회를 개최할 수 없음.

X. 선거 소송(제219조 내지 229조)

가. 선거 소청

　　지방의회 의원 및 지방자치 단체장 선거에 있어서 선거의
효력에 관하여 이의가 있는 선거인, 정당 또는 후보자는 선
거일로부터 14일 이내에 소청할 수 있음.
○ 기초(구·시·군)의회의원 선거 및 기초단체장 선거→시
　·도 선거관리위원회에 소청.
○ 광역(시·도)의회의원 선거 및 광역단체장(시·도지사)선
　거→중앙선거관리위원회에 소청
※ 소청에 대한 결정은 접수한 날로 부터 60일 이내.

나. 선거 소송

　　선거효력이나 당선 결정에 대한 이의가 있는 선거인, 정
당, 후보자는 해당 법원에 선거소송을 제기할 수 있음.
○ 대통령 선거 및 국회의원 선거 : 선거일로부터 30일 이내에
　　　　　　　　　　　　　　　대법원에 소송 제기
○ 시·도지사(광역 단체장) 선거 : 중앙선거관리위원회의 선
　　　　　　　　　　　　　　　거소청 결정서를 받은 날
　　　　　　　　　　　　　　　로부터 10일 이내에 대법

원에 소송 제기

※ 선거소송 처리는 소송제기된 날로부터 180일 이내에 처리.

제 3 편

사전선거운동 사례

Ⅰ. 금품·음식물 등 제공과 관련한 사전선거운동

가. 각종 행사관련

1. 의정활동 보고회 등

의정활동 보고회(시·도정활동 및 자치구·시·군정활동보고회를 포함. 이하 같음) 개최시 참석 선거구민에게 입후보 예정자의 직명(기관·단체·회사 등의 직위·직책을 포함. 이하 같음) 또는 성명을 표시하여 또는 그가 주는 것으로 추정되는 방법으로 금품(금전·기념품·선물을 말함. 이하 같음) 또는 식사를 제공하는 행위

※ 참석자에게 다과·떡·음료(주류 제공 등 향응 제외. 이하 같음.) 제공은 가능

2. 기공식·기념식 등 각종 행사

입후보 예정자(그가 주관·지배하는 기관·단체·회사 포함) 주관 기공식·준공식·체육행사·기념행사 등 각종 행사시 참석 선거구민에게 입후보 예정자의 직명 또는 성명을 표시하여 또는 그가 주는 것으로 추정되는 방법으로 금품 또는 식사를 제공하는 행위

※ 공공기관·공익시설 등의 준공식·개소식, 군민 체육대회 등에 초청된 유관기관·단체의 장 및 행사와 특별한 관련이 있는 내빈, 소

속 임 · 직원, 출전 선수 등 제한된 범위안의 자에게 음식물 제공은
가능

※ 창립 기념일 · 사원 체육대회 · 사옥 준공식 등에 초청된 유관기관
· 단체의 장 및 행사와 특별한 관련이 있는 내빈, 소속 임 · 직원이
나 그 가족, 거래처 인사 등 제한된 범위안의 자에게 음식물 제공
은 가능

3. 일반당원 대상 당내행사
일반당원 대상 당내행사 시 참석당원에게 금품 또는 향응을
제공하는 행위

※ 공식적인 당원집회(창당 · 개편 · 합당 · 단합 · 후보자 선출대회,
확대 당직자회의, 계획된 연수 프로그램에 의한 장시간의 당원연수
를 말함)시 간단한 식사 제공은 가능

※ 당원대상 수련대회 · 체육대회(연 2회 정도)의 경우 행사성격을
감안 음식물 및 행사에 따른 모자·수건 등 간단한 기념품 제공은
가능

4. 입후보 예정자 주관 비공식 당원집회
입후보 예정자가 임의로 당원집회를 주관하여 참석당원에게
금품 또는 식사를 제공하는 행위

※ 부위원장 등이 위원장을 대리하여 정당의 공식행사를 주관하는 경
우는 제외

5. 정강 · 정책설명회 등
정당이 정강 · 정책설명회 · 시국강연회 등에서 입후보예정
자의 직명 또는 성명을 표시하여 그가 주는 것으로 추정되
는 방법으로 참석자에게 금품 또는 식사를 제공하는 행위

6. 후원회 집회모금

정치자금에 관한 법률에 의한 후원회의 집회모금 시 이에
참여하지 아니한 선거구민에게 음식물 또는 금품을 제공하
거나 연예공연 등을 관람시키는 행위

7. 국회의사당·단체 등 방문

국회·지방의회·지방자치단체·기업체 등 입후보 예정자
가 소속된 기관이나 입후보 예정자와 관계 있는 회사 기타
법인·단체 방문 선거구민에게 입후보 예정자의 직명 또는
성명을 표시하여 그가 주는 것으로 추정되는 방법으로 금품
또는 식사를 제공하는 행위

※ 의례적인 방문기념품(직명 또는 성명표시 가능)이나 기념사진, 음
료·다과의 제공은 무방하나 단체 또는 다수의 선거구민을 초청하
였을 경우에는 그러하지 아니함.

8. 향우회·종친회·동창회 등

입후보 예정자(그가 주관·지배하는 기관·단체·회사 포
함)가 선거구내의 향우회·종친회·동창회·친목회 기타
사교단체 또는 그 구성원에게 입후보 예정자의 직명 또는
성명을 표시하여 또는 그가 주는 것으로 추정되는 방법으로
금품 또는 식사를 제공하는 행위

※ 소속모임에 있어 구성원의 의무로서의 회비납부와 자신이 거주하는
지역단위를 포함하는 시·도, 구·시·군, 읍·면·동 단위 모임
중 소속된 향우회·종친회·동창회에 한하여 운영관례상 순번제 등
으로 자기 차례가 온 경우의 부담은 가능

9. 기업활동 등

입후보 예정자(그가 주관·지배하는 단체·회사 포함)의 기업활동에 있어 거래관계에 있는 업체 등의 선거구민인 구성원에게 입후보 예정자의 직명 또는 성명을 표시하여 또는 그가 주는 것으로 추정되는 방법으로 금품 또는 식사를 제공하는 행위

※ 영업실적 등과 관련하여 업체 또는 그 구성원에게 포상금 등의 제공은 가능

나. 의례적·사교적 행위 등

1. 선거구민 경조사 등

입후보 예정자가 평소 지면이나 친교가 없는 선거구민의 경조사와 개업식 등에 금품 등을 제공하는 행위

※ 평소 지면이나 친교가 있는 자의 관혼상제시 입후보 예정자 명의의 앨범·향촉·촛대 등의 제공, 조기(弔旗)비치와 당해지역에서 그 지위에 걸맞는 금액 범위안에서의 축·조의금 및 회갑 등 수연이나 은혼식·금혼식 등에 축의금품을 제공하는 것은 가능

※ 평소 지면이나 친교가 있는 자의 개업식 등이나 공공기관·공익시설의 준공식·개소식, 기념일 등에 그 지역에서 일반적으로 행해지는 범위안에서 입후보 예정자의 직명 또는 성명을 표시한 기념품 등을 기증하는 것은 가능

※ 화환 제공은 지면·친교 유무에 불문하고 금지(합동결혼식·위령제, 국가적 경조사 등에만 한함)

2. 이웃돕기·구호·위문활동 등

불우이웃돕기·구호적·보상적·위문적 성격의 금품지급이

라도 입후보 예정자의 직명 또는 성명을 표시하여 선거구민
에게 지급하는 행위

※ 생활보호법 제25조에 의한 장애인 · 노인 · 아동복지시설 및 수용
보호시설, 재해구호법 제3조에 의한 구호기관 또는 공개적인 자선
사업을 주관하는 국가 · 지방자치단체 · 언론기관 · 자선단체 등에
의연금품이나 구호금품을 제공하는 경우 직명 또는 성명을 밝히는
것은 가능(다만, 개개인에게 지급되는 금품에 직명 또는 성명 표시
는 불가)

※ 효자 · 효부 · 환경미화원 · 집배원 · 유공자 등에 대한 위로성격의
선물을 입후보예정자의 직명 또는 성명을 표시하지 아니 하고 제공
하는 것은 가능

3. 노인위안 잔치 등

노인위안 잔치 등에 있어 입후보 예정자의 직명 또는 성명
을 표시하여 또는 그가 주는 것으로 추정되는 방법으로 금
품 또는 식사 등을 제공하는 행위

4. 노인회관 등 방문

선거구내의 노인회관 등에 입후보 예정자의 직명 또는 성명
을 표시하여 또는 그가 주는 것으로 추정되는 방법으로 금
품 또는 음식물을 제공하는 행위

※ 자신이 거주하는 이웃이나 부모가 다니는 노인회관 등 입후보 예정
자와 연고가 있는 노인회관을 방문하여 인사로서의 다과제공 등은
가능

5. 사찰 · 교회 등 시주 · 헌금

부처님 오신 날, 부활절 등 종교적 기념일에 시주 · 헌금 등

의 명목으로 종교인으로서 직접 관계가 없는 선거구내의 사
찰·교회·성당 등에 입후보 예정자의 직명 또는 성명을
표시하여 광범위하게 시주·헌금하는 행위

6. 입학·졸업축하 등 명목의 학용품 제공

어린이날, 입학·졸업축하 등의 명목으로 불특정 또는 특정
된 다수의 학생 또는 그 학부모 등에게 입후보 예정자의 직
명 또는 성명을 표시하여 또는 그가 주는 것으로 추정되는
방법으로 학용품 등을 제공하는 행위

7. 무료진료·법률상담 등

정당 또는 입후보 예정자가 선거구민에게 무료진료, 법률·
세무 등에 대한 무료상담 또는 무료변론을 하거나 이를 알
선하는 행위

※ 정당의 통상적 활동이나 의원의 직무상 행위로서 민원상담을 지구
당 당사나 자신의 직무 또는 업무를 수행하는 상설 사무소에서 행
하는 것과 인권 옹호적 차원의 무료변론 활동을 하는 것은 가능함.
다만, 사무소를 별도로 개설하거나 순회 또는 방문하여 행하는 것
은 금지

다. 단체·행사에의 찬조 등

1. 관광·야유회 등

입후보 예정자(그가 주관·지배하는 기관·단체·회사 포
함)가 일반 선거구민의 관광·야유회 등에 그의 직명 또는
성명을 표시하여 또는 그가 주는 것으로 추정되는 방법으로
금품 등을 찬조하는 행위

2. 체육대회 · 민속경기대회 등

입후보 예정자(그가 주관 · 지배하는 기관 · 단체 · 회사 포함)가 선거구민의 체육대회 · 민속경기대회 · 경연대회 등에 명예대회장 · 고문 등의 명목으로 그의 직명 또는 성명을 표시하여 또는 그가 주는 것으로 추정되는 방법으로 금품 등을 찬조하는 행위

※ 군민 체육대회 등 정기적인 읍 · 면 · 동이상의 행정구역단위 종합 주민체육대회, 전래적인 구 · 시 · 군단위의 고유축제, 자신이 속한 동문 체육대회에 한하여 그 지역에서 일반적으로 행해지는 금액의 범위안에서의 찬조 또는 시상은 가능(조기축구회 등 관내 일부주민의 친목성격의 대회는 제외)

3. 단체 · 조직운영비 지원 등

주로 선거구민으로 구성된 단체 · 조직 등의 운영비 · 행사비 등을 찬조하는 행위

※ 도서관 건립 등 공공적 사업에 그 지역사회에서의 지위에 걸맞는 범위안에서 그 경비의 일부를 분담하는 것은 가능

라. 기타 이익제공 행위

1. 교양강좌 등

정당 또는 입후보 예정자(그가 주관 · 지배하는 기관 · 단체 · 회사 포함)가 선거에 이용할 목적으로 선거구민을 대상으로 주부대학 · 교양강좌(꽃꽂이 · 수지침 · 컴퓨터 · 수영 · 노래 · 레크리에이션 등) 등을 개설하여 운영하는 행위

※ 정당이 정강 · 정책설명회 등에 부가하여 기자재 · 재료 등이 수반되지 않는 정강 · 정책과 관련한 교양강의를 비상설적으로 행하는

것은 가능

※ 입후보 예정자의 수익사업으로서의 영업활동(무료 또는 현저히 싼 값으로 제공하는 것은 불가)과 기업활동에 부가하여 업종 등 기업 영역범위안의 무료강좌 등은 가능("예" 화장품회사의 피부 미용강 좌 등)

2. 당원에 대한 시혜적 금품 제공

정당이 각급 당부의 당직자 또는 당원에게 당원연수 등의 기회를 이용하거나 이를 명분으로 실비 이상의 금전지급 등 시혜적 성격의 금품 지급 행위

3. 입당 대가 제공

입당이나 입당원서를 받아주는 명목으로 대가 제공 행위

4. 저서 무료 제공 등

입후보 예정자가 자신의 저서·창작품 등을 선거구민에게 무상 또는 통상보다 싼값으로 배부 또는 판매하는 행위

II. 의정활동 보고와 관련한 사전선거운동

가. 의정활동 보고 방법

1. 의정활동 보고시 지지호소 등

의정활동 보고회 개최시 또는 의정활동 보고서에 의례적인 부탁의 범위를 넘어 차기 선거에서의 지지호소·공약 등의 내용을 포함하는 등 선거운동을 하는 행위

※ 신문·잡지 등 언론보도 내용의 전재 및 선거구활동 기타 업적홍보에 필요한 사항 게재는 가능

2. 비공개적 의정활동보고

의정활동 보고의 명목으로 지면이 없는 다수의 선거구민의 집을 방문하거나 관례적으로 보고회 장소로 인식될 수 없는 곳에서 비공개적으로 의정활동을 보고하는 행위

※ 논·밭에서 일하는 사람을 만나는 것은 호별방문으로 보지 아니함.

※ 노인회관 등 회원외의 자에게 공개된 곳이 아닌 곳에서 의정활동 보고를 할 때에는 다수인이 의정활동 보고장소임을 알 수 있도록 표시를 하여야 함.

3. 대리인에 의한 의정활동 보고

본인이 참석하지 아니하고 대리인으로 하여금 의정활동 보

고회를 개최하게 하는 행위

※ 본인 참석여부와 관계없이 녹음 · 녹화물에 의한 의정활동 보고는 가능. 다만 본인이 참석하지 않고 녹음 · 녹화물을 이용하여 의정활동 보고를 하는 것은 의정활동 보고회라 볼 수 없으므로 의정활동 보고회에서 제공이 가능한 다과 · 떡 · 음료 제공은 금지됨

4. 의정활동 보고서 살포

의절활동 보고서를 가두에서 뿌리는 행위

※ 우편배달 · 신문삽입 · 호별투입 · 시장 또는 가두 등 공개된 장소에서의 배부나 민원실 · 마을회관 등에 비치하여 볼 수 있도록 하는 것은 가능

5. 언론매체 이용 의정활동 보고

의정활동을 언론매체의 광고를 이용하여 보고하는 행위

나. 의정활동 보고회의 고지내용 및 방법

1. 고지벽보 등 이용 선전

의정활동 보고회 고지벽보 · 고지현수막 · 초청장을 첩부 · 게시 · 발송함에 있어 보고자의 사진게재 · 업적홍보 등 고지목적을 벗어나 보고자를 선전하는 행위

※ 의정활동 보고자의 직명 또는 성명, 개최일시 · 장소, 진행순서 등의 게재는 가능

2. 고지방송 이용 선전

의정활동 보고회의 고지방송을 행함에 있어 보고자의 업적 홍보 · 선전구호 방송 등 고지목적을 벗어나 보고자를 선전

하는 행위

※ 의정활동 보고자의 직명 또는 성명, 개회일시 · 장소의 방송은 가능

3. 과도한 고지

의정활동 보고회의 개최단위 등에 비해 현저하게 과도한 고지를 하는 행위

III. 정당활동과 관련한 사전선거운동

가. 창당·개편대회 등 정당 내부행사

1. 일반 선거구민 참석
당원이 아닌 일반 선거구민을 참석하게 하는 행위

※ 사회통념상 인정되는 범위의 내빈을 참석하게 하는 것은 가능하나 일반 선거구민 참석을 합리화시키기 위하여 현장에서 입당원서를 받아 형식상 당원자격을 부여함은 불가

2. 집회상황의 공공연한 전파
확성장치·폐쇄회로·멀티비전 등으로 집회상황을 집회장 밖에서 일반 선거구민이 청취 또는 시청할 수 있게 하는 행위

3. 고지벽보 등 이용 선전
고지벽보 등에 입후보 예정자의 성명·사진 등 입후보 예정자를 선전하는 내용을 포함하여 고지하는 행위

※ 집회장소 안에서 자당 입후보 예정자에 대한 지지호소, 선전·결의 등의 발언이나 선전물 등의 첩부·게시는 가능

※ 창당대회 등에 있어 입후보 예정자를 부각시키지 아니 하는 범위안에서 창당준비위원회 위원장 등 소집권자로서의 직명 또는 성명의

표시는 가능

4. 공개장소 개최

시민이나 공중이 다수 왕래하거나 모이는 공공광장·도로 등의 공개된 장소에서 개최하는 행위

나. 선거구민과의 접촉활동

1. 시국강연회 시 지지호소 등 선전

시국강연회 등의 고지벽보 등에 입후보 예정자의 성명·사진 등을 게재하여 고지하거나 동 강연회 등에서 그를 지지 호소하는 등 입후보 예정자를 선전하는 행위

※ 연사명단 등에 성명이 게재되는 것은 무방

2. 특정지역 집중 시국강연회

정당이 보궐선거 등 실시예정 지역에서 집중적으로 시국강연회를 개최하는 행위

3. 정당간부 특정지역 방문 지지호소

정당간부가 특정 지역을 방문 현지 기자회견 등을 통해 특정 선거와 관련한 특정 입후보 예정자의 지지를 호소하는 행위

4. 연예행사·체육대회 등

정당이 일반 선거구민을 대상으로 연예행사를 개최하거나 체육대회·민속경기대회 등 각종 행사를 개최하는 행위

※ 정당이 불우이웃·이재민돕기 등의 모금을 위하여 필요한 경우의

자선공연 등은 가능

5. 정강·정책 등 광고이용 선전
일반 선거구민을 대상으로 하는 정강·정책 등의 선전을 위한 광고 등에 있어 입후보 예정자를 부각시켜 선전하거나 기타 선거운동에 이르는 내용을 게재하는 행위

6. 정강·정책 등 광고 이용 선전
당원모집, 당비모금 등의 광고를 하면서 입후보 예정자를 선전하는 행위
※ 입후보 예정자를 부각시키지 아니 하는 범위안에서의 광고주인 각급 당부(읍·면·동연락소는 제외) 대표자의 직명 또는 성명 표시는 가능

7. 정치적 주장 표명 현수막 게시 등
정당의 정치적 주장을 표명하기 위한 현수막·벽보 등에 직명·성명 또는 사진 등을 게재하여 입후보 예정자를 선전하는 행위
※ 입후보 예정자의 명의를 부각시키지 아니 하는 범위안에서 현수막에 직명 또는 성명 등을 게재하여 정당의 당사(국회의원 사무실 포함)에 게시하는 것은 가능
※ 당부명의로 정치적 주장을 표명하기 위한 현수막 게시는 가능

8. 정당의 환경보호활동 등 이용 선전
정당이 환경보호 등 국민운동적 성격의 활동 전개시 그 활동목적이나 범위를 넘어 입후보 예정자를 선전하는 행위

9. 정당의 선거운동내용 간행물 배부

정당이 발행하는 기관지 등 간행물중 선거운동을 위한 기사 또는 내용이 게재된 간행물을 일반 선거구민을 대상으로 배부하거나 가두판매·첩부·게시·살포 등 통상적 방법외의 방법으로 배포하는 행위

※ 유관기관·단체 기타 사회통념상 인정되는 범위안의 인사 등 제한된 범위안에서의 비당원에게 배부는 가능

※ 국민적 관심사안 또는 현안과 관련한 자당의 입장을 알리는 내용의 기관지 등 간행물을 가두캠페인 등을 통하여 일반 선거구민에게 배포하는 것은 가능

10. 성명서 등 일반 선거구민 배포

정당 또는 입후보 예정자가 입후보 예정자를 선전하는 내용의 성명서·해명서 등을 유인 또는 복사하여 일반 선거구민에게 배포하는 행위

※ 정강·정책 또는 특정사안에 대하여 자신의 입장을 담은 성명서 등을 언론사, 관계기관·단체, 소속당원에게 배부하는 것은 가능

11. 당원용 홍보물 일반 선거구민 배포

입후보 예정자를 선전하는 내용이 포함된 당원용 홍보물을 일반 선거구민에게 배포하는 행위

12. 후원회 집회고지

국회의원후원회가 정치자금에 관한 법률 제6조의 4의 규정에 의거 집회모금 또는 광고모금 고지를 함에 있어 같은 법에서 정하는 범위를 넘어 입후보 예정자의 사진을 게재하는 등 과도하게 고지하는 행위

※ 집회에 의한 모금의 경우 4회 이내의 정기간행물을 이용한 광고, 4매 이내의 현수막, 100매 이내의 고지벽보, 광고에 의한 모금의 경우 4회 이내의 정기간행물을 이용한 광고는 가능하나 후원회 회원외의 자에게 초청장·안내장 등을 보내는 행위는 정치자금에 관한 법률에 의하여 규제됨.

13. 입당권유 호별방문

입당권유의 명목으로 선거운동을 위한 호별방문을 하는 행위

Ⅳ. 입후보 예정자의 선전활동

가. 간행물 이용

1. 신문 · 잡지 등 통상적 방법외의 발행 · 배부

입후보 예정자에 대한 호의 또는 악의적인 기사가 게재된 신문 · 잡지 · 기관지 등을 종전의 방법과 범위를 벗어나 현저히 확대 발행 · 배부하거나 이를 구입 또는 발췌 · 복사하여 배부하는 등 통상적 방법외의 방법으로 발행 · 배부하는 행위

2. 기관지 · 반상회보 등 이용 지지 · 선전

각급 국가기관이나 지방자치단체의 기관지, 반상회보 등에 입후보 예정자의 업적을 현저히 부각시키거나 각종 사업의 추진성과를 입후보 예정자의 치적으로 돌리는 등 입후보 예정자를 지지 · 선전 · 추천하는 행위

※ 의정활동 보고서나 당보에 입후보 예정자의 업적 등을 홍보하는 것은 제외

※ 통상적인 발간사 · 권두언 · 인사말을 게재하는 것은 가능

3. 신문 · 잡지 기타 간행물 이용 선전

신문 · 방송 · 잡지 기타 간행물에 입후보 예정자의 성명 ·

사진·경력·정견 등을 광고하는 행위

4. 기업사보·광고 이용 선전
입후보 예정자가 주관·지배하는 단체·법인·회사 등이 사보·광고 등에 자사의 제품이나 기업 또는 단체활동의 홍보·선전 목적을 벗어나 입후보 예정자 개인의 선전내용을 게재하는 행위

※ 경영능력 등 선거와 관련없는 업적이나 자질 선전은 가능

5. 저서광고시 선전
입후보 예정자의 저서광고시 그 저서내용과 관계가 없는 내용을 부각시켜 입후보 예정자를 선전하는 행위

6. 달력·기업홍보물 등 배포
입후보 예정자의 성명·사진 등이 게재된 달력·기업 홍보물 등을 일반 선거구민에게 배부하는 행위

나. 선전물 설치·배부

1. 신문 무료보급대 등 이용 선전
입후보 예정자가 자신의 성명을 표시한 신문 무료보급대·휴지통 등 시설물을 선거구내에 설치하는 행위

2. 새해인사·기념일 현수막 게시 등
새해인사·귀향인사·기념일·각종 행사 등 특정기회를 이용하여 입후보 예정자의 직명 또는 성명을 표시한 현수막·벽보 및 유인물 등 선전물을 게시·첩부·배부하는 행위

※ 정당의 당사, 국회의원사무소, 회사·단체의 사무실·사업장 등에
대표자 명의를 표시한 현수막 게시는 가능

3. 사무소개소 등 안내고지

입후보 예정자가 사무소·영업소 등의 개소·이전 등 각종
행사 등을 알림에 있어 일반 선거구민을 대상으로 입후보
예정자의 직명 또는 성명을 표시하여 초청장·안내장 등을
발송하거나 선전물을 첩부·게시하는 행위

※ 행사의 내용과 고지의 목적에 맞는 합리적인 범위안에서 초청장·
안내장 등을 유관기관·단체 등에 발송하거나 행사장소에 현수막
·안내문 등을 게시·첩부하는 때에는 직명 또는 성명표시 가능

4. 차량 등에 명의표시

차량·선박 등에 입후보 예정자의 직명 또는 성명을 표시하
여 운행하는 행위

※ 정당의 당부명이나 정책구호 표시는 가능

다. 기타 선전활동

1. 각종 모임에서의 지지호소

각종 모임·단체 등의 회의에 참석하여 자기 또는 특정인의
입후보 예정사실을 알리며 지지를 호소하거나 선전하는 행
위

2. 연하장 등 발송

입후보 예정자가 평소 친교가 없는 선거구민에게　연하장
등을 다량으로 발송하는 행위

3. 축전·축하카드 등 발송

평소 친교가 없는 선거구내의 학생·학부모 또는 선거구민 등에게 입후보 예정자의 직명 또는 성명을 표시하여 생일·입학·졸업·전입·성년의 날 축전이나 축하카드 등을 발송하는 행위

4. 주민접견 선거운동 발언

입후보 예정자의 각종 행사참석·주민접견·현지방문시의 선거운동성 발언 또는 행동

5. 주민접견·행사 등 확대

선거가 임박한 시기에 각종 행사·주민접견·현지방문에 있어 정당한 사유없이 그 대상·범위·빈도 등을 현저히 넓히는 행위

Ⅴ. 협조를 요하는 사항

◀ "협조를 요하는 사항"이라 하더라도 그 기준을 현저히 초과할 경우 사전선거운동으로 규제될 수 있음.▶

1. 의례적인 방문 기념품의 가액 기준

입후보 예정자가 자신이 소속된 기관·단체 등을 방문하는 자에게 방문기념품을 제공하는 때에는 시가로 1,000원 이하의 기념품으로 함.

2. 의정활동 보고회 고지물 기준

의정활동 보고회의 고지는 고지벽보의 경우 그 개최단위가 구·시·군일 때에는 100매 이내, 읍·면·동일 때에는 50매 이내, 통·리일 때에는 10매 이내로, 현수막의 경우 개최단위의 읍·면·동의 수에 상당하는 수 이내로 하며, 고지벽보의 첩부 및 현수막의 게시는 개최일전 7일부터 개최일 익일까지에 한함.

3. 창당대회 등 고지물 기준

창당·개편·합당대회를 개최함에 있어 고지벽보는 100매 이내, 현수막은 지구당의 경우 개최지의 읍·면·동수 이내, 중앙당이나 시·도지부의 경우 소속지구당(창당준비위원회 포

함)수 이내로 하며, 당원교육·연수 단합대회 등을 개최함에
있어 고지벽보는 1회 10매 이내, 현수막의 게시는 그 집회장
소에 한함.

제 4 편

선전과 홍보

I. 선전과 홍보

선전(Propaganda)이란 말의 원뜻은 로마 교황이 카톨릭의 교의를 펴는 포교의 의미로써 그 가르침이나 포교 방법을 여러사람들에게 알리고 설득하는 것을 의미하였다. 그러므로 원뜻으로 보면 선전이란 사람들에게 일정한 지식을 제공하고 그것을 바탕으로 하여 어떤 특정 행동을 일어나게 하는 것이라고 할 수 있다. 이러한 의미에서 본다면 선전에는 종교 및 상업은 물론 정치가에 있어서 자기의 정치적인 입장이나 방침을 국민에게 알리고 협력을 구하는 연설이나 정책·성명도 하나의 선전이며 개인적으로 자기의 지식이나 능력, 희망을 상대방에게 인식시켜 어떤 행동을 일어나게 하는 것도 선전 속에 포함된다. 선전이란 상대방의 반응을 기대하여 상대방에게 행동을 하도록 유도하는 것이며 그 유도 방법에는 여러가지의 형태가 있다. 오늘날에는 선전이라는 말과는 별도로 홍보(Public Relation)라는 구체적인 분야를 두어 선전을 보다 세분화 하여 그 효과를 극대화 시키려 하고 있다. 선전이나 홍보는 근본적으로 자기편의 이익과 발전을 목표로 하고 있는 행위이지만 굳이 구분을 하자면 선전이란 일방적이고 적극적인 이미지를 전달하는 것으로 목표하는 의욕을 솔직하게 드러내어 상대방의 욕망을 촉구하는 것을 방법으로 삼고 있는데 비해 홍보라는 것은 상대방의 이해나 신뢰를 얻는 일을 목표로 하고 있는 것이 차이점이라 할 수 있다. 따라서 선전은 홍보의 뒷

100

받침이 있어야만이 기대하는 목표를 달성할 수 있는 것이므로 이의 두가지를 잘 조화시켜 나아가야 할 것이다.

가. 선전 홍보의 기본조건

1. 주의를 끌 것

선전을 하는 경우에 맨처음 필요한 조건으로 우선 "무엇일까"라는 호기심을 상대방에게 품도록 해야 한다. 선전의 문구가 아무리 논리정연하고 내용상으로 훌륭하다 하더라도 우선 상대방의 눈이나 귀를 이쪽으로 향하게 하지 못한다면 헛수고가 되고 말 것이다. 그런 까닭에 사람의 눈에 확띄는 것이나 흥미를 돋굴 수 있는 자료 등을 연구 개발하여 다른 사람이 미처 생각하지 못했던 기발한 것, 신기한 것, 새로운 것 등으로 주의를 단번에 끌어야 한다 그러다 보면 용어나 어법상 문제가 될 만한 말투나 지나치게 주관적인 표현이 채택되는 위험성이 없지 않으나 역시 주위를 끄는 것이야말로 선전의 핵이 아닌가 싶다.

2. 알기 쉬울 것

상대방을 이해시키고 곧 행동을 일으키게 하기 위해서는 지나치게 전문적이나 어려운 말은 피하는 것이 좋다. 한마디로 한눈에 알 수 있는 형태가 기본이다. 지루하게 나열된 문장보다는 짧은 문장으로 단순하게 설명함과 동시에 상대방의 욕구에 정통으로 직접 호소하는 것이 아니면 안 된다. 넌지시 호소하는 완곡법이나 추상적인 형식은 되도록 피하는 것이 좋으며 상대방에게 얼마나 유익한가 하는 점을 표적으로 하여 구체적이고 단적인 표현이어야 한다.

3. 인상을 심어 줄 것

상대방을 끌어 당겨 납득시킨 사항을 행동으로 일으키게 할때까지 생생한 기억을 오래 지속시키기 위해서는 인상적인 것을 심어 주어야 한다.모처럼 상대방을 납득시켜도 곧 잊어 버리게 되면 선전의 효과는 없는 것이다. 깊은 인상을 심어 주어 오래도록 기억에 남도록 만드는 것이야 말로 선전의 중핵이 되는 조건이다. 그러기 위해서는 귀에 쟁쟁 울리고 자연히 되풀이 될 수 있는 말이어야 한다. 속담, 슬로건 같은 것이 선택되고 유행어 따위도 도입하면 좋다. 광고 음악 같은 것도 이와같은 효과를 노린 대표적인 형태라고 할 수 있다.

4. 적당히 과장할 것

선전이라는 말이 과장과 같은 의미로 쓰이고 있는 점에서도 알 수 있듯이 과장은 선전의 대표적인 특색이라고 할 수 있다. 그렇다고 허위를 마구 퍼뜨리는 따위의 악덕 행위는 물론 용서될 수 없으며 요즘과 같이 선전에 익숙한 대중을 상대로 하여 그런 짓을 하면 결국 속이 드러나고 만다. 따라서 결점은 소극적으로 장점은 과장하여 전한다는 정도는 어떤 선전에서도 상식이기 때문에 적절히 사용하면 좋다는 것이다.

과장을 잘못하면 신용을 잃거나 흥미를 깨뜨려 버릴 위험성이 있으면서도 잘만 사용하면 상대방을 단단히 붙들어 놓을 수 있는 효과가 있기 때문에 선전하는 측으로서는 매력적인 무기가 되는 것이다.

5. 신뢰를 얻을 것

선전에 있어 신뢰를 얻기 위해서는 크게 권위를 붙이는 것이 필요하다. 그러기 위해서는 정확한 수치를 제시한다거나 국내외적으로 저명한 사람과의 관계나 그 부문의 전문가의 추천이나 증명을 시키든가 하는 방법 등이 있다. 그러나 뭐니뭐니 해도 선전하는 그 자체를 배신하지 않고 성실히 이행하는 것이 중요하다.

진실이 수반되지 않는 경우에는 일시의 선전을 대중이 받아들인다 해도 곧 소용이 없게 되고 만다.

6. 캐치 프레이즈의 활용

짧은 문구로서 하나의 종합된 의미를 나타내고 그 한마디로 듣는이의 주위를 끌면서 호소하고 싶은 목적을 쉽게 깨닫게 하는 내용이어야 한다. 캐치 프레이즈는 그것만이 독립하여 사용되거나 각종 홍보물의 모두나 마지막에 놓이기도 하는데 후보자의 인격이나 정책, 정치자세 등을 자연스럽게 연상시키는 캐치 프레이즈를 만들어 유권자에게 알리는 것은 후보자의 이미지를 널리 알리는데 매우 중요하다. 캐치 프레이즈란 모든 홍보물에 사용되며 본인의 이미지나 정치적 사상등이 유권자에게 전달되는 것으로 첫째 짧을 것, 둘째 명확할 것, 셋째 적절할 것, 넷째 독창적이면서 흥미가 있어 기억하기 쉬울 것 등이 필수 조건이다. 그 내용에 따라 역사나 전통, 지역 정통성, 후보자의 능력, 미래 지향성, 정당의 이념과 활동, 대중의 감정에 호소하는 것, 대중에게 행동을 요구하는 내용 등으로 분류할 수 있다. 이점을 유의하여 그 지역의 유권자들의 성향을 분석한 후 신중히 선택해야 한다.

이러한 과정을 거친 캐치 프레이즈에다 듣는 데 울림이 좋고 말하는데 장단이 맞는 리듬이면 더더욱 좋을 것이다.

민주화 형

○ 민주개혁의 선봉
○ 단행! 정치개혁
○ 권리가 침해 당하지 않는 밝은 정치
○ 강서의 민주투사
○ 고쳐 보자 심부름하는 정치로!
○ 민주없는 민권은 헛소리이고 민권없는 민주는 껍데기이다.
○ 깨끗한 정치, 정직한 일꾼!
○ 부정, 비리, 기만의 사슬을 끊자!
○ 지자제, 그것은 「함께 하는 세상 만들기」입니다.
○ 새 정치, 큰 일꾼!
○ 막자! 여당독주, 세우자! 우리 의리
○ 부패추방의 파수꾼
○ 쾌적한 정치, 건강한 일꾼
○ 부패한 안정인가, 건강한 안정인가
○ 민주화! 우리 손에 달렸습니다.
○ 뛰는 일꾼, 밝은 미래
○ 서민 살림 지키는 밝은 정치를 열겠습니다.
○ 민주의 새벽을 여는 젊은 정치
○ 새 정치는 새 인물로!
○ 안정 속에 변화
○ 나라의 앞날, 다가오는 2000년
○ 재야의 양심, 노원을 지킨다.

○ 민주투쟁의 선봉자, 서민대중의 반려자

○ 민주화 운동의 새벽, 기관차 양성우

○ 깨끗한 정치 성실한 사람

○ 선명야당 밀어주어 견제세력 구축하자

○ 부정비리 파헤칠 ○○○을 국회로!

○ 야권통합의 기수

○ 부패권력의 독주냐, 양심세력의 견제냐!

○ 독주냐 견제냐 선택은 하나

○ 민주성동의 기수

○ 야당은 야당답게 정치는 정치답게

○ 새 술은 새 부대에

○ 의미없는 반복보다 새로운 선택을

○ 떠오르는 해방동이, 민주통일의 기수

○ 함께 갑시다. 험난한 민주화의 길로

○ 썩은 정치 끝장내자

농촌및 여성형

○ 내 고장의 참된 일꾼이 되겠습니다.

○ 농촌, 농민 이대로 방치하면 파국된다.

○ 내 고장 내 살림 우리 손으로 꾸려가자

○ 농촌 살릴 길 ○○○에 있다.

○ 농부의 아들 이제 농촌을 위해 일어섭니다.

○ ○○발전의 튼튼한 볍씨를 뿌리겠습니다.

○ 외면받는 농촌살림 농민이 재건합시다.

○ 질그릇 같은 농촌출신, 선택은 ○○○로

○ ○○의 희망 농민의 선택

○ 누가 농민의 고통을 대변해 주겠습니까?

○ 추방! 수입 농수산물
○ 전통 ○○의 명맥을 오늘에 잇겠습니다.
○ 진실한 농사꾼, 미래의 대변자
○ 농민 좀먹는 부패농정 박멸
○ 고향의 따뜻함으로 내 고장 살판 나게
○ 일만 아는 여성일꾼, 내 마을 대표로
○ 교육·의료·교통·쓰레기 등 문제를 최우선으로 해결 노력하겠습니다.
○ 친절한 이웃사촌, 믿음직한 아줌마
○ 작은 소리도 들을 줄 아는 사람
○ 이웃의 아픔이 바로 저의 아픔입니다.
○ 장바구니의 무게가 여러분의 심판에
○ 부엌살림에서 지역살림까지
○ 여성의 힘으로 건강한 ○○를
○ 미래를 맡겨도 좋을 여성, ○○○
○ 집안살림 잘하면 지역살림도 으뜸
○ 소중한 가족의 생명을 수도물에 내맡길 수 없습니다.
○ 주민일 발벗고 나설 사심없는 봉사자
○ 파탄난 농촌경제 남편에게만 짐지울 수 없습니다.
○ 궂은 일마다 않는 뚝심있는 주부일꾼 ○○○
○ 이제 우리 지역일은 우리 주부들이 나서야 할때입니다.
○ 밭갈던 끈기로 농촌살림 도맡아 할 아낙일꾼
○ 작은 일도 세세히 돌보는 꼼꼼한 지역 살림꾼 ○○○
○ 골목등 하나라도 정성으로 지킬 지역의 파수꾼
○ 행정독재 허물 수 있는 똑똑한 여성일꾼

지역봉사 및 개인 이미지 부각형

○ 빈익빈이 선진이냐! 썩은 정치 뿌리 뽑자
○ 정치 공해 없는 쾌적한 성동을!
○ 뿌리깊은 토박이 ○○의양심, ○○○입니다.
○ 동대문의 밝은 미래를 책임지겠습니다.
○ 성북의 새 바람, 성북의 자존심
○ 작은 일부터 열심히 하겠습니다.
○ 새벽을 여는 젊은 일꾼
○ 서러운 가슴에 흐르는 눈물을 닦아주는 올바른 지방행정
  을 생각합니다.
○ 선택했어요! 우리 동네의 참일꾼 ○○○
○ 물가를 누르는 이 한표, 생활을 지키는 ○○○
○ 강남의 솔직한 목소리
○ 출발! 쾌적한 감동!
○ 선언! 무공해 정치 실현!
○ 남들이 떠들 때 저는 실천하겠습니다.
○ ○○를 생각합니다. 희망을 생각합니다.
○ 부끄러워 하는 순수함, 그것은 내 고장을 지킵니다.
○ 서대문은 곧은 뿌리, 새 나무에 물을 주자
○ 노원의 참된 새 일꾼
○ 용산구민이 선택한 용기와 신념의 정치인
○ 정치 일번지 중구는 맑아져야 합니다.
○ 만나면 따뜻한 친구, ○○○
○ 빈말보다 실천, 잔꾀보다 양심, 눈치보다 소신
○ 실천하는 지성!
○ 화로불처럼 따뜻한 홍길동
○ 반성하는 사람만이 거듭 태어납니다.

○ 드릴 것은 양심과 용기 뿐입니다.

○ 다정한 이웃, 정다운 벗

○ 지방화의 새 희망 홍길동

○ 꾸밈없는 성실성, 함께 가는 동작발전

○ 앞서 가는 성동, 참신한 인물

○ 온화한 성품의 이웃사람, 강력한 추진력 ○○○

○ 생산적인 사람, 힘있는 실천자

○ 자, 이제는 실천합시다.

○ 홍길동은 당신의 희망을 실현합니다

○ 종로의 뿌리깊은 나무

○ 성동의 떠오르는 새 인물 홍길동과 함께

○ 풍부한 경험, 과감한 추진력 홍길동!

○ 머리쓰는 화곡의 손과발

지방자치체형

○ 낭비되는 지역예산 지자제로 감시하자

○ 양심의 소시민, 지자제로 동고동락

○ 우리 동네 새 일꾼

○ 주민의 대변자! 지역발전의 참일꾼!

○ 주민의 주민에 의한 주민을 위한 자치실현

○ 깨끗한 양심과 함께 지방화 시대를 열어 가자

○ 땀흘린 사람이 거두도록 합시다

○ 30년 전통 야당, 지자제로 결실 맺자

○ 불같은 실천의지를 보여 드리겠습니다.

○ 행동하는 양심으로 우리 살림 지킵시다

○ 희망찬 ○○동의 미래

○ 소중한 지자제의 씨앗을 잘 가꾸겠습니다.

○ 지역 발전의 씨앗이 되겠습니다
○ 젊고 성실한 ○○○에게
○ 일을 해 본 사람, 실제로 일할 사람
○ 깨끗한 양심, 지방화의 주역 ○○○!
○ 지역 발전의 선봉장이 되겠습니다.
○ 지킬 수 있는 약속만 하는 홍길동
○ 야당후보 당선시켜 행정독재 막아내자
○ 이 일만은 반드시 하겠습니다.
○ 민주와 개혁의 자치, 서민 위한 지방자치
○ 묵묵히 봉사해 온 우리의 이웃사람
○ 30년만의 지자제, 뿌리부터 잘 가꾸자
○ 용두동이 낳은 우리 지역 새일꾼
○ 지방자치 뿌리 내려 민주발전 앞당기자
○ 말로만 문민정부 지자제로 바로 잡자
○ 제기동 지역발전의 선봉장의 되겠습니다.
○ 지방의회 수립하여 균형개발 이룩하자
○ 지방의회 초석다져 민생치안 해결하자
○ 신길동에서 30년을 살아온 토박이
○ 30년 군사문화 지자제로 청산하자
○ 당장 상·하수도 문제를 해결하겠습니다.
○ 예산낭비와 부정부패가 획기적으로 개선됩니다.
○ 썩어가는 행정부패 지자제로 막아보자
○ 풀뿌리 민주주의 새싹 부터 바로 잡자
○ 지방자치제가 잘 되어야 민주주의 꽃핀다
○ 치솟는 물가 주름진 서민생활
○ 낭비되는 국가에서는 지자제를 감시하자
○ 정치적 무관심 행정독재 부추긴다

○ 지방자치 실현하여 빼앗긴 주권 다시 찾자
○ 지방화 시대, 무공해 정치실현!

지역개발 공약 내용

① 주민의 복지증진에 관한 사무
　○ 사회복지 시설의 설치・운영 및 관리
　○ 생활 곤궁자의 보호 및 지원
　○ 주민복지에 관한 사업
　○ 지방 공기업의 설치및 운영
　○ 청소・오물의 수거 및 처리
　○ 노인・아동・심신장애자・청소년 지원방안
　○ 부녀자의 복지증진 및 탁아소 설치
　○ 공중 접객업소의 위생개선을 위한 지도
　○ 보건 진료기관의 설치운영
　○ 묘지・화장장 및 납골당의 운영관리
② 농림・상공업 등 산업진흥에 관한 사무
　○ 농외소득 사업의 육성지도
　○ 복합영농의 운영지도
　○ 농업용수 시설의 설치 및 관리
　○ 농업자재의 관리
　○ 농・축・수산물의 생산및 유통지원
　○ 지역산업의 육성지원
　○ 농가 부업의 장려
　○ 가축 전염병 예방
　○ 공유림 관리
　○ 소규모 축산개발 및 낙농진흥업
　○ 토산품 개발 및 관광 민예품 개발

110

○ 중소기업 육성 개발

○ 소비자보호 및 저축장려책

○ 특용작물 개발 장려

③ 지역개발 및 주민의 생활환경에 관한 사무

○ 지역경제의 육성및 지원

○ 간이급수 시설의 설치 및 관리

○ 동네오물 처리방안 추진

○ 재해대책의 수립 및 집행

○ 주차장·교통표지 등 교통편의시설의 설치 및 관리

○ 골목길 정비방안 추진

○ 도립·군립 및 도시공원 개발

○ 관광·휴양시설의 설치 및 관리

○ 가로등 및 방범초소 설치

○ 방음벽 설치

○ 도시계획 사업의 시행

○ 동민 생활 상담소 개설

○ 지방 토목·건설사업의 시행

○ 상·하수도의 설치 및 관리

○ 주거생활 환경개선의 장려 및 지원

○ 지방하천·준용하천 및 소하천의 관리

○ 농촌 주택개량 및 취락구조 개선

④ 교육·체육·문화예술의 진흥에 관한 사무

○ 유아원·유치원·초·중·고등학교 및 이에 준하는 각
종학교의 신설

○ 도서관·운동장·체육관·박물관·공연장·미술관·음
악당 등 공공교육문화시설 확충 및 신설

○ 지방 문화예술 단체의 육성

○ 지방문화재의 지정 및 보존관리
○ 지방 문화예술의 진흥
○ 지방문화행사의 유치 및 정례화
○ 탁아소 및 어린이 종합 놀이터 설치 추진

나. 선전벽보 제작요령 및 예시

　선전벽보는 다른 홍보물과는 달리 불특정 다수인에게 널리 알리는 목적이 있으므로 우선 참신한 구성(Lay out)으로 만들어 보다 독창적이고 참신한 이미지를 심어 줄 때만이 타후보와의 차별성이 드러나 유권자들에게 강력한 호소력을 줄 수 있는 것이다. 따라서 기존의 선전벽보 작성과는 달리 고정관념에서 과감히 탈피하여 얼굴사진·서체·슬로건 등을 연구개발하여 간단명료하게 하여 후보자의 이미지를 부각시켜야 한다. 특히 선전벽보의 인물사진은 후보자의 인격이나 이미지를 나타내 주며 유권자로 하여금 호감을 불러 일으키는 데 큰 영향을 주는 것이므로 효과적인 사진촬영을 위해서는 후보자 본인의 기호보다도 참모 등의 의견을 충분히 존중하여 나이에 비해 젊고 건강하게 보이도록 약간의 맛사지와 화장을 하여 촬영하는 것도 하나의 방법이라 하겠다.
　사진촬영시 약간 옆으로 비스듬한 자세를 취하여 밝고 부드러운 표정을 지어 유권자들의 첫눈에 신선함이 비치도록 해야 한다. 그리고 각종 서체 중에서 마음에 드는 서체를 정하여 되도록 한글로 사용하는 것을 원칙으로 하여 4색도 이내로 작성해야 한다. 이때 백색은 1색도로 보지 않으므로 색도의 농도를 적절히 사용하면 여러가지 색도를 사용한 것과 같은 효과를 얻을 수 있다는 점에서 선전벽보 원고 작성시 전문가의 도움을 필히 받아 산뜻한 디자인을 골라 결정한 후 실물 크기의 견본을 보면서 참모 등과 함께 검토하는 것이 좋다. 선정된 서체는 로고화 하여 홍보물은 물론 현수막에 이르기까지 통일되게 사용함으로써 유권자들에게 참신하고 일관된 이미지를 심어주어야 할 것이다. 색상 또한 정당소속의 경우 소속당의 고유한 모양과 색깔을 사용하여 인접 지역구와 연대성 및 통일성을 유지해야 하겠지만 후보자의 이미지와 함께 계절감도 고려하여 선택하면 더욱 효과적인 것이다.

○ 선전벽보는 후보자가 작성하여 등록 마감일 후 3일까지 관할 선거구 선거관리 위원회에 제출

○ 제출할 선전벽보 수량은 구가 설치된 시의 동에 있어서는 인구 1천인에 1매, 구가 설치되지 아니한 시의 동에 있어서는 인구 700인에 1매, 읍에 있어서는 인구 500인에 1매 면에 있어서는 인구 200인에 1매와 인구 100인 이상 200인 미만의 자연부락마다 1매를 더한 매수

※ 법 제64조 3항의 규정에 의하여 정당 또는 후보자가 제출할 선전벽보의 수량은 제2항의 규정에 의하여 산출한 수량에 읍·면·동마다 5매(대통령·전국구 국회의원 및 시·도지사의 선거에 있어서는 구·시·군 위원회별로 제2항의 규정에 의하여 산출한 수량의 100분의 10에 상당하는 매수)를 더한 수량으로 한다. 이 경우 10미만의 단수는 10매로 한다.

다. 선거공보 제작요령 및 예시

각종 인쇄물중에서 유일하게 흑백으로 제작헤야 하는 선거공보야 말로 각 후보자들간에 큰 특징이 없는 것이 특징이라 하겠다. 그렇다고 대충 제작한다는 것은 참으로 어리석은 생

선전벽보(대통령 선거)

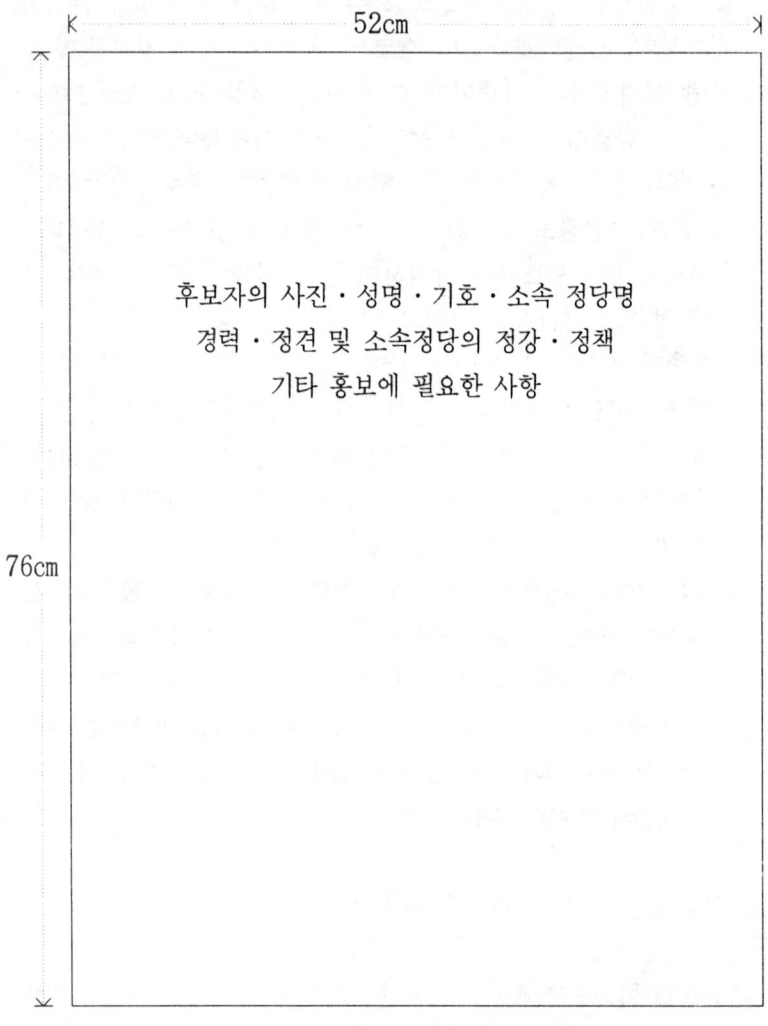

52cm

76cm

후보자의 사진·성명·기호·소속 정당명
경력·정견 및 소속정당의 정강·정책
기타 홍보에 필요한 사항

○ 무소속후보자는 무소속이라 표시해야 함
○ 4색도 이내의 색도(백색은 1색도로 보지 않음)
○ 인쇄종이는 100g/m²이내의 백상지

선전벽보 (지역구국회의원 · 지방의회의원 및 지방자치단체의 장의 선거)

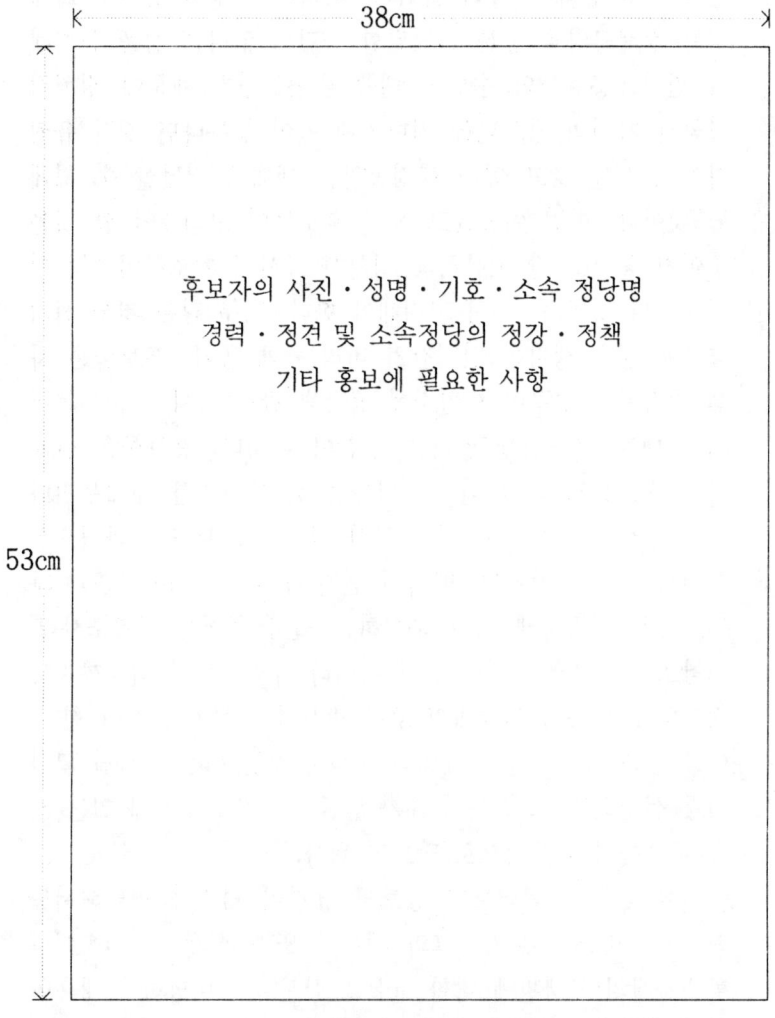

|←------------------ 38cm ------------------→|

후보자의 사진 · 성명 · 기호 · 소속 정당명
경력 · 정견 및 소속정당의 정강 · 정책
기타 홍보에 필요한 사항

53cm

○ 무소속후보자는 무소속이라 표시해야 함
○ 4색도 이내의 색도(백색은 1색도로 보지 않음)
○ 인쇄종이는 100g/m²이내의 백상지

각으로 특징없는 속에서 특징을 찾아내는 지혜와 슬기가 필요하다. 다가오는 지자제 및 각종 선거에는 과거에 비해 많은 홍보물이 대폭 줄어 들었다. 따라서 개정된 선거법 하에서는 정책공약을 충분히 전달할 공간이 없다는 점을 유의해야 한다. 홍보물의 수량이 대폭 줄어들었기 때문에 정치적 공약과 자신의 경력만을 지나치게 늘어 놓는다면 정작 유권자가 관심을 갖고 있는 행정공약은 제대로 전달할 수 없게 될 것이다. 이런 이유들로 해서 후보들이 고려해야 할 것은 주어진 공간을 잘 배분하되 정확한 조사에 기초하여 만들어진 선별된 공약을 우선 고려해야 한다. 너무 많은 것을 선거공보에 넣을 생각은 일찌감치 버리는 게 좋다. 홍보물은 자신의 정치적 경력이나 평소에 생각해 왔던 정치·행정적 견해에 대해 모든것을 말하는 공간이 아니다. 홍보물은 단지 다른 후보들보다 잘 할 수 있다는 점 몇가지를 내세우거나 다른 후보자들이 갖고 있지 못한 장점들을 보다 효과적으로 선전하기 위한 것이다. 따라서 먼저 해야 할 일은 자신과 타 후보들을 냉정하게 비교 분석하는 일과 철저한 지역조사다. 지역조사는 지역의 현안만이 아니라 유권자들의 의식까지도 정확히 조사하여 지역내의 모든 변화를 놓치지 않아야 한다. 이를 통해 유권자들이 특별히 관심을 갖는 핵심적 사안 몇가지를 선별하고 그 중에서 내가 남들보다 비교우위에 있는 것을 홍보물에 집중적으로 담으면 된다.

주의할 점은 선전벽보나 공보의 규격이 넘거나 미달해서는 안 되며 다른 후보자, 그의 배우자 또는 직계존·비속이나 형제자매의 사생활에 대한 사실을 적시하여 비방하는 내용일 때는 고발조치 된다는 점을 유의해야 한다.

○ 선거공보는 후보자가 작성하여 후보자등록 마감일 후 3일

까지 관할 선거구 선거관리위원회에 제출
○ 제출할 선거공보 수량은 부재자신고인 명부에 올라 있는 선거인과 관할구역안의 매세대수를 합한 수에 그 세대수의 100분의 5에 상당하는 매수를 더한 수. 이 경우 100미만의 단수는 100매로 한다.

라. 각종 소형 인쇄물 제작요령 및 예시

새로 개정된 선거법의 가장 큰 특징은 홍보물과 관련하여 선거공영제의 대폭확대라 하겠다. 소형인쇄물에는 전단형 소형 인쇄물, 명함형 소형 인쇄물, 책자형 소형 인쇄물 등 3종이 있으나 지금까지 가장 대중적으로 활용되던 인쇄 홍보물의 경우 종전에는 후보자 자신들이 직접 제작, 유권자들에게 배포하였으나 이번 선거부터는 후보자가 제작한 소형 인쇄물을 관할 선거관리위원회가 가정마다 우편발송(대통령선거 제외)하고 후보자는 단지 명함형 소형인쇄물만 유권자 수 만큼 제작 배포토록 되어 있다. 따라서 4개 선거가 동시에 실시되는 이번 선거에서는 모든 후보자의 선거공보와 단체장들의 책자형 소형 인쇄물, 그리고 지방의원들의 전단형 소형 인쇄물이 거의 동시에 발송된다. 또한 3~4일의 여유를 두고 단체장 후보들의 전단형 소형 인쇄물이 다시 발송되기 때문에 다른 후보자들과 특출나게 차별화 시키지 못한다면 제한된 홍보공간에서 일단 실패하고 말 것이다.
홍보물의 미적 아름다움은 사진이 70~80%를 차지한다는 점을 참고로 해서 가능하면 슬라이드 사진을 활용하여 색도배열, 색상선택에 신경을 기울여야 한다. 사진은 실제 인물과는 달리 친근감과 참신함, 그리고 근엄한 이미지를 줄 수

선거공보

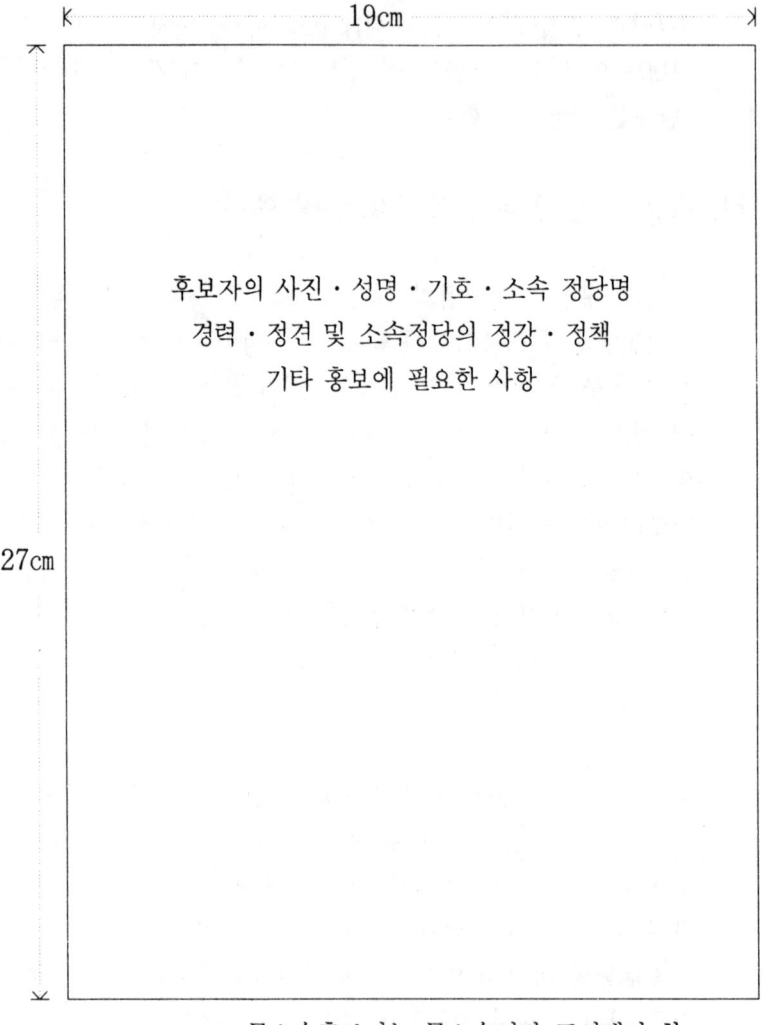

19cm

27cm

후보자의 사진·성명·기호·소속 정당명
경력·정견 및 소속정당의 정강·정책
기타 홍보에 필요한 사항

○ 무소속후보자는 무소속이라 표시해야 함
○ 흑색으로 양면에 게재할 수 있음
○ 인쇄종이는 100g/m²이내의 중질지
※ 대통령선거에서는 공보 없음

도 있고 너무 과장된 표현이나 천박한 웃음 등은 가벼운 느낌을 줄 수 있어 전문가나 참모들과 충분한 숙의를 하여 호감가는 인상을 선택해야 할 것이다. 또한 어떤 내용을 어떤 식으로 담아 유권자들과 교감을 이룰 것인가 하는 문제다. 우선 캐치 프레이즈는 지역실정에 맞는 내용을 새로운 사실을 다급하게, 광범위한 지역을 대상으로 알려야 한다는 데 주안점을 두어 전체적인 도안이 우선 강열하고 충격적인 형태를 띠어야 한다. 필요없는 부문은 과감히 삭제·축소하여 명함형 소형인쇄물은 캐치 프레이즈와 간단한 경력을, 전단형 소형 인쇄물과 책자형 소형 인쇄물에는 자신의 경력이나 정책·공약 등을 강조하는 데 공간을 배치해야 한다.

이때 주의해야 할 점은 너무 많은 내용을 넣어 유권자들로부터 지루함과 싫증을 유발시킨다는 것이다. 따라서 꼭 필요한 내용만으로 과감히 축소하여 산뜻하고 깔끔하게 보일 때 그 홍보물로서는 제 가치를 충분히 발휘할 것이다.

○ 대통령 선거 시 모든 소형 인쇄물 후보자가 제작·배포

○ 지역구 국회의원 선거·지방자치단체의 장선거 시 책자형 소형 인쇄물은 후보자 등록마감일 후 3일까지, 전단형 소형 인쇄물은 후보자등록 마감일 후 6일까지 관할 선거구선거관리위원회에 제출

○ 지역구 국회의원 선거·지방자치 단체의 장선거 시 책자형 소형 인쇄물의 수량은 세대수와 부재자수를 합한 수 이내, 전단형 소형 인쇄물은 세대수 이내

○ 지방의회의원 선거 시 전단형 소형 인쇄물의 수량은 세대수와 부재자수를 합한 수 이내.

책자형 소형인쇄물

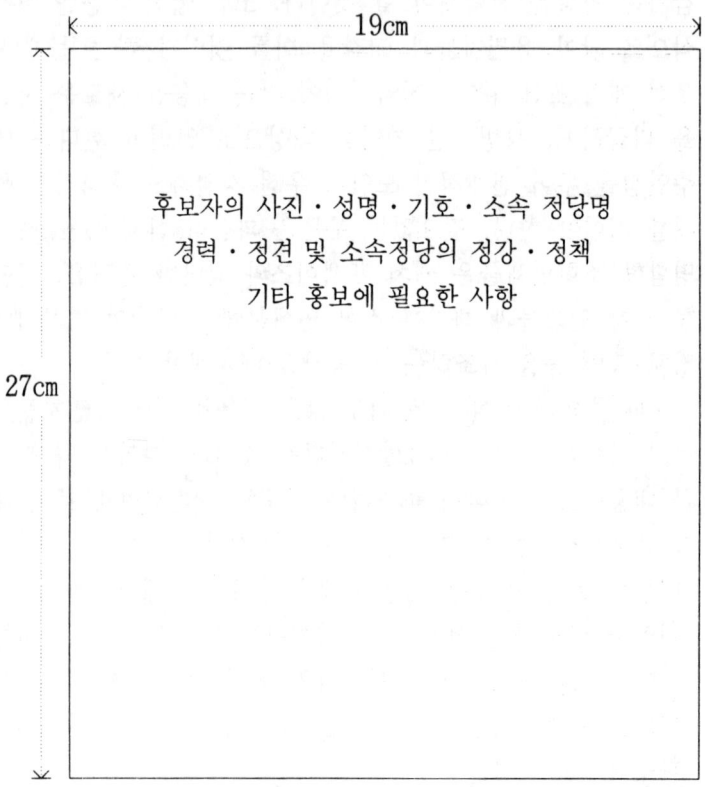

19cm

27cm

후보자의 사진·성명·기호·소속 정당명
경력·정견 및 소속정당의 정강·정책
기타 홍보에 필요한 사항

○ 무소속후보자는 무소속이라 표시해야 함
○ 4색도 이내의 색도(백색은 1색도로 보지 않음)
○ 인쇄종이는 $100g/m^2$이내의 종이
○ 작성근거, 작성·배부하는 후보자의 성명 소속
　 정당명 표시
○ 인쇄소의 명칭·주소·전화번호 표시
○ 양면에 게재할 수 있음
○ 대통령선거 16면 이내로 작성
○ 지역구 국회의원 선거 및 지방자치단체의 장선
　 거 8면 이내로 작성

전단형 소형인쇄물

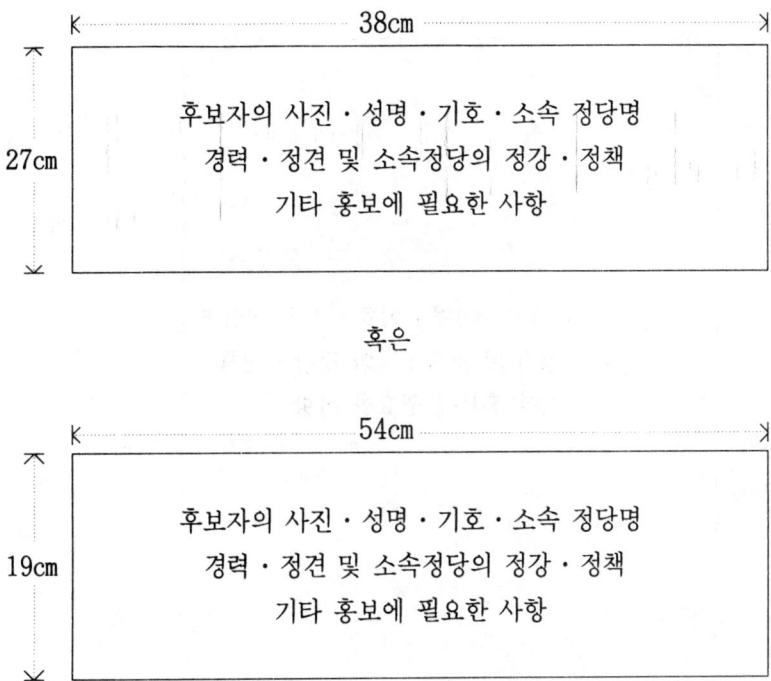

혹은

○ 무소속후보자는 무소속이라 표시해야 함
○ 4색도 이내의 색도(백색은 1색도로 보지 않음)
○ 인쇄종이는 $100g/m^2$이내의 종이
○ 작성근거, 작성·배부하는 후보자의 성명·소
   속정당명 표시
○ 인쇄소의 명칭·주소·전화번호 표시
○ 양면에 게재할 수 있음
※ 상기 규격 2가지중 한가지를 전단형 소형인쇄
   물 1종이라 함

명함형 소형인쇄물

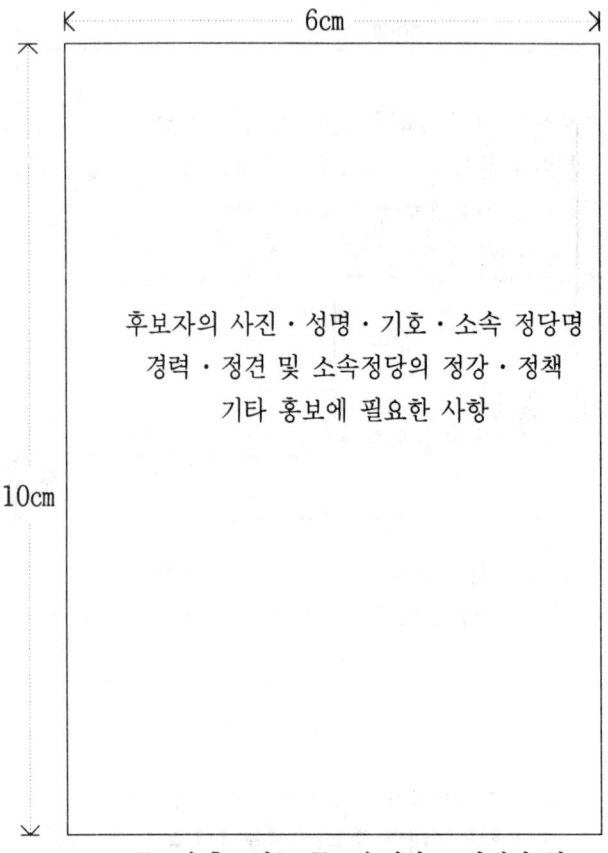

후보자의 사진·성명·기호·소속 정당명
경력·정견 및 소속정당의 정강·정책
기타 홍보에 필요한 사항

○ 무소속후보자는 무소속이라 표시해야 함
○ 4색도 이내의 색도(백색은 1색도로 보지 않음)
○ 인쇄종이는 150g/m²이내의 종이
○ 작성근거, 작성·배부하는 후보자의 성명·소속정당명
　 표시
○ 인쇄소의 명칭·주소·전화번호 표시
○ 양면에 게재할 수 있음

마. 현수막의 제작요령 및 예시

　재래식 방법이긴 하나 요즘도 상품광고에 많이 이용되고 있다. 다양한 기법과 방법이 그다지 요구되지 않으면서도 동시에 많은 사람을 상대로 홍보할 수 있는 대중성의 기능과 매일 연속적인 시각 전달로써 존재감, 친밀감 등의 홍미를 불러 일으키는 반복성의 기능이 동시에 유발되어 존재감, 친밀감등의 홍미를 불러 일으키는 반복성의 기능이 동시에 유발되어 그 효과는 지대하다 하겠다. 따라서 현수막은 어느 장소에 설치하느냐에 따라서 홍보효과가 다르기 때문에 많은 사람이 왕래하는 사거리나 시장통 등을 게시장소로 택하여 지번과 약도, 신고서 등을 미리 작성하여 신속하게 검인 후 먼저 설치하는 민첩성이 요구된다.

　제작요령으로는 되도록이면 소속정당의 상징색에 따라 제작·도안하여 통일성을 기하는 한편 유권자의 이미지에 남도록 한두가지 특색을 가미해도 좋다. 설치할 때의 주의사항으로는 교통신호등을 가리는 등 운전자나 시민에게 불편을 주어서는 안 된다.

　만약 현수막이 바람 등에 훼손될 것에 대비하여 몇개 정도를 미리 만들어 두어 바꿔 게시하고자 할 때에는 현수막의 검인된 부분을 관할구·시·군 위원회에 제출하고 새로운 현수막에 검인을 받아 설치하면 된다.

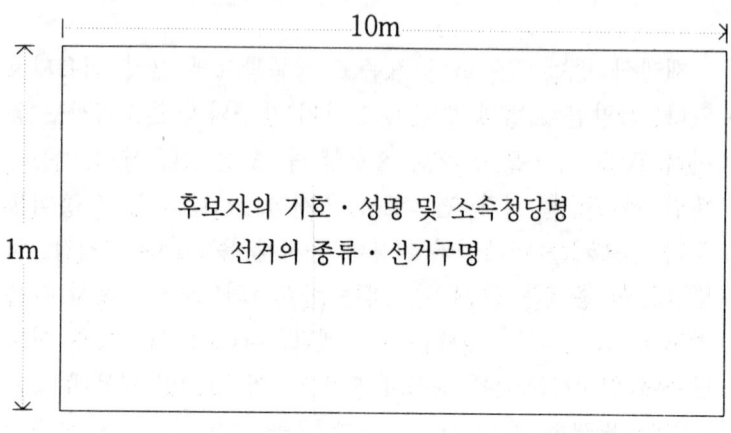

10m

1m

후보자의 기호·성명 및 소속정당명
선거의 종류·선거구명

○ 정당을 상징하는 마크나 심벌표시 가능
○ 무소속 후보자는 무소속이라 표시한다.
○ 색도제한 없음
○ 대통령선거 시는 선거구호 게재할 수 있음

바. 전화를 이용한 홍보

전화를 이용한 선거운동은 오전 6시부터 오후 11시까지로 제한이 되어 있지만 사실 전화에 의한 선거운동은 얼마든지 할 수 있다고 보아야 하겠다. 새로 개정된 헌법 하에서는 유권자와 대면하기 위해 가가호호를 방문할 수 없기 때문에 전화를 이용하여 운동원들이 대화를 나눈다는 것은 호별 방문과 같은 효과를 노릴 수 있을 뿐만 아니라 서로 상대방의 얼굴을 마주하지 않기 때문에 오히려 유권자들의 솔직한 평가를 얻어낼 수 있는 이점이 있다. 또한 유권자에게 직접 지지를 호소할 수 있음은 물론 전체적인 여론파악과 선거전의 결과를 예측할 수도 있다. 따라서 각 후보들은 이 전화홍보를 잘 활용만 하면 좋은 결과를 얻을 수 있으리라 생각된다.

　선거대책본부는 우선 선거구내에 있는 선거사무소나 선거연락소 같은 곳에 10∼20대의 전화를 가설하여 교대로 작업을 진행하면 좋을 것 같다. 전화할 때에 주의할 점으로는

① 어느당 선거운동 본부라고 신분을 먼저 밝힌다음 정중한 인사를 한다. 그때 긴 대화를 하지 않고도 자신이 지지자임을 표명할 때는 두 말할 필요가 없겠으나 반대의 입장을 취한다고 하더라도 정중한 인사를 건네고 전화를 끊어야 한다.

② 직접적으로 지지를 부탁하는 것보다 후보자에 대한 인지도나 호감도를 묻는다든지 홍보물을 받아 보았는지 등을 물어 후보자에 대한 궁금증을 유발시켜 질문하도록 유도한 다음 자연스럽게 접근하는 간접화법을 사용하면 큰 저항감없이 지지를 받아 낼 수 있다.

③ 정중하게 예의를 갖추었는데도 상대 통화자가 계속 비협조적이거나 퉁명스럽게 대한다면 별로 기대할 만한 유권자가 못된다. 따라서 상대쪽의 이야기가 끝날 때까지 인내심을 가지고 응대하다가 다음에 다시 한번 연락드리겠다든가 하여 전화를 끊으면 된다.

④ 청년·여성당원 및 자원봉사 학생들을 대상으로 상냥한 목소리의 소유자를 선발하여 전화홍보의 책임원이라는 충분한 교육을 시킨 다음 역할을 수행토록 한다.

〈전화 통계 분석표〉

번호	성명	동(선거구)	1차	2차	3차	확정	특기내용

이 분석표를 토대로 ①적극지지자, ②지지자 ③부동표 ④반대자로 분류하여 최종 득표통계를 확정짓도록 하는데 1차에 반대의사를 보여 며칠 있다가 다시 전화했는데도 계속 반대나 적극 반대일 때는 더 이상 기대하지 말고 적당히 끝내도록 한다. 시간 낭비일 뿐만 아니라 오히려 더욱 반감만 사게 될지도 모르기 때문이다.

이러한 사람은 전화번호부책에 ⊗표를 한다든지 아니면 삭제를 해야 다음에 또 다시 전화하는 일이 없을 것이다.

통화하면서 참고될 이야기나 지적사항은 빠짐없이 기재한다. 또 후보자와 직접 통화를 원할 때는 꼭 기재를 하여 통화할 수 있도록 해야 한다. 그리고 아침 이른 시간이나 저녁 늦은 시간 때에는 남자가 하는 게 낫다.

제 5 편

선거계획 수립

Ⅰ. 선거계획 수립

가. 선거계획을 위한 자료 수집

1. 각종 선거결과 및 선거구 분석

역대 선거결과 분석은 선거의 기본 전략수립에 있어 대단히 중요하다. 중앙 선거관리위원회가 발행한 대통령 선거·국회의원 선거·지방의회의원 선거의 선거총람 등을 통해서 선거구 유권자들의 투표성향을 철저히 분석하여 각 지역별 투표율과 각 정당및 후보자들의 투표율, 그 지역의 사회, 인구학적인 구분에 따른 득표요인과 감표요인을 면밀히 분석하여 자신의 경우와 대비시켜 본다. 또한 자신의 지역과 인접된 선거구나 같은 생활권의 선거결과도 철저히 조사함은 물론 투표 성향에 따라 지역을 보다 세분화 하여 고소득층과 저소득층, 아파트단지나 단독주택 지역, 공단근로자 거주 지역, 재개발 지역, 성씨별 집단 거주지역 등으로 나누어 특징을 파악해 두는 것도 좋다.

또한 새로 전입해 온 사람이나 이번 선거에 처음으로 투표권을 행사하는 신규 유권자의 명단도 입수하여 활용하면 이 유권자들로 하여금 절대적인 지지를 받을 수 있다.

2. 상대 진영 분석

① 상대 후보자의 소속정당 및 무소속 후보자의 출신성분 등은 물론 후보자의 인격이나 학력, 경력, 건강, 외모, 가족사항까지 알아둔다.

② 상대 후보자의 득표수 및 득표율과 유권자 접근조직은?

③ 상대 후보자의 주 선거공약은?

④ 상대 후보자가 목표로 하는 유권자층은 주로 어느층인가?

⑤ 상대 후보자의 주요 이미지는 어떠한가?

⑥ 상대 후보자가 가족관계 및 대인관계는 어떠한가?

⑦ 상대 후보자의 지지기반과 강·약점은 무엇인가?

(상대 후보가 현직 대학교수이며 교회 신자인 경우)

[주요 지지기반] : 제자들을 중심으로 한 젊은 유권자층 교회 신자를 중심으로 한 기독교 신자층 출신 중·고교 동창으로 40대 중반 이상으로 사회 중류이상의 계층

[조직의 강점] : 사조직의 중심인 교회조직의 특성상 강한 단결력과 전파력이 우수하며 제자들을 중심으로 한 자원 봉사팀이 막강

[조직의 약점] : 타 종교조직과의 갈등 소지가 있고 후보자가 정치 신인으로써 정당 조직에 대한 이해가 없어 일사불란한 지휘체계가 갖춰있지 못함.

⑧ 현 시점에서 지역구의 가장 큰 이슈는 무엇인가?

⑨ 지역구의 가장 큰 특징과 상대 후보자의 문제점은?

3. 여론조사

유권자와 직접 접촉을 통해 각종 성향 및 의견 등을 조사하

는 방법으로 보다 과학적인 선거전략을 수립하기 위한 것임.

① 본격적인 선거기간을 피하여 선거일 전 2~3개월로 시간적 여유를 가지고 하는 것이 좋다.

② 가능하면 전문적인 조사기관에 의뢰하는 것을 원칙으로 하되 그렇지 못한 중·소도시의 경우에는 어느 정도의 매너와 조사기술이 있는 조사원을 확보하여 광범위한 대화 접촉을 하도록 해서 수집하도록 한다.

③ 지역 유권자의 정치적 성향, 지지 정당, 이번 선거에 대한 관심정도, 후보자 인지여부는 물론 지역문제에 대한 희망사항과 선거운동에 대한 소감 등 선거계획에 사용할 수 있는 어떠한 내용이라도 좋다.

④ 조사방법에 따라 같은 내용일지라도 많은 편차가 있을 수 있으므로 무엇보다도 가장 객관적인 입장에서 조사토록 해야 할 것이며 조사기관을 의뢰할 시는 신중하게 선택해야 한다.

⑤ 예산 및 지역상의 문제로 부득이 자체적으로 하거나 개인적인 연고가 있는 단체에 의뢰하고자 할 때는 설문항목 선정 및 조사방법 등에 대한 철저한 사전 교육을 시킨 뒤 실행토록 해야 한다.

4. 직능단체 현황 파악

① 선거구내 각종 이익집단의 분포와 조직활동, 현안문제 등을 조사하고 주요 간부들의 명단을 입수한다.

② 단체의 정치적 성향 등을 파악하고 회원들의 연락처를 확보한다.

③ 각종 종교단체와 신도수, 단체산하 사회복지시설, 보육원 등의 숫자와 현황 파악

5. 기타 자료 수집
① 선거법령집 및 선거전략에 관련있는 책자 숙독.
② 신문기사나 잡지·논문 등에 실린 선거결과 분석
③ 지역유지나 선거경험이 있는 사람의 체험담이나 조언
④ 동네 골목까지도 표기된 관내 지도 마련
⑤ 각종 여론조사 결과를 토대로 참고

나. 선거계획 수립

선거전략 계획서를 완성하고 나면 이를 준비하지 않은 경쟁자에 비해 10~20%는 이기고 들어갈 수 있다는 것이다. 사실상 대부분의 후보자들은 지금까지의 일반적인 선거운동으로 쉽게 말하자면 정신없이 달리다가 운이 좋으면 목표지점에 닿고 그렇지 않으면 다른 방향으로 가버리는 주먹구구식 선거운동이라 할 수 있다. 계획된 선거 계획을 수립해 나감으로써 정신적인 압박이 극도에 달한 때인 선거일을 앞두고 더욱 유용해질 뿐더러 한정된 자원을 가장 효과적으로 사용할 수 있다는 데 있다. 계획수립은 본인이 하되 기밀을 지키면서 계획을 분석, 검토하고 수정, 보완해 줄 전문적인 식견을 가진 참모들과 상의하도록 한다. 이 기본 계획에는 이제까지 수집된 각종 정보를 토대로 한 득표목표의 설정과 이를 달성하기 위한 각 단계별 전략, 그리고 선거운동의 주요 분야에 대한 철저한 계획수립이 망라되어야 한다. 이 선거계획은 또한 선거기간 중에 초·중·종반의 3단계 전략으로 그때그때의 상황변화와 득표판단 등을 감안, 보완하는 등 신축적으로 운용하여야 할 것이다.
다음의 예를 참고하여 기본계획을 수립해 본다.

1. 기본 전략

① 당선가능 득표수를 상회하는 선거목표를 달성하기 위한 후보자(특히 신인 후보자)의 기본전략으로 선거기반을 확고히 형성하고 이를 확대해 상대 후보자보다 우위적인 지위를 확보한다.

② 선거자금의 상당 부분을 여론조사를 위한 각종 자료수집을 위한 과학적인 선거운동 방법에 할애하고 운동조직을 보다 효과적이고 능률적으로 이용하기 위해 결속을 강화한다.

③ 긍정적인 선거이미지를 창출하여 상대 후보자와의 현저한 차별화를 이룩함은 물론 과학적인 선거테마와 이슈개발에 상당한 노력으로 기울인다.

2. 단계별 전략

시간의 촉박함과 선거의 여러 정황 등을 감안할 때 너무 복잡한 단계별 전략보다는 실행 가능한 방법이 더욱 효과적일 것이다. 따라서 공천 확정일부터 선거공고일까지와 선거공고일부터 선거일까지를 다시 초반·중반·종반으로 나누어 운용하는 방법이 있는데 후보자의 지역특성과 나름대로의 선거활동의 추이를 예상하여 시간축을 만든다. 이 시간축에 따라 각각 시간 경과에 따른 선거운동 전략의 전개를 상정해 보도록 하자.

① 1단계(선거기반 형성)

자료수집 및 실태파악→각종 조직흡수 및 확대→협조가능 단체의 규합 및 연대→노출되지 않은 사조직 구성→기본계획 수립

이 단계는 선거기반 형성단계로 후보자의 직접적인 노출

은 가급적 피하면서 유권자에 대한 정보수립, 정보조직의
확보, 기본적인 전략수립 등의 선거기반 형성에 주력하도
록 한다.

② 2단계(후보자의 이미지 형성)

당원 및 유권자에게 후보자의 차별적 이미지를 각인시키
기 위한 적극적인 활동 및 각종 이벤트 활용, 지역순방,
전화와 서신활동을 위한 홍보활동을 전개한다. 사조직을
통한 동창회, 친인척 등의 연고자를 찾아 외곽조직을 형
성해 간다.

③ 3단계(후보자 지지 확산)

선거공고일 후부터 선거일까지 모든 조직을 풀가동하여
감정적 호소를 통한 지지 확산과 상대 후보의 불법활동
차단 및 D−1, D일 등의 특별대책 강구

3. 선거 기본계획 수립

○ 상황 분석
○ 득표전략과 목표 설정
○ 선거대책기구 확정 및 역할 분담
○ 선거운동원 선정및 운용 방안
○ 후보자 활동
○ 조직활동 및 대책
○ 홍보전략 수립
○ 유세 계획
○ 각종 공약 선정
○ 여론조사 계획
○ 자금 계획
○ 기타 법정 사무 대책 수립

다. 선거예산의 수립과 운용

선거자금은 선거공고일 전에 완전 준비해 놓아야 한다. 선거자금은 현금이어야 하고 부동산은 현금화 했을 때만이 자금계획에 포함될 수 있다. 남의 호주머니에 있는 돈을 믿고 선거자금으로 계획해서는 분명 낭패하고 말 것이다.

또한 운동원이나 유권자에게 내용을 알릴 필요는 없다. 예산 수립은 먼저 분야별, 항목별, 세목별로 나누되 각 항목이 다시 공식적 비공식적 경비로 나누어 책정해야 하며 예기치 못한 지출이 발생할 수 있음을 감안하여 지출한계의 10% 이상을 예비비로 책정해 놓아야 함은 물론 수요와 지출 항목간의 우선순위를 책정하여 설정해야 한다. 책정된 예산안에 따라 지출되는 자금은 조직내부의 불협화음을 없애기 위해서 활동비 지급 등 공동적 사용경비는 공개적으로 처리해야 한다. 자칫 잘못하다가는 운동원 상호간에 불신의 벽이 생겨 선거를 망치는 경우가 있기 때문이다.

활동비는 한꺼번에 많이 준다고 선거운동을 충실히 하는 것은 아니다. 선거일이 가까워 올수록 조금씩 상향조정해 갈 때 그 기대심리에 따라 더욱 적극적으로 하지 않을 수 없는 것이다.

1. 선거자금의 운용

선거에 있어서 책정된 자금에 대해 후보자는 일절 관여해서는 안 된다. 일단 집행하는 사람에게 맡겼으면 어떻게 쓰던지 내버려 둬라. 비록 과다 지출을 하는 듯 하더라도 가족에게 다시 맡긴다든가 하는 일은 절대로 피해야 한다. 여관이나 안방 같은 곳에서 은밀히 건네지는 봉투는 올바른 선거문화 정착에도 반하는 행태로 근절돼야 할 것이지만 분명 헛된 낭비라는 것을 명심해야 한다.

차라리 홍보물이나 서신 등 공개되고 건전한 선거운동에 투자하는 것이야 말로 효율성은 극대화시키고 공조직 간의 마찰은 최소화 되어 원만한 선거를 치루게 될 것이다.

라. 선거운동 일정표

1. 1단계(준비단계) 공고일 30일전
- ○ 선거기획팀 구성
- ○ 선거사무소 및 연락소 설치장소 준비
- ○ 각종 도표 및 행정지도, 선거통계표 준비
- ○ 역대 총선 및 지방의회의원 선거 득표 분석
- ○ 유권자 구조 분석(성별, 연령별, 학력별, 출신도별)
- ○ 특별지역 대책 연구(아파트지역, 영세민 밀집지역, 공단 지역 등)
- ○ 타후보 동향 파악(장·단점 분석)
- ○ 선거법 교육

2. 2단계(조직단계) 공고일 20일전
- ○ 선거대책 본부 구성
- ○ 공·사조직 분포 점검 및 책임자 선정
- ○ 후보 선거운동 계획 수립
- ○ 후보부인 선거운동 계획 수립
- ○ 사무국 요원 구성
- ○ 기획실 구성

○ 사조직 책임자 선정(동문, 동향, 종교, 씨족, 부녀회, 자모회, 향우회)

○ 각종 직능단체 및 사회단체 유대 강화

○ 홍보 제작팀 구성

○ 홍보물 집중 배포지역 파악(도표에 표시)

○ 창당대회(개편대회, 후보자 선출대회 등)장소 선정

○ 전입자 및 경조사 방문인사

○ 타후보 사전 선거운동 감시

○ 투표구 책임자 및 선거운동원 인선·교육

○ 자원 봉사자 각팀에 배속

3. 3단계(조직가동단계) 공고일 10일전

○ 유세원고 완성, 원고 익히기

○ 선거대책본부 산하 지시·확인 점검반 구성(2~3명)
(오전 지시, 오후 확인)

○ 각종 홍보물(벽보, 공보, 소형인쇄물, 현수막)제작 완료

○ 후보 등록 서류 일체 준비 완료

○ 선거사무소 숙직자 선정(2인 1조)

○ 타후보 및 사무실 자택파악(불법 감시기능)

○ 특수 활동반 가동(불법 감시기능)

○ 전화번호부 해체작업(카드화)

○ 사조직 본격 가동

4. 4단계(확인·점검단계) 공고일까지

○ 유세 연습. 대담 및 토론회 원고 준비

○ 지역구 유지 및 핵심 조직원 접촉(후보자)

○ 가족, 친인척, 친구, 선후배, 동창등 협조 요청

○ 외지에 나가 있는 친·인척, 동창생 명단 입수(농촌지역)
○ 사조직 및 향우회 등의 섭외로 세 확대
○ 후보자 및 기간조직의 강·약세 조사 보완
○ 필요 명단 보완, 카드화 완료
○ 사무소 개소식 및 관련된 계획 수립
○ 홍보물 및 각종 준비물 점검·독려
○ 승용차 및 봉고차, 카폰등 장비 구입
○ 개인 연설회시 장비 구입(확성기, 핸드 마이크)

5. 5단계(선거기간 전반부)
○ 선관위에 후보자 등록
○ 선전벽보, 선거공보, 소형인쇄물 제출(선관위)
○ 현수막 설치장소 신고 후 설치
○ 선거사무소, 연락소 설치 신고
○ 선거 사무원 신고서 제출
○ 선거인 명부 교부 신청서 제출
○ 후보자, 후보부인 선거구 순방
○ 전 조직 풀가동(점검반 수시 체크)
○ 여론조사 및 득표 분석
○ 홍보물 전지역 배부 및 개인 연설회 실시
○ 사조직(자원 봉사자) 전화 및 서신 발송
○ 유세지원 전담반 협조하에 연설회 실시
○ 부녀조직 최대활용(분위기, 여론주도)

6. 6단계(선거기간 후반부)
○ 3차 조직확산책 대대적으로 전개

○ 합동 연설회 및 개인 연설회 개최(유동표 흡수)
○ 신선한 공약개발 발표
○ 인사장 발송(선택 권유, 성공적 투표활동의 정보 유도)
○ 특수 홍보팀 가동(여론주도)
○ 전화 홍보(후보 홍보 및 부정선거 접수)
○ 후보지지자 기권방지를 감시 철저
○ 투표일 탈법 선거운동 감시 철저
○ 투표 당일 각 투표구 단위로 저인망식 활동 전개
○ 선관위 신고 사항
   • 투·개표 참관인 신고
   • 투표용지 가인 대리인 신고
   • 부재자 투표 참관인 신고
   • 투표 통지표 입회인 신고
○ 투·개표 참관인 교육
○ 투·개표 당일 참관인(도시락, 음료수 준비)

7. 7단계(선거 종료 후)
○ 당선 또는 낙선 사례(각 지역 방문인사)
○ 당선 또는 낙선 인사장 발송

II. 선거조직의 구성 및 운용

선거조직은 극히 임시적이고 시간적으로도 매우 짧은 시간에 최대의 효과를 낼 수 있는 효율성을 지녀야 한다.

일반적으로 선거조직의 조직원들은 후보자 지향적이므로 선거 대책 본부자의 명령을 소홀히 하는 경향이 있으나 이같은 후보자 지향적인 성향을 조직 지향적 태도로 전환시키는 것이 성공적인 조직을 향한 첫 단계이다. 특히 후보자는 선거대책 본부장에게 선거운동에 관한 일체의 권한과 책임을 위임하는 것이 바람직하며 각 부서의 화합, 상호보완, 명령의 정확한 하달 및 집행, 정확한 정보의 상달, 정직하고도 신속한 보고 등이 이루어질 수 있도록 유기적인 협조가 있어야 할 것이다.

구성시 유의할 점

① 선거는 노출된 조직과 노출되지 않은 조직으로 이원화시켜 활동화게 되는데 선거대책 기구는 어디까지나 대내외적으로 완전 노출된 기구로써 선거 전체의 흐름과 전체적인 지휘계통 확립 및 당조직의 결집을 위한 절대적으로 필요한 기구이지만 이와는 별도로 실질적인 활동기구를 두어야 한다.

② 선거대책 기구의 구성에 있어서 가장 유의해야 할 점은 소외되는 사람이 없도록 하는 것이다. 당 조직상 지구당 부위

원장급 이상은 물론 주요 당직자 및 지역내 영향력 있는 유력인사나 자생단체의 장도 당원일 경우는 대책위원으로 위촉하여 소속감을 고취해야 한다.

③ 선거운동을 종합적으로 기획관리하는 기획실과 선거사무원 및 기간당원들을 관리하는 사무국으로 대별할 수 있는데 특히 기획업무가 잘 이루어지도록 사무국은 모든 협조를 아끼지 않아야 하며 불만과 갈등이 표출되지 않도록 항상 조화를 이루어 나아가야 할 것이다. 불협화음이 대내외적으로 표출될 때는 선거운동원들의 사기가 급격히 저하되어 제대로 일을 수행할 수 없게 되는 것이다.

가. 선거대책 기구 발족

선거대책 위원으로 위촉한 당원과 일반당원들이 다수 참석하여 필승의 결의를 다지는 자리로 활용하여 일사불란한 선거체제로의 돌입이 시작되는 것이다. 이때 위원장이나 연락소장의 인사에 이어 원로당원의 격려사, 필승결의, 당가제창, 만세3창의 순서로 진행한다.

나. 선거사무소와 선거연락소

1. 선거사무소와 선거연락소 설치

① 지역구 국회의원 선거의 경우 국회의원 선거구 안에 선거사무소 1개소, 다만 하나의 지역구 국회의원 지역구가 2 이상의 구·시·군으로 된 경우에는 선거사무소를 두지 아니 하는 구·시·군마다 선거연락소 1개소를 설치할 수 있다.

② 지방의회의원 선거에서는 당해 선거구안에 선거사무소 1 개소만을 둘 수 있다.

③ 시·도지사의 경우 당해 시·도안에 선거사무소 1개소와 시·도안의 구·시·군마다 선거연락소 1개소를 설치할 수 있다.

④ 자치구 시·군의 장선거에 있어서 자치구 시·군안에 선거 사무소 1개소와 자치구가 아닌 구가 설치된 시에 있어서는 선거사무소를 두지 아니 하는 구마다 선거연락소 1개소를 둘 수 있으며 하나의 구·시·군의 2이상의 국회의원 지역구로 된 경우에는 선거사무소를 두지 아니 하는 국회의원 선거구마다 선거연락소를 1개소를 둘 수 있다.

2. 선거사무장 및 연락소장 선임

당원 중에서 가장 신망이 있고 추진력이 있는 사람을 선임하는 것이 좋으나 지도력 및 선거실무에 탁월한 사람이면 더욱 좋을 것이다.

3. 선거사무소와 선거연락소의 현판식

① 전국구 국회의원 및 시·도지사의 선거의 선거사무소는 간판 길이 200cm 너비 50cm이내, 현판 또는 현수막의 경우 40제곱미터 이내로 한다.

② 지역구 국회의원 및 자치구·시·군의 장의 선거의 선거사무소·선거연락소, 지방의회의원 선거의 선거사무소, 시·도지사의 선거의 구·시·군 연락소에 있어서 간판은 길이 200cm 너비 50cm 이내로 하고 현판 또는 현수막은 20제곱미터 이내로 한다.

다. 기간조직의 운동

새로 개정된 선거법 하에서는 법으로 제한·금지된 방법이 아닌한 누구든지 선거운동을 할 수 있다. 즉, 포괄적 제한·금지에서 개별적 제한·금지로 전환하여 미성년자와 선거권이 없는 자를 제외하고는 누구나 선거운동을 할 수 있도록 한 반면 수당과 실비를 지급받을 수 있는 선거사무원을 대폭 줄였으며 그외 수당과 실비보상을 할 수 없는 자원봉사자는 그 수에 제한을 두지 않았으므로 기간 당직자는 수당과 실비를 지급받는 선거사무원과 자원봉사자 간의 입장을 잘 조정하여 원만한 선거운동을 할 수 있도록 해야 할 것이다. 따라서 최일선 기간 당직자인 반책 또는 통책을 통해 최근 유권자들의 성향 및 연고관계 등을 상세히 파악하여 이를 기초로 득표활동을 전개해야 할 것이며 상위 당직자들은 이들의 활동을 적극 지원. 지역별, 분야별 활동을 담당하여 사각지대를 체크해야 하고 하위 당직자들의 애로사항을 수시로 점검하여 이를 즉각 해결토록 해야 하며 모든 조직원들을 총괄 감독하고 임무를 부여해야 하지만 가장 중요한 것은 지침 시달한 것을 확인하는 업무이다. 확인없는 임무 부여는 아무 쓸 데 없는 시간 낭비일 뿐이다.

그리고 기간조직으로 꼭 배치해야 할 부문은 투·개표 참관인이다. 일반 선거운동은 정도의 차이는 있을지라도 누구나 할 수 있다. 그렇지만 투·개표 활동은 정당의 경험이 많은 사람만이 원만하게 처리할 수 있으므로 필히 기간 당직자를 활용해야 한다.

1. 투·개표 참관인

① 투표 참관인 선정 및 신고는 투표구별로 2인씩을 선정하여 선거일 전일까지 투표구 선거관리위원회에 서면으로 신고해야 한다. 또 투표가 오전 6시에 시작되기 때문에 최소한 오전 5시까지는 투표장에 나와서 투표장의 주변 및 구조를 확인해 두는 것은 물론 투표 개시 전에 투표인 명부대조, 투표용지, 교부장부, 투표용지 가인, 투표함 준비 등을 점검해야 한다. 이때 준비물로서는 선거법령집, 필기도구, 카메라, 인장 등 필요한 것을 지참해야 한다.

② 개표 참관인은 정당의 경우 8인, 무소속의 경우는 4인을 선정하여 선거일 전일까지 당해 구·시·군 선거관리위원회에 서면으로 신고해야 한다. 개표 참관인으로서는 학식과 덕망이 있는 유력 당원을 선정하여 부여된 임무와 법적으로 허용된 활동범위를 충분히 숙지하도록 해야 하며 당성과 책임감이 강하고 선거법과 선거절차를 잘 아는 청년당원이면 더욱 좋다. 이때 개표 참관인은 선거운동의 최종 마무리 활동으로 하나 하나의 사안에 온 신경을 곤두세워야 한다. 그렇다고 상대후보의 참관인들과 불필요한 행동이나 신경전은 삼가해야 하며 고의적인 문제야기나 작전에도 휘말려서는 안된다. 개표장에서의 준비물로써 투표 참관시와 마찬가지로 선거법령집, 필기도구, 카메라, 인장 등을 준비한다.

라. 청년조직

1. 청년조직의 중요성

순수하고 정열적인 청년층이야 말로 전통적으로 야당지지 성향이 높은 반면 여당의 청년조직은 상대적으로 취약하기 때문에 선거때만 되면 이에 대한 특별대책이 주요 과제로 대두되고 있다.

전체 유권자중 청년층이 차지하는 비율에 약 60~65%를 점하고 있다는 것을 생각하면 청년층 대책에 온 신경을 기울여야 할 것이다.

청년조직이야 말로 원칙과 합리적 그리고 과학적 사고를 가진 조직으로 전체 조직역량을 극대화하는 전위역할을 수행할 수 있기 때문에 청년조직의 흡수야 말로 선거에서 승패에 많은 부담을 주는 것이 사실이다.

2. 활성화 방안

청년당원 간담회나 수련회를 통해 상호 동지애를 바탕으로 군건한 내부결속과 불퇴전의 사기앙양을 심어줘야 한다. 그러나 지역내의 여론형성 및 파급효과가 큰 이 조직의 활성화야 말로 그렇게 용이한 것이 아니다. 청년·대학생층은 현실 비판세력이면서도 현실참여에는 냉담한 편이기 때문이다.

그렇기 때문에 우선 당직자의 자녀들을 통한 학교 선후배에 접근하여 확보한 청년, 학생들을 자발적인 모임으로 운영토록 해야 한다.

3. 주요 활동

후보자의 참신한 이미지 제고 및 분위기 확산에 주력함은
물론 청년 기동대와 유세대책에 활용하여 후보자에 대한 지
지 열기를 극대화 시키는데 청년당원이 중심이 되어야 한
다. 불법 선거활동 감시와 유사시 비상출동할 수 있도록 하
는 한편 비방 유인물 수거 및 유언비어 대응 활동에 대비토
록 한다.

마. 여성조직

사조직내의 여성조직 담당과 후보자 부인 수행팀과도
긴밀한 협조를 유지해야 하는 만큼 매사에 원만하고 포용
력이 있으며, 사회활동 경력이 있는 사람 중에서 선정하여
야만, 여성조직의 확산을 기대할 수 있다. 특히 아파트나
공단지역과 같은 특수지역에는 여성 유권자가 많을 뿐더
러 남성의 접근이 그리 쉽지 않다. 따라서 특별 대책지역
으로 하여 별도의 전략을 수립해야 할 것이다.

바. 직능조직

관내 각 사회 직능단체의 현황을 파악하여 명부를 작성
하고 직능단체와의 사이에 후보자의 대리인 역할을 할 사
람이므로 발이 넓고, 성격도 원만해야 한다. 또한 후원모
임을 만들거나, 후보자 방문계획도 수립하는가 하면 단체
간부의 입당 교섭도 맡아야 하는 중요한 사리이브로 지역
내의 덕망있는 사람을 선정하여 우선 지역내 각 직능단체
의 현황을 철저히 파악함은 물론 당 또는 당원과 관련있는

단체별 연고자를 찾아내어 이를 후보자와 연결시키는 작업을 해야 한다. 직능분야를 크게 나누어 보면 노동분야, 종교분야, 문화 예술분야, 사회분야, 영세민과 장애인등 소외계층 분야로 나눌 수 있는데 각 단체의 기념일 및 임원들의 애·경사에 대한 관심 표명과 그 단체의 현안문제를 파악하여 해결에 주력해야 하고 이를 적극 홍보해야 한다. 또한 하부 조직원에도 따뜻한 인간미를 발휘하여 정적으로 접촉하면 더욱 좋을 듯하다.

사. 민원조직

백가지의 공약보다도 한가지 실천적 행동이 낫다. 따라서 어떠한 선거운동보다도 유권자들에게 있어서는 한가지의 민원해결이 훨씬 효과적이다. 그렇기 때문에 민원 담당자의 선정은 행정업무 유경력자나 대인관계가 원만하고 경험이 풍부한 사람으로 하여 민원을 적극 해결케 함으로써 후보자의 능력을 과시토록 해야 한다. 그리고 주역주민의 오랜 숙원사업을 선별하여 공약사업에 포함시키고 상호간의 이해가 첨예하게 대립되는 사안에 대해서는 성급하게 한쪽의 의사대로 해결하기보다는 양쪽의 의견을 고루 청취한 뒤 중재하는 등의 신중한 처리가 필요하다. 또한 선거때가 되면 각종 행정업무가 홍수를 이룬다. 이때 관할 행정관서에 파견나가 민원업무를 대신 처리해 주는 써비스맨을 확보해야 한다. 물론 그 지역에서 지면이 많이 알려진 사람이어야 한다. 뿐만 아니라 애경사나 대·소 모임에 참석 요청이 들어 왔을 때 후보자가 직접 참석하는 것이 원칙이지만 그렇게 하다 보면 그러한 모임들 속에서 헤어나지 못하고 선거일정에 차질을 빚게 된다.

따라서 사전에 후보자와 참모들이 모여서 참석해야 하는 모임의 기준을 정하여 후보자가 참석해야 하는 자리를 제외하고는 담당자를 따로 두어 참석케 하거나 지원대책을 맡겨야 한다.

아. 사조직

사조직은 철저하게 노출되지 않은 비밀조직으로 관리·운영면에서도 신중을 기해야 한다. 무엇보다도 공조직과 사조직의 마찰을 피하고 단합을 꾀하기 위해 공조직과 사조직의 책임자는 수시로 후보자와 회동하여 상호 정보교환은 물론 역할 분담을 통한 공통분모를 찾도록 노력해야 할 것이다. 또한 사조직의 종류에 따른 분야별 책임자를 동단위별로 선정하고 그 밑에서 은밀히 활동하는 선거운동원 5~7명 정도씩을 둠과 동시에 사조직의 총괄 책임자는 선거 대책본부와의 상호 협조는 물론 각 조직과는 서로 보완공생의 관계임을 명심해서 갈등과 반목보다는 이해와 협조로써 각 조직의 특성을 살려 나가는 데 많은 노력은 해야 한다.

1. 성격
○ 유권자에 공식적인 조직을 통한 접근이 아니라 선후배 및 친분관계를 이용한 접근이므로 비교적 저항이 덜하다.
○ 상대 후보의 감시대상에서 벗어나 있으므로 활동에 제약이 없다.
○ 관리는 후보자나 참모진이 직접한다.
○ 각종 자금 및 관리에 따른 소요경비 등도 모두 비밀로 한다.

○ 노출되지 않은 비밀조직으로 관리도 비밀로 한다.

2. 종류
① 문중 조직
 ○ 종친회 사무실 운영
 ○ 타 문중의 반발이 예상되므로 철저한 비밀로 한다.
 ○ 핵심 인물로 하여금 노인층 방문, 길흉사 참석
② 종교 조직
 ○ 각 교회별 교역자들 협조체제 구축
 ○ 불교 신도회 모임 유도
 ○ 신도회 중심으로 후원회 지원
 ○ 각종 종교조직 활동
③ 학교 조직
 ○ 동창회(초·중·고·대)
 ○ 동기회(졸업기별)
④ 부녀 조직
 ○ 여성동창 및 인척 친구찾기 운동
 ○ 환자 돌보기, 불우 이웃돕기 운동 실천
 ○ 각 부녀단체 가입 및 적극 활동
 ○ 교회별 여성신도회 간부 포섭
⑤ 향우회 조직
 ○ 각 동단위로 향우회 조직 파악
 ○ 향우회와 지역 토착주민과의 유대 강화
 ○ 조직의 간부 포섭
⑥ 청년회 및 학생회 조직
 ○ 유세 분위기 조성
 ○ 선거기간 홍보물 배포, 부착

ㅇ 선거기간 별동대로 활용
ㅇ 여론조성 및 상대당의 흑색선전 차단
ㅇ 불법 타락선거 감시
⑦ 계모임 및 직능별 조직 활성화
ㅇ 각종 친목계 파악
ㅇ 관광회사를 통해 계조직 파악
ㅇ 직능별 핵심요원 여론화 조성
ㅇ 각 지역에 직능별 조직 활용

활 동 보 고 서

조직부서명		작성자	
활동지역			

1. 활동내용 및 평가

2. 주민반응

3. 건의사항

Ⅲ. 분야별 선거운동

가. 기본조직 활동

1. 지구당 개편(창당)대회

선거일 전 120일부터 선거일까지 창당대회·합당대회·개편대회·후보자 선출대회를 개최할 때에는 공개된 장소가 아닌 장소에서 소속 당원만을 대상으로 하는 정당활동과 읍·면·동별로 1회에 한하여 개최할 수 있는 당직자 회의만이 선거일까지 할 수 있을 뿐 당원 단합대회, 당원연수, 당원간담회, 당원모집 등 선거기간 중에는 일절 할 수 없게 되었다. 따라서 지구당 개편대회를 통해서만 가급적 많은 유권자들에게 알리고 많은 당원들을 참석시켜 당원들의 사기를 진작시킬 수 있는 유일한 정당활동이라 할 수 있다. 지구당 개편대회를 개최하지 않을 경우에는 지구당 위원장이 당 공천자로써 국회의원 선거 출마를 선언하는 후보자 선출대회를 개최하면 효과적이다.

이와같이 당 공식행사가 있을 때는 조직점검, 개최단위, 참석대상, 개최일정, 참석인원, 세부진행 등을 미리 준비하여 차질없이 일사천리로 진행히여 단합된 모습을 대내외에 과시해야 한다.

2. 연설회

이번 선거에서부터는 선거관리위원회가 주관하는 합동연설회와 정당·후보자 등에 의한 연설회, 공개된 장소에서의 연설·대담 등 그 만큼 선거운동의 폭이 넓어졌다.

선거관리위원회 주최의 합동 연설회는 타후보와 함께 하기 때문에 상대방에 대한 인신공격이나 연설기법에 대한 미숙, 연설차례 등에 따라 그 결과가 부정적으로 나타나는 경우가 있다. 그러나 정당연설회는 후보자측이 주관하기 때문에 일정, 시간, 장소는 물론 특정인사의 지원유세, 청중의 선택 등이 가능하므로 후보자의 연설기법 자체는 큰 문제가 되지 않는다. 또한 이 연설회는 세를 과시하기 위한 중요한 기회일뿐더러 운동권이나 당원간에 단합과 결속을 강화시킬 수 있는 장소이기 때문에 이 연설회에 대해서도 철저한 분석과 계획이 있어야 하겠다.

합동 연설회

① 후보입장시 행동

○ 정문입구 주변에 미리 선거운동원과 지지자들을 산재시켜 놓았다가 후보자가 입장하면 자연스레 후보 수행팀의 측면이나 뒤쪽으로 모여들어 세를 과시한다.

○ 후보의 대열은 후보가 전진할수록 불어나서 계속적으로 세가 불어나는 면모를 과시하고 장내 유권자의 시선을 끌도록 한다.

○ 홍보물 배포조 및 봉사대 등은 미리 적지를 확보하여 활동하되 일반 유권자들에게 거부감을 주는 지나친 행동은 피한다.

○ 홍보물 배포조는 질서 정연한 가운데 공손한 자세와 말씨로 유권자 한분 한분을 깍듯이 대한다.

② 연설 시작 전까지의 행동
○ 후보 수행팀 중에서 일반에게 알려진 연예인이나 지원인사 등은 청중 속으로 자연스럽게 파고 들어가 유세가 끝날 때까지 홍보물을 배포하면서 지지를 부탁한다.
○ 일반 청년 학생팀들도 청중 속으로 들어가 자연스런 대화와 의견 교환으로 여론을 듣고 지지를 유도한다. 이때 같은 목적의 타후보의 수행원들과 충돌하지 않도록 유의한다.

③ 타후보의 연설시 행동
자기가 지지하는 후보가 아니라고 해서 지나친 야유나 구호는 오히려 일반 유권자로 하여금 불쾌감을 일으켜 역효과를 불러 일으키게 된다. 차분하게 경청하는 것이 오히려 아량을 베푸는 듯하다.

④ 후보연설 시와 연설 후 행동
○ 지지하는 후보가 등단했을 때 일제히 박수를 친다.
○ 후보의 연설도중 강조되는 대목에서의 박수유도는 유세준비팀의 사전준비에 따라 일사불란한 행동을 취한다.
○ 유세 준비팀들은 장내 곳곳에 산재하여 분위기를 선도해 나간다.
○ 다른 후보자들의 유세가 다 끝날 때까지 일반 유권자와 접촉을 하면서 지지를 유도한다.
○ 연설회 종료 후 후보가 나갈 때는 운동장 정문까지 따라가 후보자를 에워싸 분위기를 고조시킨다.

○ 현장 정리팀은 어느 누구의 홍보물이건 간에 운동장의 쓰레기를 깨끗이 치워 민주정당, 민주시민의 면모를 보여준다.

정당·후보 연설회

① 개최 전략

정당·후보연설회는 일종의 개인 연설회와 마찬가지이다. 따라서 어느 장소에서 어느 정도의 규모로 개최할 것인지를 미리 정하고, 사전에 철저한 계획을 수립한다.

이때 정치 신인은 후보자의 선전 전략에 따라 초반에 실시하는 것이 유리하다. 그러나 자기의 기반이 튼튼하거나 운동원과 지지자들의 결속강화와 세확산에 초점을 둔다면 선거중반에 개최하는 것이 더욱 유리하다.

② 일시 및 장소

지원 가능한 중앙당의 당직자 일정을 미리 파악한 뒤 현지의 장소 및 분위기를 종합하여 개최일시를 정한다. 상대 후보자의 연설회 정보를 입수하여 사전에 실시하는 등 김빼기 작전도 구사할 수 있을 것이다.

확성기는 연설회를 개최하는 장소안에만 설치할 수 있다.

③ 홍보전략

지역 언론사와 중앙 언론사에 협조를 부탁하여 가능하면 대회의 장면이나 주요 연설내용이 언론에 게재될 수 있도록 한다.

따라서 개최일시 및 장소 지원연사 등의 내용을 미리 언론용 보도자료를 만들어 배포한다.

후보자 또는 그 배우자 및 연설원(대통령선거 및 시·도지사선거에 한함)이 도로변, 광장, 주민회관 등 다수인이 왕래하는 공개된 장소에서 정당이나 후보자에 대한 지지를 호소하는 방법의 선거운동을 말하는데 너무 큰소리의 확성장치는 주민들로 하여금 소음공해로써 짜증을 불러 일으킬 수 있으므로 이점을 조심해야 하며 당원들끼리 주고 받는 대담내용은 쉬운 것을 선택하여 자신있게 말할 수 있는 답변을 유도하여 일반 유권자들로 하여금 능력있는 후보상을 인식시켜 준다.

나. 지역 순방

개정된 선거법에 의거 공공장소에서 정당 또는 후보자에 대한 지지를 호소할 수 있다. 각 투표구 및 자연부락별 방문장소와 순방코스 그리고 개별 방문지역에 대한 리스트를 작성한다.

투표구별로는 역, 터미날, 노인정, 공원, 상가 밀집단지, 도로, 시장, 점포, 다방, 대합실 등으로 나누는 반면 개별 방문지역 주요 아침 출근로(아파트·공단입구), 지역상인의 새벽 버스출발지, 약수터, 지하철역, 조기축구회, 대형운수회사 교대시간, 심야 가스 주유소, 공무원 등 주요 출근버스 출발지, 대중 목욕탕 등

1. 계획 수립

① 지역순방은 공천확정 직후부터 선거일까지 투표구 및 자연부락 순방을 2회 목표로 하여 투표구별로 전체 일정을 작성한다.

② 선거 공고일 전에는 주로 현지당원 및 투표구 책임자 등의 사기앙양과 조직 점검에 신경을 쓰고 선거 공고일 후에는 주변 순방일정과 일반 유권자 대상 득표활동에 중점을 두어 계획을 수립한다.

③ 지역 순방에 있어 갑작스런 일정의 변경은 현지 지역 책임자에게 실망감을 주는 등 사기에 문제가 있으므로 되도록이면 기본계획대로 움직이도록 한다.

④ 상대후보가 방문한 지역을 빠짐없이 포함시켜 상대후보의 순방효과를 감소시킴과 아울러 자신에 대한 이미지를 강화시킨다.

⑤ 낮시간대보다는 새벽과 심야시간대에 상대적으로 유권자의 마음에 파고 들기 쉬운 장점이 있으므로 선거일까지 이 시간대를 적극 활용해 나간다.

2. 후보자의 행동

① 상가나 시장등을 방문할 때 양복보다는 방문지역의 실정에 맞게 점퍼차림 등으로 노인에게는 아들과 같이 겸손하게, 주부들에게는 따뜻한 남편과 같이, 젊은이들에게는 다정한 아버지 처럼 대한다.

② 유권자들은 후보자의 말을 듣기보다는 한마디라도 더 하려고 한다. 시간이 허락하는 한 들어 주어야 한다.

③ 지역 유권자들과의 대화에서 즉석에서 들어오는 청탁성 민원이나 숙원사업 등에 관해서는 즉답은 피한다.

3. 후보자 지침서

① 어떠한 상황이 전개되더라도 후보자는 이성을 잃지 말고 침착해야 하며 운동원들이나 유권자들 앞에서 흥분한 언

동은 절대 삼가해야 한다. 가장 중요한 것은 인내심을 가지고 당선에 대한 신념과 확신을 불어 넣어주는 것 뿐이다.

② 항상 겸손하고 인사하는 것을 생활화 하여 상대방의 말을 도중에 가로막지 말고 경청해야 하는 습관을 가져야 한다. 만약, 대화가 너무 길어질 것 같으면 수행하는 사람을 통해서 간략하게 마무리 하도록 해야 한다.

③ 후보자는 하나의 상품으로 많은 고객(유권자)에게 노출시켜야 하는데 무엇보다도 신경 써야 할 것은 체력 안배이다. 특히 발로 뛰어야 하는 선거기간 중에는 아무리 중요한 자리일지라도 2차 이상의 술좌석은 절대 금물이다. 술좌석에서 오래 대화하다 보면 과음으로 실수할 수 있을 뿐만 아니라 너무 많은 것을 알게 되어 후보자에 대한 경외심이 떨어지게 된다.

④ 기관이나 공공단체 등을 방문했을 경우 반드시 아래 사람들까지도 악수를 해야 하며 겸손한 사람이라는 이미지를 주어 입으로 전파를 가능케 한다. 악수할 때는 정중한 자세로 약간 힘을 주어 행한다.

⑤ 여성들과의 악수시에는 약간 힘을 감싸쥐듯이 하고 꼭 전화 한번 달라든지 도와 주시면 큰 힘이 되겠다는 등의 표현으로 효과를 극대화 시킨다.

⑥ 상황이 불리하게 돌아 간다고 해도 감정을 최대한 자제해야 할 것이며 항상 너그러운 표정으로 조직원 앞에서는 나약한 모습을 보이지 않는다.

⑦ 조기 축구회 방문 시에는 운동복 차림으로 해야 하며 상가집에 갈 때는 되도록이면 어두운 색상의 넥타이를 착용해야 하는 등 방문장소에 따라 복장과 외모를 적절히 해

야 한다.

⑧ 주민이 보는 앞에서 기관장 접촉은 가급적 삼가해야 하며 선거운동원 및 공무원 등을 문책하지 말아야 한다. 상대방이 설사 잘못을 했다 하더라도 뉘우침보다는 여러 사람 앞에서 무안을 당했다는 생각만으로 악선전을 일삼을 땐 엄청난 피해를 보게 될 것이다.

⑨ 즉석 사진기 등을 구비하여 현장 주민들과의 대화장면을 즉석에서 찍어 주고 아이들 칭찬에 인색하지 않는다.

⑩ 어느 모임, 어느 장소에서건 후보자가 직접 돈을 지불하지 않는다. 계산은 수행원이 알아서 해야 하고 후보자는 자리를 떠나는 사람들과 악수나 인사를 나누어야 한다.

⑪ 운동권 및 지역주민 또는 대립적 관계에 있는 단체에서 일방적 하소연으로 자기편의 입장을 이해토록 할 때에는 적당한 표현 등으로 재빨리 화제의 내용을 바꾸어 그 어려운 입장에서 탈출해야 한다.

⑫ 선거 사무장은 가능한 한 지역내에서 경험이 많고 믿을 수 있는 사람을 택하여 재량권을 많이 주어야 한다.

⑬ 어느 특정인의 집을 방문할 때에는 이웃집과의 친소관계를 파악하여 방문여부를 결정해야 할 것이며 방문했을 경우에는 우선 노인어른을 찾아 인사한 후 어린 꼬마들에게도 많은 관심을 기울여야 한다.

⑭ 호화술집은 절대 삼가하고 포장마차 수준에서 마시며 대금은 약간 후하게 치뤄줘야 한다. 주민들이 대접하는 식사 등을 사양 말고 받되 감사의 사례를 표시해야 한다.

4. 후보자 부인 지침서

① 선거전에서 가장 많은 루머의 대상은 후보자 부인으로써

부인은 항상 행동과 언어, 옷차림 등 모든 면에 깊은 주의를 기울여야 한다.

② 얼굴화장이나 머리손질 등은 단정해야 하고 모든 사람들에게는 겸손과 친절로써 대해야 한다.

③ 지역이나 계층을 방문할 때는 사전에 그 지역, 계층에 대한 세밀한 조사·분석을 하고 그에 합당한 내용으로 간단 명료하면서도 호소력이 있는 말로써 설득시켜 나아간다.

④ 말씨는 되도록 그 지방말을 써서 친밀감을 주도록 한다.

⑤ 부인도 후보자와 마찬가지로 여성담당의 스케줄에 따라 조직적으로 활동을 해야 한다.

⑥ 시장이나 상점에서 물건을 살 때에는 인색한 인상을 주지 않도록 거스름돈을 웃으면서 서비스하는 것도 좋다.

⑦ 부인은 사무실에 자주 나타나지 않는 것이 좋으며 차량 이용시 선거사무실 차량이용은 피하는 게 좋다.

⑧ 부인이 지역구 활동을 할 때에는 그 지역 여성들과 같이 다녀야 하지만 되도록이면 여성들에게 덕망이 있고 수수한 여성이 좋다.

⑨ 농촌이나 저소득층의 지역을 방문할 때에는 그 계층에 맞는 대상과 함께 동행하는 것이 효과적이다.

⑩ 그 지역에서 평이 좋지 않은 여성은 슬쩍 따 돌리고 겉으로만 친절하게 대하는 것이 좋으며 저변층의 여성들을 대할 때는 따뜻한 인간미를 풍기면서 많은 시간을 갖는 것이 좋다.

⑪ 사업가나 공직자의 부인들은 선거기간 중 부인과의 관계를 맺어 언젠가는 도움을 받고자 하는 마음이 저변에 깔려 있으므로 그들에게 도와 주겠다는 암시를 주어 협조를

구한다.

⑫ 부인을 앞에 두고 후보자인 남편을 비방할지라도 절대 화
내거나 흥분하지 말고 친절하게 대해 준다.

5. 후보 수행

① 구성

맡은 바에 책임감이 강한 젊은 사람을 주축으로 구성한
다. 유인물 배포조는 항상 상냥한 말씨와 깨끗한 매너를
갖춘 사람으로 후보자보다 지나치게 잘 생기거나 키가 훨
씬 커서 후보자를 위압한다거나 너무 돋보이는 사람은 피
하도록 한다.

| 수행인원 | (약 7~8명)

○ 후보자 소개 및 안내자(순방지역 유지)

○ 수행일정 기획자

○ 기록자(건의사항 및 협조사항 등)

○ 후보 대리 답변역(주민과의 대화시)

○ 선거사무소와 연락자

○ 사진사

○ 유인물 배포조

○ 기타 지역유지

② 수행원의 역할

○ 지역 순방시 선거계획의 틀안에서 움직이며 수행 기획
자는 항상 참모진영 및 선거사무실과 유기적으로 협조
토록 한다.

○ 지역순방을 하다 보면 유권자들과 대화를 하게 되는데
후보자와 얘기하고 싶어하는 사람이 많을 때는 후보를
대신하여 답변할 수 있는 답변역이 나서서 후보자의 궁

160

□ 입후보자의 일일활동계획표

월   일   요일

시 간	일정목표	활동장소	만날사람	수행원	이동방법	복 장	주지활사항	기 타
오전 1시								
2시								
3시								
4시								
5시								
6시								
7시								
8시								
9시								
10시								
11시								
12시								
오후 1시								
2시								
3시								
4시								
5시								
6시								
7시								
8시								
9시								
10시								
11시								
12시								

* 후보수행 인원
  ①후보소개 및 안내자 ②후보대리답변역 – 주민과 대화 ③기록자(건의사항 등) ④사진사
  ⑤경호요원 ⑥유인물 배포조
* 기본장비
  승용차 1대, 봉고 1대, 핸드폰

금증을 풀어 준다. 또한 지역여론을 충분히 청취하고 후보자가 답변하기 곤란한 문제가 나올 때는 후보자가 답변하기보다는 답변역이 적절하게 커버한다. 그렇지만 후보자를 제치고 자신이 관심의 대상이 된다든가 너무 설쳐대는 행동은 삼가해야 한다.

○ 유인물을 배포하는 수행원은 항상 후보자의 앞뒤에서 활동한다.

○ 수행팀은 후보에 대한 신상파악을 충분히 하여 유권자들의 질문에 답변할 수 있어야 하며 유언비어에 대한 해명답변도 사전에 준비되어야 한다.

○ 지명도가 아주 높은 중앙의 유력인사와의 동행은 가급적 피해야 한다.

특히 연예인이나 중앙의 거물급들과 동행하다 보면 유권자들의 관심이 그들에게 쏠려 정작 후보자 자신은 관심밖으로 밀려 본래의 목적에 차질을 빚게 된다.

○ 수행팀은 후보자의 그림자처럼 항상 같이 붙어 있어야 한다.

절대로 후보자 혼자 있게 해서는 안 된다. 혼자 있게 되면 초라해 보일 수 있기 때문이다.

다. 홍보조직의 구성

홍보조직은 최초 기획담당에서 최종적으로 홍보물을 배포하는 배포조에 이르기까지의 조직을 말한다. 흔히들 선거전에 있어서 조직활동은 지상군에 의한 지역 탈환에 비유하는 반면 선전·홍보전은 공중전에 의한 폭격에 비유하듯이 일선 조직활동에 사기를 불어 넣어주는 동시에 득표활동에 연

후보자 일일수행보고서 작성(예)

작성일 :　　　　　　　작성자 : ○○○

수행지역 :		예정시간 :	수행시간 :
수행인원 :　　　수행팀 :		동행인사 :	
수행지역에 대한 예상		결　　　과	
후보의 대화 내용		주민의 반응	
수　행　평　가			
잘 된 점	개 선 될 점	후보에 대한 총괄평가	

결시키는 등 선거 전반에 걸쳐 막대한 영향을 미치게 되는 것이다. 따라서 이 홍보팀은 무엇보다도 그 분야의 전문가로 써 후보자에 대해 의중을 잘 파악할 수 있어야 함은 물론 통솔력까지 갖춘 8~9명 정도의 인원을 한팀으로 하여 일사불란한 기획업무를 담당하는 홍보팀이야 말로 후보자라는 상품을 선전하는 판매기획자로써 당락을 좌우한다고 해도 과언이 아닐 것이다.

홍보 책임자 주지사항

- 선거전반에 걸친 홍보·선전 계획을 수립하고 정보의 관리운영을 일원화 해야 한다.
- 홍보물 작성시 일관성과 통일성을 유지할 것.
- 후보자의 이미지를 형성화 하고 이에 따르는 로고, 캐치프레이즈, 심벌마크 등을 개발, 제작관리한다.
- 뉴스의 소재 및 뉴스 원고작성 배포, 미담이나 가십거리 등을 제공한다.
- 타당의 불법 선거운동 사례 등을 언론사에 배포할 시에는 6하원칙에 의거하여 작성하며 제목은 눈에 띄도록 해야 한다. 기사 마감시간 고려해야 함
- 언론 논조의 분석과 취재관리
- 전화홍보 및 DM발송, 특수홍보 계획 수립
- 인쇄물 및 옥외 홍보물(현수막, 간판, 현판) 제작
- 각종 연설회, 출판기념회, 개편대회 등을 통한 이벤트 기획
- 후보자의 이미지 메이킹에 나쁜 영향을 줄 수 있는 사소한 습관이나 태도 등 교정 가능한 부분은 즉시 고치도록 해야 함

① 기획담당

　홍보 총책임자와 더불어 전반적인 홍보전략을 구상하고 홍보물의 종류에 따라 게재할 내용 등을 계획 수립해야 한다. 2~3명의 기획팀으로 선거대책본부와 긴밀한 협조하에 상황변화에 즉각 대처하는 기민성도 아울러 요구된다.

② 원고및 연설문 담당

　후보자가 합동 연설회및 개인 연설회 등에서 행할 각종 연설문 작성 및 각종 홍보물 제작에 필요한 원고담당자 2~3명으로 여러가지 자료들을 취합・추출하에 재생산하는 임무를 맡는다.

　이 팀은 선거운동 전반에 걸쳐 일관된 정견과 현안에 대한 확고한 논리를 전개함은 물론 연설문 작성시에는 후보자의 입맛에 맞는 낱말들은 선택하여 작성된 매끄러운 연설문은 후보자를 더욱 돋보이게 할 것이다.

③ 사진담당

　후보자의 인물사진은 공천 신청서류에서부터 벽보, 공보, 각종 인쇄물에 게재할 많은 사진과 언론사 배포용 사진등 이루 말할 수 없을 정도로 많이 필요하다. 사실 선거기간동안 후보자가 매일 지역 순방을 한다 하더라도 대면하지 못하는 유권자가 훨씬 많은 것이다.

　따라서 대면치 못한 유권자들은 후보자의 사진만을 보고 어느 정도 호감가는 인상이다 아니다 하여 후보자의 모든 것을 판단하려는 성급함이 있다. 그만큼 사진은 중요한 것이기 때문에 가급적이면 전문가에게 의뢰하여 좋은 인상, 좋은 장면의 사진을 선택하여야 할 것이다. 벽보용 사진은 4색도 이내의 사진이어야 하고 공보용 사진은 흑백사진이어야 한다. 각종 홍보물 및 언론용 사진 등은 지역 순방 시 찍은 동적인 사진으로 흑백 두종류의 사진을 준비해 놓아야 한다.

④ 제작담당

홍보물의 종류와 수량에 맞춰 제작시기 등 이미 정해진 날짜에 완성시켜야 한다. 또한 홍보물에 들어갈 구체적인 내용과 디자인, 편집방향 등을 결정하고 인쇄소에 제작의뢰·교정·수정 등 최종 인쇄상태의 확인 등을 주임무로 한다. 제작된 홍보물을 선거관리위원회에 제출하여야 하는데 이때 주의해야 할 사항은 규격에 꼭 맞게 제작해야 한다. 규격이 초과하거나 미달하면 안 된다.

⑤ 배포담당

아무리 잘 만든 홍보물이라 하더라도 제대로 유권자들의 손에 전달되지 않으면 아무 소용이 없는 것이다.

이번 선거부터는 대통령선거를 제외하고는 후보자가 유권자들에게 직접 배포하는 인쇄물은 명함형 소형 인쇄물밖에 없다. 따라서 공공장소 및 가두에서 배포할 수 있는 이 명함형 소형인쇄물 배포에는 젊고 참신한 사람을 선정하여 철저한 교육하에 배포토록 해야 할 것이다.

홍보물 배포는 일정시점에 일시에 배포함은 물론 배포하는 활동원은 단정한 옷차림과 공손한 언행을 해야 한다.

6) 2~3명씩 짝을 이뤄 5~6개의 팀을 운영한다.

성별과 연령별로 다양하게 구성하여 사람들이 많이 모

이는 시장이나 다방, 약국, 택시, 목욕탕 등에서 자기 후
보에게 유리하도록 자연스럽게 자기들끼리 대화를 하여
유리한 여론을 조성하고 지역여론을 청취해 나가는 임무
를 띤다.

라. 홍보전략

선거의 승패는 선거의 중심장악에 달려 있으며 이는 곧 선
전홍보활동을 통해서 이루어진다. 후보자와 당의 이미지에
직결되는 상징적인 이슈를 창출하고 우리측의 유리한 이슈에
상대방이 말려 들어오게 해서 선거의 중심을 장악하는 것이
야 말로 가장 중요한 홍보전략의 하나이다.

1. 후보자의 이미지 창출

선거는 후보자에게 있어 유리한 이미지와 불리한 이미지
의 자체 투쟁이라고 할 수 있으므로 홍보전략의 초점은 어
떻게 유리한 이미지를 확대생산, 강조하여 불리한 이미지를
상쇄, 극복할 수 있느냐에 있다고 하겠다. 따라서 유권자가
후보자에게 기대하는 이미지를 여하히 파악하여 창출해 낼
수 있느냐가 선거전의 승패를 좌우하는 관건이 되는 것이
다.

이를 위해서는 사전에 실시한 각종 조사, 분석, 통계에 의
한 자료들을 통해 유권자의 기대와 특정 후보들에 대한 인
상 등을 파악한 뒤 긍정적인 몇가지 이미지를 선정하여 전
문가의 조언을 받아 결정한다. 최종적으로 선정할 때는 첫
째 상대 후보자가 내세우고 있는 이미지를 감안하여 상대적
으로 유리한 이미지를 선택할 것과 이미 선정된 이미지를

중에서 현 사회적 요구에 걸맞지 않은 부자연스러운 것이나 믿음직스럽지 못한 부분은 제외시켜야 한다.

또한 후보자의 성격과 개성 및 정치철학 등에 부합되는가도 따져 보아야 한다. 미국 대통령 선거에서 레이건의 최대 약점은 칠십이 넘은 고령이라는 것이었다. 그러나 이 약점을 보완하기 위해서 밝은 표정으로 승마를 즐기는 모습을 자주 보여줌으로써 다이나믹한 서부의 사나이를 연상시키는 데 성공했기 때문에 레이건은 대통령에 당선되는 영광을 안았다.

2. 선거구호

선거구호란 후보자의 이미지, 정견, 정책, 이슈 등을 짧고 간결하게 압축해서 유권자에게 전달해 주는 것으로써 후보자 진영이나 지지자 사이에서는 필승의 결의와 단합을 다지는 도구이다.

따라서 선거운동기간 내내 모든 홍보활동의 현장에서 그 어떤 홍보물보다 큰 위력을 나타내게 될 선거구호는 되도록이면 여러 사람의 의견을 모아 기본계획 수립단계에서 정하는 게 좋다.

이 선거구호는 누구에게나 저항과 반발없이 접수되고 수긍되는 내용으로 Love me식 구호보다는 Love you식의 구호가 낫다. 즉 지지를 요구하는 것보다는 유권자를 위해 정치하는 사람임을 구호를 통해 보여 줌으로써 스스로 지지하고 싶은 마음이 생기도록 하는 것이다.

① 내용이 복잡하고 표현이 어려운 것, 낡은 표현은 효과를 보기 어렵다. 새롭고, 생생하고, 매력적이어야 한다.
② 후보자의 이미지와 평소 언행이 일치되는 내용이어야

한다.

③ 일반 유권자 상대의 구호외에 당 내부용 구호를 준비하
는 것이 좋다.

④ 유권자의 심리를 잘 파악하여 긍정적이고 능동적인 내
용으로 힘있게 들리도록 해야 한다.

⑤ 구호는 자주 바꾸지 마라. 선거도중 자주 바꾸면 이미
지 정립에 혼선이 올 수도 있다. 가능하면 선거전 서막
에서부터 막바지까지 커버할 수 있는 내용이어야 하며
초반 테스트에 별 반응이 좋지 않으면 아예 일찍 바꿔
버려야 한다.

⑥ 운율이 잘 맞는 것, 웅변적·시적 표현으로 된 것, 유
명한 말과 문장을 인용하는 것도 좋다.

⑦ 후보자용 구호와 정당용 구호중에서 후보자와 정당의
인기도에 따라 인기 있는 쪽의 선전구호를 채택하여 사
용한다.

3. 타이밍

선거전을 초반·중반·종반으로 나누어 어디에 맞출 것
인가를 결정한다. 즉 초반에는 정당의 평가·인지·지명도
를 위한 노력이 요구되며 후보자 자신도 유권자에 대해 파
악해야 할 시기이다. 중반에는 후보자의 정책과 정견, 구호
등 대유권자 설득에 힘쓰고 종반에는 유권자들의 행동을 촉
구하는 홍보활동에 방향을 맞춘다.

4. 로고·심볼

통일된 색체전략과 심볼, 각종 서체의 로고화는 유권자에
게 보다 쉽게 후보자의 이미지를 전달하고 세련되고 친숙한

느낌을 준다. 따라서 통일된 이미지 전달을 위한 각종 로고
와 심볼은 홍보전략 수립과 더불어 모든 선전 홍보물 활동
에 일관되게 이용하면 더욱 돋보이게 될 것이다.

마. 홍보물 제작 및 활동

유형이든 무형이든 조직적으로 형상화 시킨 상품을 불특정
다수인인 유권자를 상대로 후보자를 판매하는 행위를 이를테
면 선거에서 홍보활동이라 할 수 있다. 이 홍보활동은 일반
상품 선전과는 달리 살아 움직이는 상품, 걸어다니는 상품을
홍보하여 목적한 바대로 성공을 거두기 위해서는 먼저 고정
관념을 과감히 탈피해야 할 것이다. 현대의 홍보전은 과거와
는 달리 상상을 초월할 만큼 감각적으로 발전해 있다. 이에
익숙한 유권자들을 상대로 구태의연한 방법으로 홍보활동을
한다는 것은 후보자에 대한 구매의욕을 불러 일으키지 못할
뿐더러 자칫 정치에 대한 불신으로까지 이어질 수도 있다는
것이다. 따라서 충분한 리서치로 정치기상과 여론변화를 민
감하게 탐지하여 과감한 자기 이미지 창출을 시도해야 함은
물론 지나친 정치화를 극복하고 단 하나를 알리더라도 명확
하고 감동적으로 유권자에게 접근하는 것이 필요하다.

또한 각종 모임 등을 통한 홍보가 체계적인 전략 속에서
단발성보다는 연속성으로 이어져야 할 것이다.

1. 홍보물 제작시 유의사항

① 후보자의 인물됨됨이, 정책과 공약, 감정적인 지지호소
등 홍보물이 목표하는 바를 명확히 하고 후보자의 특성과
이미지에 맞는 내용과 독창적인 편집으로 제작한다.

② 동양화에서 여백의 미를 살리듯이 홍보물에서도 여백을 살려 빽빽한 내용보다는 간단하면서도 산뜻한 맛이 나게 제작한다.

③ 홍보물의 기획은 홍보팀이 해야 하겠지만 편집이나 교정, 인쇄 등은 전문가의 조언과 협조를 받도록 한다.

④ 지방 소도시의 경우 인쇄소의 영세성 등으로 인쇄의 질이나 용지의 확보, 납기일 준수 등으로 하자가 발생할 우려가 있으므로 미리미리 우수 인쇄업소를 확보하여 긴급상황에 대비해야 한다.

⑤ 가급적이면 그 선거구안에 있는 인쇄소를 이용하는 것이 선거운동의 일환으로 합당하다. 그러나 사정이 여의치 못할 때에는 인근 대도시의 인쇄소를 미리 물색해 준다.

⑥ 인근 대도시의 인쇄소를 확보해 두었을 경우 인건비와 교통난 등으로 납기시한을 맞추지 못할 때를 예상하여 납기일보다 약 이틀 정도를 앞당겨 제작토록 한다.

2. 홍보물 배포시 유의사항

① 홍보물의 배포는 대통령선거를 제외하고는 명함형 소형 인쇄물만 가두 배포토록 되어 있으므로 이에 적절한 교육을 통해 후보자의 이미지에 악영향을 끼치지 않도록 해야 한다.

② 버스 정류장, 전철역 입구, 공공건물이나 아파트 입구, 행인의 왕래가 많은 시장 등을 중심으로 주로 출퇴근 시간에 배포한다.

③ 항상 웃는 얼굴로 인사에 인색하지 않아야 하고 단정한 옷차림에 공손한 언행을 해야 한다.

④ 자기진영의 홍보물이 길바닥에 널려 있을 경우에는 즉시

수거하며 일반상가나 점포 등을 방문할 때는 영업에 방해
가 되지 않도록 한다.

⑤ 홍보물 배포 담당자는 매일 오전과 오후로 나누어 오전에
는 배포장소와 배포부수를 파악하고 오후에는 배포조의
실적을 확인하여 철저한 책임수행을 독려해야 하며 따뜻
하고도 인간적인 노고를 아끼지 말아야 한다.

바. 특수 홍보활동

당내 조직원들도 전혀 모르게 2인 1조 내지는 3인 1조로
하여 약 4~5개 팀을 구성한다. 각조별로 구역을 맡아 주로
행인의 왕래가 많은 지역이나 다방, 술집, 극장, 약국 등 전
파력이 강한 지역 등을 골라 차를 마시다든가 혹은 드링크제
를 사 먹으면서 자기측 후보를 지지하도록 긍정적인 면을 부
각시키는 방법이다. 또한 목욕탕을 돈다든가 마을 버스안에
서 다른 승객들이 알아들을 정도의 목소리로 제3자 구술방
식으로 홍보하는데 너무 큰소리로 하거나 술집에서 술취한
상태로의 대화는 오히려 역효과가 난다는 것을 명시해야 한
다. 이야기의 전개 방법으로는 인적 사항이나 인물됨됨이를
긍정적으로 홍보한 다음 이번에 어느 후보가 되겠더라, 어느
후보가 인기가 있더라 하는 식으로 간접화법을 쓰면서 마지
막으로는 우리지역 유권자의 의식이 많이 달라졌다는 논리를
전개해 나간다. 그리고 한자리에 너무 오래 앉아 있으면 안
된다. 30~40분 정도 있다가 다른 장소로 이동해야 한다.

1. 흑색선전에 대한 대응
아무리 훌륭한 후보자라 할지라도 보는 시각에 따라 흑색

선전의 대상이 될 수 있으므로 언제나 이에 대비한 대응방안을 다각도로 준비해 두어야 한다. 특히 상대 후보가 상대적으로 유리한 위치를 점하고 있다거나 인기가 상승될 때 집중적으로 흑색선전의 대상이 되기 쉽다. 따라서 이와 같은 흑색선전에 휘말리지 않기 위해서는 언제나 몸가짐이나 사생활 등에 충실하여 지역 주민들로부터 흔들리지 않는 신뢰를 쌓아야 하겠지만 악의적인 모함이나 흑색선전에 휘말렸을 경우 일일이 대응하면 진짜 피곤하게 된다. 왜냐하면 흑색선전을 해명했을 경우 그대로 끝나는 것이 아니라 재공세를 취한다는 것이다. 그렇게 되면 재공세에 대한 재해명의 끝없는 악순환의 수렁에 빠져 헤어나지 못하게 된다. 따라서 아예 진실에 근거한 공세에는 구차한 변명보다는 차라리 진실된 표현으로 시인을 하여 오히려 유권자들로 하여금 솔직하다는 평을 받도록 한다.

그렇지만 허무맹랑한 부분에 대해서는 당당한 반격으로 말꼬리를 물고 늘어지는 식의 재공세의 의도를 일격에 무너뜨려야 한다. 그렇다고 너무 잔인한 표현이나 면박성 표현은 좋지 않으므로 표현은 부드럽게, 내용은 확고하게 해야 한다.

제 6 편

선거연설의 요령과 실제

Ⅰ. 선거연설의 요령

가. 연설과 선거연설

연설이란 매스커뮤니케이션의 성격을 가지고 많은 사람 앞에서 비교적 긴 시간에 걸쳐 어떤 정리된 사항을 말하는 형식의 화법으로서 자기의 주의주장이나 의견으로 설득을 할려고 하는 것인데 이 연설에는 여러 형태가 있다. 흔히 우리나라에서는 정치문제와 깊은 연관이 있는 연설이면 정치연설이라 하고 그 중에서도 선거를 목적으로 하는 연설이면 선거연설이라 하고 있다. 또한 학문적인 내용을 체계적으로 전달하는 연설은 강연이라고 하는데 시국 강연 등이 이에 속한다.

선거연설이라는 것은 이른바 한 후보가 많은 유권자를 상대로 한 일방적인 연설로써 소속 정당의 정책 및 비젼제시, 공약 등 자기선전을 통하여 유권자들을 이해시키거나 그 목적을 달성하기 위해 행하는 연설을 말한다. 그러나 제한된 시간내에 자기의 주의주장을 어떻게 설명하고 어떻게 설득시켜서 많은 지지를 얻는다는 것은 매우 어려운 문제라 하겠다. 따라서 보다 많은 효과, 좋은 반응을 얻기 위한 연설에는 이해시키는 방법, 설득시키는 방법이 중요하다. 다만 자기의 선전을 위한 상대의 비방만으로 목이 터져라 큰 소리로 외치기만 하면 되는 것으로 착각하는 후보들이 많은데 이는 연설의 기본을 모르는 것으로써 분명 실패하고 말 것이다. 선거 연설 즉, 선거유세는 집권여당이든 야당이든 간에 자기의 실체를 많은 유권자들 앞에 선보이는 것으로서 후보자는 유권자들이 첫눈에 반하도록 기회를 놓치지 말아야 할 것이다. 그러기 위해서는 충분한 사전준비가 필요한 것이다.

나. 사전 준비는 사전답게 하라

선거 연설은 말하는 사람(후보자) 듣는 사람(유권자)말하고자 하는 생각(사상) 등이 잘 조화 있게 이루어져야 한다.

따라서 유권자의 다양성과 선거지역의 특수성 그리고 상대 후보자에 대한 모든 특성에 관해서 사전 준비는 사전답게 완벽을 기하여 치밀하고 방대한 준비자료 분석이 절대적으로 필요하다. 자료에 있어서도 본인이 해야 할 내용을 좀더 매끄럽게 하기 위해서는 다른 사람의 논설이나 숨은 사실, 체험, 일화 심지어는 숫자에 이르기까지 권위있는 사람의 의견을 수집하여 활용하면 그 효과가 훨씬 더 클 것이다.

1. 유권자의 분석
① 유세장에 나온 유권자의 수가 많으냐, 적으냐?
유권자가 많으면 군중심리가 유발하여 이해력이 둔화되므로 선동적인 연설이 효과적이고 유권자가 적으면 생각이 이기적이기 때문에 설득력 있는 연설이 효과적이다.
② 유권자들의 수준이 높은 층인가, 낮은 층인가?
수준이 높은 지식층이 많으면 차분하고 겸손한 연설로 해야 하고 지식이 낮은 층이 많으면 웅장하고 권위있어 보이는 연설이 좋다.

③ 여성층이 많은가, 남성층이 많은가?

젊은 청년층이 많으면 희망적이고 진취적인 이야기로 해야 하고 노인층이 많으면 희망적인 것보다는 과거 회상적인 이야기로 하는 것이 효과적이다. 노인층한테 앞으로 30년, 40년 후의 희망적인 설계는 우스운 이야기에 불과할 것이다.

④ 수준이 높은 층 낮은 층, 남녀노소 골고루 분포되어 있을 때는 중간층을 상대로 하여 쉽게 이해할 수 있고 흥미를 가질 만한 어구를 사용해야 한다.

2. 상대 후보자의 분석

① 상대 후보자가 어떤 사람인가?

그 사람 됨됨이, 좋은 점, 나쁜 점 혹은 취미 기호까지도 알아두면 좋다.

② 상대 후보자가 걸어온 길, 경력, 인물됨, 정견 등을 알아야 하고 반대당의 정책이나 주장을 잘 조사하여 그중에 허위나 속임수가 있으면 그것을 꼭 확인해 두어야 한다.

3. 장소 및 지역분석

① 연설에는 유권자가 모일 수 있는 장소를 필요로 하며 장소의 분위기에 따라 후보자의 연설에 중대한 영향을 미친다. 따라서 연설할 장소가 넓은지 좁은지를 파악하여 장소가 넓으면 유권자의 주의가 산만하기 때문에 큰 음성으로 해야 하며 장소가 좁으면 아늑한 분위기를 조성하면서 차분한 음성으로 진행해야 한다.

② 선거구의 지리, 풍습, 인정 등을 고려해 주민들의 생활상태를 미리 조사해 두면 성공할 수 있다. 특히 농촌지역

에서는 가부장적 봉건제도가 있으므로 이론적인 것보다
는 인정미에 호소해야 한다. 또한 그 지방의 사투리 같은
것도 알아두면 편리할 것이다.

4. 유권자의 심리유도

먼저 후보자는 유권자에게 어떤 문제를 제시 내지는 반론
을 하여 그에 대한 반응을 일으킴과 동시에 그 반응을 지향
하고자 하는 목적에 유리하도록 이끌어야만 한다.

① 강한 자극, 갑작스런 변화, 특출한 사건, 시각적인 제스추
어 등으로 주의를 끌어야 한다.

② 한번 끌어들인 주의는 곧 약해지는 특성이 있다. 따라서
후보자는 변화, 절실함, 불안, 신기함, 주체성 등으로 새
로운 자극을 주어 흥미를 지속적으로 일으켜야 한다.

③ 유권자들은 스스로 감명을 받음이 없이는 후보자의 연설
대로 따르지 않을 것이다. 따라서 후보자는 능숙한 언어
의 테크닉, 세련된 음성, 후보자의 인격, 지식, 진실 등으
로 감명을 일으켜야 한다.

④ 주의와 흥미를 느끼고 감명 내지 설복된 유권자들은 아주
순한 양의 무리와 같아서 후보자는 유권자가 가야 할 방
향만 제시해 주면 된다. 설복의 정도가 깊으면 깊을수로
후보자의 방향 제시는 명령, 지령, 계시 등과 같이 절대
적 효과가 있는 것이다.

⑤ 연설의 근본적인 목적은 유권자들을 이해, 설복시키는 데
있다. 설복시키는 방법으로는 감정에 호소하는 방법, 암
시에 의한 방법 등이 있다.

5. 선거연설에 있어서 참고사항 15가지.

① 계속 흥미를 가지고 끝까지 호응할 수 있도록 가끔씩 유머를 쓴다든가 자기의 과거 경험담 등을 이야기 하는 것도 좋다. 그러나 가급적 사실적으로 현장감 있게 표현해야 된다.

② 후보자는 자기의 연설에 관해 유권자들의 반응을 연설 중에 잘 감지하여 나름대로 조절한다든지 이야기의 방향을 바꾸어 나가는 기술을 익혀야 한다.

③ 유권자는 연설하는 후보자와 친해지고 싶어하는 성격이 있으므로 이 성격을 잘 이용하여 나의 편으로 끌어 들여야 한다.

④ 될 수 있는 대로 쉬운 말로 구체적인 사항은 정확하게 구사하여 흥미와 이해를 깊게 해야 한다.

⑤ 되도록 어려운 문자나 외국어 또 비천한 말은 쓰지 않는 편이 좋다. 사투리도 가급적 쓰지 않아야 된다. 그러나 지방연설에서 그 지방 사투리를 사용하면 더욱 효과를 얻을 경우도 있다.

⑥ 쉬운 말일지라도 어려운 발음은 피해서 하는 것이 좋다.

⑦ 같은 말의 반복이나 비슷한 말을 하고자 할 때는 가급적 강하고 짜릿한 낱말을 선정해서 사용해야 한다.(정열→열정, 싸움→투쟁)

⑧ 유명인이나 영웅호걸들의 명언을 인용하는 것도 상당히 효과가 있다.

⑨ 시종일관 흥미있는 이야기로만 전개해서는 코미디언으로 착각을 불러 일으킬 수도 있다. 적당히 울고 웃게 하여 유권자들이 어느 정도 후보자와 함께 호흡을 같이 한다고 판단될 때 후보자는 재빨리 이 점을 포착하여 뼈대있는

이야기를 하여 자기의 결론으로 힘차게 잡아 당겨야 한다.

⑩ 후보자가 미리 흥분한다든가 하는 것은 금물이다. 유권자가 흥분하도록 해야 한다.

⑪ 후보자 개인적인 이야기만을 늘어 놓는다든가, 상대방 후보만을 집중공격하는 것보다는 가끔씩은 유권자와 후보자 자신을 연계시켜 서로 상통되는 이야기를 전개시켜 나가는 것도 상당한 효과가 있다.

⑫ 상대 후보를 무차별 공격한다는 것은 자기 자신도 그와 유사한 공격을 당한다는 것을 주지하여 방어태세를 취해 신중하게 연설을 해 나가야 한다.

⑬ 상대 후보에게 많은 칭찬보다는 약간의 우회적인 칭찬으로 추켜 세우는 것은 유권자들로 하여금 넓은 도량이 있는 후보로 인정받을 것이다. 약간의 칭찬은 아끼지 말아야 한다.

⑭ 좀 비열한 방법이긴 하지만 상대 후보를 과대 칭찬을 하여 나무 위에 잔뜩 올려 놓았다가 예기치 않은 집중 공격을 하여 땅에 뚝 떨어뜨리는 짓궂은 방법이 있는데 유권자들에게는 대단히 흥미있는 연설이 될 것이다.

⑮ 그 지방이 야당성이 강한 지역인가, 여당성이 강한 지역인가를 감안하여 그들의 성향에 맞도록 적절하게 이야기해야 한다.

6. 연설의 도입 단계

연설에는 시작이 중요하다. 첫 시작에 따라 그 연설의 성공여부가 달려 있을 정도로 중요한 것이다. 즉, 듣는 사람들의 주의를 단번에 끌 것과 듣는 이가 들을려는 의욕을 갖게 해야 한다.

① 후보자가 하고자 하는 이야기의 요점을 미리 알려주면 듣는 이의 주의를 집중시킬 것이다. 또한 이야기에 소요될 시간을 미리 알려주면 듣는 사람은 마음 편히, 끝까지 들을 준비를 한다. 그러나 주의해야 될 것은 너무 재미없는 내용이나 진부한 내용, 모두가 알고 있는 내용, 다른 후보가 앞서 이야기한 내용 등은 가급적 피해야 된다. 이와 같은 내용을 미리 알려준다면 유권자들은 들어볼 가치가 없는 시시한 내용으로 판단하여 퇴장하거나 딴전을 보게 될 것이다.

② 일반적이고 의례적인 이야기로 풀어나가기보다 우선 흥미있는 이야기로 전개하거나 충격적, 사건적인 이야기로 연설 첫 단계에서부터 유권자의 주의를 확 끌어당겨야 한다.(권투 시합에서도 첫 라운드부터 사정없이 밀어부치는 선수에게 상당한 관심을 가지게 된다)

③ 후보자와 유권자와의 관계를 친근하게 만들어 격의없게 하기 위해서는 재치있는 유머로 가벼운 웃음을 유도하는 것도 좋은 효과가 있다. 그러나 너무 유치한 이야기나 하고자 하는 이야기와 아무런 관계가 없는 것이면 역효과가 날 수도 있기 때문에 많은 노력과 풍부한 경험이 필요하다.

7. 연설의 본론

본론이라 함은 그 연설의 핵심이 되는 부분으로서 가장 중심적인 이야기의 전개를 말한다.

① 내용면에 통일성을 기하라.

본론의 통일은 이야기의 목적을 실현하기 위해서 자료의

수집방법과 말의 선택방법과 서술법이 결집된 것이 아니면 그야말로 말의 앞뒤가 맞지 않고 뒤죽박죽이 되고 만다. 감명을 주는 이야기는 상대방의 감정을 움직일 만한 자료나 말이 선택되고 화법도 그것을 목표로 하지 않으면 안 된다. 또한 전개되는 이야기의 내용이 전후관계나 부분과 전체와의 관계가 일관 되어야지 엉성해서는 안 된다.

② 내용의 변화는 자연스럽게 하라

이야기의 전개를 자연스레 전달하여 유권자들이 그다지 부담감 내지 저항감없이 이해해 나가도록 하기 위해서는 내용과 내용 사이에 자연스런 변천이 있어야 한다. 문장에서는 단락을 짓는 법이라든지 문장배열법, 구두점을 사용하여 읽는 이의 이해를 돕지만 연설에서는 그런 것이 없다.

가) 「지금 드리는 말씀은 약간 다른 내용입니다만은」이라든지 「이 자리를 빌어서 ××에 대한 것을 곁들여 말씀 드리자면은」「아울러」「뿐만 아니라」등을 사용하여 이야기의 연속성을 살려 나가야 한다.

나) 연설한 내용을 가끔씩 다시 정리해 줌으로써 이야기 가운데에 연설하는 이의 위치를 가끔 알려 줄 필요가 있다.

③ 강조되어야 할 곳은 아주 강하게 하라.

웃어야 할 곳에서는 웃어야 하고 울어야 할 곳에서는 울어야 하는 것과 마찬가지로 강조되어야 할 곳에서 강조를 하지 않을 경우에 아무리 좋은 원고, 좋은 내용이라 할지라도 맥빠진 연설에 불과할 것이다. 강조하는 방법에는 다른 부분보다 소리를 높이거나 다시 되풀이하는 법 등이 있다.

가) 문장을 구성할 때 강조하고 특히 알리고 싶은 대목은 상세하게 서술하듯이 연설에서도 많은 시간과 자료로 다른 부분보다 섬세하게 언급하는 것이 필요하다.

나) 중요한 점을 되풀이하여 이야기하면 그것이 강조가 된다. 같은 사항을 똑같은 말로 되풀이할 수도 있고 같은 사항을 다른 말로 되풀이할 수도 있다.

다) 강조하고자 하는 바를 전체 이야기의 흐름 가운데에서 제일 먼저 말하든가 맨나중에 말하는 것이 강조의 효과가 있다.

8. 연설의 결론

결론은 그렇게 중요하지는 않다고 하지만 너무 소홀하게 취급해서는 안 된다. 특히 어떤 후보는 「결론을 말씀드리자면……」하고 끝을 맺을 듯 맺을 듯 하면서도 장황하게 이야기를 늘어놓아 유권자들에게 지루함을 주어 역효과를 나타내는 경우가 있는데 무엇보다도 결론은 간략하게 하는 것이 좋다.

① 청중들이 기억해 주기를 바라는 내용을 다시 강조하거나 본론의 내용을 요약한다든지 해서 30분 연설일 경우 4~5분 정도로 끝맺음하는 것이 좋다.

② 잡다한 이야기와 통상적인 이야기보다는 가능한 한 짧게, 조리있게, 명쾌하게, 결론을 맺어야 한다. 특별한 내용이 없는 연설일지라도 마지막 결론을 잘 매듭지으면 보통점수는 받을 것이다.

③ 일상적인 말로 끝맺음하는 후보자들이 많이 있는데 이보다는 강렬한 인상을 줄 수 있는, 또 여운이 있는 내용으

로 결론을 내려 줄 필요가 있다. 유권자들은 거의 기록할 준비물 없이 그저 경청하러 유세장에 온다. 그래서 연설 내용 전부를 기억할 수 없다. 또 기억하고자 하지도 않는다. 따라서 유권자들이 집에 돌아갈 때 강렬한 인상을 풍기는 몇마디의 이야기는 그 후보를 영원히 기억하게 할 것이다.

(1971. 김대중 대통령 후보 연설에서 마지막 부분. 청와대에서 만납시다!)

9. 야유의 원인과 그 퇴치방법

① 야유가 일어나는 원인

가) 야유가 일어나는 원인은 후보자의 반대파들이 고의로 연설을 방해하고자 하는 경우가 많은데 흔히 젊은이들이 주동이 되어 의도적으로 조직적이든 산발적이든 간에 야유를 퍼붓는 경우가 있다.

나) 유권자들은 항상 새로운 정보, 새로운 사실을 알고자 한다. 빈약한 내용이나 어색한 태도, 유치한 언어, 어설픈 목소리는 야유의 주된 원인이 된다.

다) 유권자들은 자기중심적 동물이기 때문에 후보자가 너무 긴 이야기를 하거나 아무리 좋은 내용이라도 표현하는 기술이 부족하면 야유가 나온다.

② 야유를 퇴치하는 방법.

가) 야유를 무시하고 이야기를 계속 멈추지 않고 한다.

나) 야유의 소리보다 더 큰 소리로 야유를 봉쇄한다.

다) 야유에 대한 야유를 상대방에게 던진다.

라) 유머나 위트로 야유하는 상대를 물리친다.

마) 야유가 들어올 틈을 주지 않도록 말을 빨리 이어 나간다.

바) 야유는 순간적이다. 따라서 후보자는 야유나는 쪽을
뚫어지게 응시하면서 잠시 연설을 멈춘 다음, 다시 시
작한다.

10. 후보자의 복장과 태도

입사하기 위한 신입사원이 시험을 아무리 잘 치뤘다 하
더라도 면접시험에 있어 복장과 태도가 단정치 않으면 불
합격되고 말 것이다. 따라서 후보자의 복장과 태도는 면접
시험을 보는 사람과 같아서 세심한 주의가 필요하다.

① 자기를 과시하기 위해서 너무 화려한 복장이나 반대로 동
정을 얻기 위해 너무 초라한 복장은 좋지 않다. 단정한
정장이 좋다. 많은 사람을 상대로 연설할 정도의 사람이
복장 때문에 유권자에게 불쾌감을 줘서는 안 된다.

② 태도는 너무 무거워도 안 되고 가벼워서도 안 된다. 너무
무거우면 거만한 느낌을 주고 너무 가벼우면 출랑대는 느
낌을 주기 때문이다. 무엇보다도 자연스러우면서도 격의
없는 온화한 태도가 가장 바람직하다.

③ 날씨가 아무리 추워도 연설하는 후보자는 주머니에 손을
넣고 연설하거나 뒷짐을 져서는 안 된다. 이러한 것은 유
권자에게 무시하는 느낌을 주거나 건방진 느낌을 준다.

④ 유권자들은 후보자들에게 많은 관심과 일단 상당한 사람
으로 평가하고 있는 것이다. 따라서 유권자들은 후보자가
유세장에 들어올 때부터 유세장을 빠져 나갈 때까지 눈여
겨 보기 때문에 후보자는 시종일관 손짓, 몸짓 일거수 일
투족에 세심한 주의를 기울여야 한다.

11. 후보자로서 갖추어야 할 내면적인 요건

① 높은 식견

　높은 식견을 갖춘 후보자는 많은 유권자들을 감동시킬 수 있다. 그야말로 식견이라는 것은 연설자의 인격 구성에 골자를 이루며 이 골자를 훌륭한 말솜씨로 표현하여 사람들에게 흥미를 주고 유권자들을 설복시킬 수 있는 후보자의 기본 요건이다.

② 풍부한 경험

　풍부한 경험이 있는 사람은 비록 학식이 조금 부족하더라도 재치있는 구성과 재미있는 말재주로 유권자들로부터 박수갈채를 받아낼 수 있다. 그러나 경험이 부족한 사람은 자칫하다가 연설도중에 유권자들로부터 혹평을 받게 되거나 소란을 피우는 사람이 있을 때 갑자기 당황하여 목소리가 변하고 논지가 혼동되어 끝내 연단을 물러서지 않을 수 없게 되므로 평소에 풍부한 경험을 쌓아야 한다.

③ 재치있는 임기응변

　똑같은 내용의 연설을 한다 하더라도 듣는 사람의 성분, 계층, 시간, 장소에 따라서 때로는 장중한 음성과 태도로 부드럽게 또 가끔씩 유머를 섞어 이야기할 수 있는 임기응변과 재치가 필요하다. 우리나라와 같은 합동 연설회의 경우에 많은 후보자들이 한 자리에 모여 장시간 연설하기 때문에 유권자들은 쉽게 권태를 느끼거나 흥미없고 지루한 연설에는 자리를 뜨게 되어 장내가 소란하게 된다. 이런 때에는 극히 참신한 경구라든가 자극적인 이야기로 유권자들의 주의력을 갱신시킨 다음, 다시 본론에 들어가는 재치있는 화법이 필요하다.

④ 풍성한 감정

중대한 문제를 논급해 유권자들의 동정을 구한다든지 또는 유권자들을 설득시키고자 할 때는 분위기를 달리하여 진지하게 해야 하고 유권자들을 슬프게 할 때는 후보자 자신도 우는 것처럼 감정을 발로하고 유권자들을 성나게 만들려면 자기도 흥분하여 유권자의 감정을 부단히 건드려야 하는 풍성한 감정이 있어야 한다.

⑤ 대담한 배짱

후보자는 유권자에 대하여 외적으로는 온화한 성품을 보이면서 모든 이에게 신경을 써야 하지만 한편으로는 대담한 배짱도 있어야 한다. 연설 중에 야유나 소란이 있어도 이에 개의치 않고 또 반대파들이 공격해 와도 조금도 흔들림없이 태연자약하게 논지를 전개해 나가는 담력이 필요하다.

⑥ 중후한 풍채

좋은 인상을 주는 풍채는 단상에 올라서는 순간 후보자가 한마디의 발언도 하기 전에 유권자들의 마음을 끌지만 반대로 풍채가 좋지 않은 사람에 대해서는 유권자들은 우선 깔보게 된다. 이 풍채는 화려한 복장을 말하는 것이 아니라 조잡하지 않고 야하지 않으며 그 행위가 바르고 우아한 신사의 체면을 말한다.

⑦ 걸맞는 음성

연설이라는 것은 음성을 매체로 하여 표현되는 행위이기 때문에 연설을 잘 할려면 우선 좋은 음성을 타고나야 한다. 그러나 성량이 부족한 사람은 많은 수련을 거쳐 발성연습을 하여야 한다. 음성개발에도 후보자는 신경을 써야 한다. 체구가 작은 사람, 호리호리한 사람은 그 체격

을 커버하기 위해서라도 성량이 풍부해야 하고 체격이 큰
사람, 뚱뚱한 사람은 그 체격에 걸맞게끔 성량이 풍부하
면 돋보일 것이다.

II. 연설문의 실제

● 국회의원 후보 연설문

정 대 철

- 미국 미조리 주립대학 박사학위 취득
- 제 9, 10, 12, 13, 14대 국회의원
- 명지대 강사
- 민주당 최고위원

여러분이 아껴주시고 키워주시던 정대철이 이 자리에 돌아왔습니다. 9대 10대 신민당 국회의원으로 봉직하다가 느닷없이 이 군인아저씨들 때문에 이 사람이 4년간 꽁꽁 묶였다가 이 자리에 돌아와서 여러 애국시민을 뵈니 이 사람 감회가 남다릅니다. 고별인사 말씀도 못드리고 쫓겨났던 이 사람이 오늘 4년만에 돌아와서 여러분께 몇가지 보고 말씀 올리겠습니다.

첫째는 여러분이 아껴주시고 여덟번이나 뽑아 주셨던 저의 선친 정일형 박사를 3년 전에 여의었습니다. 이 군인아저씨들이 들어서서 아무 죄도 없는 이 정대철이를 체포할려고 그래서 2개월 동안 도망 다녔던 것을 여러분께 보고드립니다. 처음에는 이 군인아저씨들이 들어서서 꽁꽁 묶어 놓은데 대해서 비분강개도 하고 이럴 수가 있을까도 했습니다만 정치방학을 유용하게 보내기 위해서 이 사람은 모교에 돌아가서 박사학위를 받고 돌아온 것을 여러분께 보고드립니다.

두번째로 보고드릴 것이 있습니다. 이 군인아저씨들이 들어서서 국회라는 것을 싹 해산시키고 자기들 나름대로의 국회를 만들었습니다. 여러분 기억하십니까? 입법의원이라 해 가지고 국회같지 않은 국회가 있었어요. 이 사람보고 그 대표자가 와서 입법의원을 해 달라 그랬습니다. 이 정대철이 싹 거절했습니다. 종로·중구 구민 여러분들이 뽑아주시는 국회의원이면 모르겠습니다만은 이렇게 임명하는 국회의원은 정대철이는 결코 할 수 없다고 싹 거절한 것을 여러분께 보고드립니다.

여러분이 잘 아시다시피 내일 모레 아침 8시 30분에 김대중 선생이 워싱톤으로부터 김포공항에 도착하시겠습니다. 오늘 그 선발대가 와서 이 사람과 저의 모친을 만났습니다. 모든 국민과 모든 정당이 똘똘 뭉쳐서 다음번에는 평화적인 정권교체를 하자고 이 사람과 국민 여러분께 부탁을 하러 왔습니다. 김대중 선생 자신은 아무 정당과도 관계가 없다는 것 또한 부언해서 말씀하셨습니다. 우리는 김대중 선생을 국민적으로 환영하여야 하겠습니다. 우리가 이 민정당 정권에게 충고할 것이 하나 있습니다. 만약에 더 이상 김대중 씨를 탄압하거나 김대중 씨의 안전을 보장할 수 없다면 박정희대통령의 말로보다도 더 무서운 심판을 받는다고 이 사람은 경고합니다.

나라의 형편 좀 살펴봅시다. 나라의 형편을 살펴봄으로써 이 민정당 정권의 실상을 알 수가 있습니다. 많은 분들이 얘기했죠. 장영자 아시죠? 한 아녀자가 7천억이라는 돈을 치마폭에다 휘두르고 다녔습니다. 백만원짜리 월급장이가 590년 동안 타먹을 수 있는 돈이예요. 그런데 얼마나 인심이 흉흉했던지 이규광씨라는 대통령의 처삼촌까지도 구속하지 않고는 이것을 수습할 수 없었던 것이 바로 이 장영자 사건입니다.

여러분! 이 민정당의 얼굴이라는 정래혁씨도 아시죠? 180억을 휘두르고 다녔습니다. 이 정부 발표니까 그 이상은 아무도 몰라요. 부동산만 180억이래요. 그러니 동산, 증권, 악질적으로 하는 것있죠? 해외에 갖다 놓은 것, 이런 것 다 합하면 580억이 될지 1800억이 될지 모릅니다. 여러분 이것이 바로 민정당 정권의 실상이올시다. 얼마나 우스운 사회가 됐느냐 하면 대도 조세형이가 홍길동이처럼 의로운 도둑이 됐고 아마 모르긴 몰라도 잘못하다 간 이 정권 훈장남발하여 대도 조세형이한테 훈장줄 정도가 됐습니다.

이정식 씨 아시죠? 제주도 땅 다 말아잡숫고 서서히 기어 올라와서 전라도 땅으로부터 슬슬 기어 올라오다가 인심이 흉흉해졌거든, 덜커덕. 이 정권 무어라고 한 줄 알아요? 정의사회구현, 청렴정치, 허울좋은 넉두리올시다.

이 정권에게 한가지 충고할 게 있어요. 5공화국 이름 바꾸쇼. 부정부패 공화국이라고 이름 바꾸쇼 이 정권. 아마도 이 정권이 주장하는 정의사회는 정래혁이 정자에 이정식이 이자에 정의 사회임에 틀림없습니다. 여러분! 한 마디로 얘기합니다. 이 정권은 부정부패한 개판의 정권이올시다.

여러분! 이 정권 얼마나 유능한가 한번 봅시다. 아까 외채얘기도 나왔습니다만은 외채, 자기들 발표에 첫번에는 220억불이라고 했어. 국민 1인당 꼬마까지 합쳐서 50만원이야. 지금 얼마 됐어요. 4년만에 자기들 발표로 433억불 꼭 4년만에 두배됐어요. 외국신문에서 뭐라고 하는지 아세요? 이 정권 빚더미 공화국이라고 그럽디다. 빚더미 공화국. 얼마나 유능하신지 기껏 하신다는 것이 정치인들 자기들한테 대항할 수 있는 500명 묶어놓고 아직도 15명 묶어놓고 있는 그런 정도로 유능한 정권이올시다. 나라일이 걱정돼서 찾아간 학생들보고 폭도라면서 항복받아야 된다? 그것도 당 대표라는 사람이 학생하고 대화도 못하면서 야당하고는 어떻게 대화하고 4천만하고 어떻게 대화하고 김일성이하고 어떻게 대화한다고 여러분 믿습니까?

이 민정당사 지나가 본 사람들 알죠? 이건 마치 전투사령부 앞을 지나가는 것하고 똑 같습니다. 요새 조금 바뀌었습니다만은 무슨 로마병정처럼 앉아있어요. 이제는 무슨 인상 나빠질까 봐 사복 갈아입혀서 그 사복이 몸에 안 맞으니까 왔다가는 게 무슨 건달들만이 왔다가는 것같아서 아주 보기 싫습니다. 정신차리쇼! 이 사람 한 마디로 이야기한다면 이 민정당 정권은 독재정권이올시다.

여러분! 창살없는 감옥에 우리들은 살고 있는 것이나 마찬가지입니다. 우리는 이 감옥에서 창살을 뜯어 자르고 밖으로 나가야 되겠습니다. 이 정권은 시작부터 엉터리로 했습니다. 광주사태를 유발해서 많은 사람을 살상하고 심지어 감옥소에 먼저 가 있는 김대중 선생이 광주사태를 지휘했다고 하는 정권이 바로 이 민정당 정권이올시다. 여러분! 아직도 몇명이 돌아가셨는지, 몇명이 다쳤는지, 몇명이 행방불명이 됐는지 아무도 잘 모릅니다. 이 사람 국회에 들어가면 이 진상을 밝혀서 국민과 역사앞에 보고할 것을 약속드립니다.

여러분! 이 정권에 대하여 역사의 이름으로 경고합니다. 손바닥으로 하늘을 가리는 우를 더 이상 범하지 말라고 이 정권에게 경고합니다. 역사의 사실을 은폐하는 조작은 역사가 심판했다는 것을 뼈져리게 이 정권은 느끼십시요. 이 정권하에서는 눈이 있어도 보지 못하고 귀가 있어도 듣지 못하고 입이 있어도 말하지 못하는 정권이 바로 이 정권이올시다. 언론은 그 나라의 파수병이올시다. 언론이 죽으면 민주주의는 기대할 수 없습니다. 언론이 죽었기 때문에 이 나라의 민주주의는 도둑맞았습니다. 현재의 언론은 하나로 통폐합되어서 정부의 시녀가 되었습니다. 방송을 봅시다. 민간방송은 국영방송으로 다 들어갔습니다. 동아방송 어디 있습니까? 동양방송 어디 있습니까? 기독교방송이 지금 뉴스하고 있습니까?

여러분! 신문 좀 봅시다. 그 신문이 그 신문이올시다. 이 자리를 빌어서 이 사람이 언론의 활성화를 위하여 주장합니다. 언론을 탄압하는 언론기본법을 철폐하고 언론을 짓누르는 홍보조정실을 폐지할 것을 강력히 요구합니다! 사회가 얼마나 군사독재화했는지 세상에 사회 가치기준의 척도가 사람의 덕망이나 사람이 얼마나 교육을 받았느냐, 주위에서 존경받고 있느냐 이 거하고 거리가 멉니다. 육군사관학교 몇 기로 나왔느냐, 요게 첫째입니다. 어떤 사람이 사단장 됐느냐 하는 것이 어떤 사람이 장관 됐느냐 보다도 더 실질적인 관심이요. 세상에서 어떻게 얘기하는지 압니까? 학사위에 석사 있고 석사위에 박사 있고 박사 위에 육사 있고 육사 위에 보안사 있다고 합니다.

존경하는 종로·중구 유권자 여러분! 군인이라고 해서 다 군인이 아닙니다. 일부 권력욕에 어두운 군인이올시다. 대부분의 군인들은 지금 이 순간에도 삼팔선을 지키면서 국가보위와 국토방위에 전념한다는 것을 여러분과 제가 믿어야 됩니다. 그런 의미에서 박수 한번 칩시다! 우리 군대를 위해서!

며칠 전에 해괴한 일이 일어났어요. 청주에서 이 정권의 무임소장관 지냈다는 사람 뭐라고 한 줄 아세요? 야당에 표 많이 주면 국가에 혼란이 오고 국회가 해산된다 이랬습니다. 여러분! 어떠세요. 이 사람 아직도 정신 못차리고 국민 협박합니다. 이런 것은 국민의 이름으로 박살 내야겠습니다.

여러분! 이 사람 여러분께 다섯가지 약속을 드리겠습니다. 첫째로 이 사람 국회에 들어가면 정권을 향해서 할 말을 다 하겠습니다. 국회에서 쫓겨나고 감옥소에 가는 한이 있더라도 민정당 군사 독재정권을 향해서 할 말을 다 할 것을 약속드립니다. 여러분! 우리 아버님이 열아홉번 투옥당하시고 5년동안 영어생활을 하시고 마지막판에는 국회에서도 발길로 차여서 장파열까지 당하시면서 국회에서 쫓겨났습니다. 이 사람도 유신말기에 박정희 대통령 그만두고 하야하셔야 되겠다, 박정권 물러가야 되겠다 이랬을 때 이 사람 뭐라고 하신 줄 아십니까? 야당에서는 잘했다, 여당에서는 지애비 간 길로 보내겠다, 그 애비 간 길이 아마 길바닥에서 장파열시키고 국회에서 쫓겨 내겠다 그 얘기겠죠. 이 정권하에서는 말 못할 성역이 너무도 많습니다. 국회에서조차도 발언하기 전에 애들 숙제 미리 보이듯이 보여 줘야 됩니다. 선관위에도 할 얘기 못 할 얘기 벽보에 못 내는 지시사항이 다 내려왔다고 그래요. 우리 이런 것 여러분과 함께 깨 버릴것을 약속드립니다.

두번째 정대철이가 여러분께 약속드립니다. 다음에는 우리 손으로 국민이 뽑는 대통령을 갖도록 여러분과 제가 함께 노력합시다. 여러분! 지금 대통령 선거라는 것 아까 여러 후보들이 웃기는 선거다 그랬는데 그 박대통령 시대 때는 장충체육관에 한 4〜5천명 모아서 박수쳐서 뽑았고 그 다음에는 잠실체육관에 모여서 이렇게 짝짝해서 뽑았는데 독재정권은 체육관 아주 좋아하는 것 같애요. 이 다음에 또 해 잡술 분은 체육관을 저 강서쪽에다 크게 지어가지고 숫자가 조금씩 늘어가니까 이번에는 한 만오천명 모이놓고 박수 몇번 치면 끝나. 나 이거 한심스럽습니다.

여러분! 길거리 다니다 보면 전부 민정당원 같애요. 뭐 시퍼런 츄리닝입고 통 반장 막 설치고 보면 뭐 야당표가 있을까 하지만은 그러나 대한민국의 서울에 종로·중구 구민의 그 높으신 양식을 이 정대철이는 믿습니다. 제가 유세를 다니면서 가만히 보니까 겉으로는 다 민정당인데 속으로 다 얘기해 보면 민정당 한표도 안 나올 것 같아요. 아 정말예요. 우리 한 번 따져 봅시다 여러분! 학생들, 젊은이들 데모 맨날 하고 민주주의 하자고 하는데 이 정권 그 민주주의하고 원수진 정권인데 학생 여러분들이 민정당 찍을 사람 있어요? 없지요? 절대 없어요. 그러면 학교 근처에 봅시다. 학교 근처에 저 장사하는 사람, 택시기사 아저씨 맨날 데모야. 죽을 지경이거든, 이번에 민정당 안 찍어. 학부모들도 안 찍을 것 틀림없고 그리고 안 찍을 사람 하나 있습니다. 민정당원 난 민정당원도 안 찍을 것 같애. 틀림없이 안 찍어. 왜 동네에서 존경이라도 받아야 할 것 아니요. 존경 하나도 못 받고 억지로 통 반장한다고 맨날 쫓아 다니고 그러는데 예이 빌어먹을 것 차라리 민정당 하나도 안 찍어서 민정당 없어지면 존경받고 다시 살 텐데 그래서 또 안 찍을 거야. 여러분! 또 안 찍을 사람 있어요. 나는 내 생각에 정래혁 씨도 안 찍을 것 같애. 아 요즘 문자로 피라미까지 몇 백억 먹었다는데 당수 돼 가지고 몇 백억 먹은 게 뭔데 나를 그렇게 모욕줘. 죽어도 안 찍어. 또 안 찍을 사람 있어요. 민정당 후보 부인 안 찍을 것같애. 후보 부인 우리 남편이 좀 사회 존경이라도 받아야 되는데 존경도 못받고 국회의원 또 되면 가락동인가 어딘가 가서 제복입고 아침부터 뛰어 다녀야 되고 국회가면 거수기, 들어라고 하면 들고 내리라고 하면 내리는 이거 어디 국회의원 해 먹겠어. 부인이 에잇 이번에 민정당 안 찍어줘서 남편 떨어지면 민정당 없어지면 괜찮아 질테니까 민정당 후보 한 사람만 찍을 것같애. 내 생각엔 찬조표 두표 있을 것같애. 어떤 투표냐, 장영자라는 사람이 감옥소에 있지만 감옥소에서 투표할 수 있다면 장영자 쾅 찍을 것같애. 왜 그러느냐면 장영자 밖에 나오면 7천억 꼬불친 것 또 들통날 거고 실상 밝히고 하면 이중으로 죽으니까 에잇 민정당 정권 한번 더 하자. 또 찍을 사람 한 사람 더 있는 것같애. 그 이주일이보다 더 잘 생긴 사람 있잖아요. 그 문공부 장관, 나는 그 사람 하나 찍을 것같애. 이렇게 돼서 전국에서 민정당후보 아흔두명 그 다음에 장영자, 이진희 문공부장관 아흔네표 나올 것같은데 여러분 어떻습니까? 세번째로 약속합니다. 이 정부의 부정부패를 샅샅이 고발하여 국민 앞에 보고 드릴 것을 이 정대철이 약속드립니다.

네번째로 정대철이가 약속드립니다. 오늘날 대학생, 근로자, 종교인, 지식인들이 전면에서 싸우고 희생당하는 것을 더이상 수수방관하지 않고 정치인이 앞장서서 솔선수범하여 싸우고 그들을 위해서 희생할 것을 약속드립니다. 학생들이 이 정권하에서는 매일 데모를 합니다. 외국신문에 뭐라고 났는지 아시죠? 5공화국은 데모공화국이다. 이 정권은 학생들이 하라는 공부는 안 하고 왜 데모만 하느냐, 제발 좀 그만뒀으면 좋겠다 하는데 무슨 처방이 없을까요? 처방 딱 하나 있어요. 뭔지 아세요? 군인들이 군대로 돌아가면 학생들이 결코 데모하지 않을 것을 여러분 앞에 알립니다. 이 기회에 이 정권에게 강력히 요구합니다. 더 이상 학원을 군화로 짓밟지 말고 더 이상 최루탄으로 고생시키지 말고 구속된 학생을 즉각 석방할 것을 강력히 요구합니다.

다섯째로 이 사람이 약속드립니다. 진짜로 민주투쟁할 양심세력까지 똘똘 뭉쳐서 단일 야당을 만드는데 이 정대철이가 앞장설 것을 여러분께 약속드립니다.

여러분! 우리는 지금 여당이 꾸민 다당제의 사기극에 우리가 걸려 있습니다. 분열시켜서 통치한다는 그러한 덫에 걸려 있는 것 같습니다. 우리는 이런 사기극에서 빠져 나오고 덫에서 빨리 빠져 나와서 둘이 똘똘 뭉쳐서 포문을 민정당으로 돌려 민정당을 박살 내도록 합시다!

이 사람은 박정희 대통령의 명언을 기억하고 있습니다. 나처럼 불행한 군인이 다시 없기를 바란다. 박 대통령이 만드신 말 중에서 최후의 최대의 명언 같습니다. 이번 선거에 여러분! 이것 참 작하세요. 이번 투표때 민정당에 표를 주셔서 전 대통령이 오판하시는 날에 한번 하시겠다는 결심이 흔들리고 한번 하시겠다는 마음이 흔들리는 날에는 박정희대통령과 같은 전 대통령도 불행한 군인이 된다는 것을 여러분 아셔야 됩니다. 이 사람은 전 대통령 각하를 위해서 제발 민정당에 표를 많이 주지 않도록 여러분과 제가 결의합시다!

요사이 보니까 김대중 선생을 너무 파는 것 같습니다. 사실은 김대중 선생을 진짜로 말할 수 있는 것은 정대철입니다. 김대중 씨의 이 사람이 공식 대변인 했습니다. 제 아버님은 71년 김대중 선생 대통령 후보시에 선거대책본부장을 지내셨고 저의 모친 이태영 박사는 이대 법정대학장직을 그만 두시고 전국 도처에 유세를 다니셨고 특히 김대중 선생이 이 5·17이 나서 고등군법회의에서 아무도 증언하지 않고 아무도 변론하지 않는데 이태영 여사 한분만이 김대중 선생은 결코 빨갱이가 아니다라는 증언을 했다는 걸 여러분 아십니까? 그런데 요사이 신당에서는 김대중 선생을 고문이나 당수가 되신 것처럼 욕되게 하고 있는데 김대중 선생이 국민과 모든 정당이 합해서 평화적인 정권교체를 하자고 오늘 아침 이 사람에게 알려 왔어요. 이 사람은 신당의 후보께 묻고 싶습니다. 여당 후보께서도 말씀하셨고 어제 중앙일보 보도에 의하면 신당 후보께서 애국지사를 투옥하는데 앞장섰던 일제의 고등계 형사라고 그런 충격적인 보도와 내용이 있습니다. 이는 진실여부에 대해서 중대한 사태가 벌어진다 이겁니다. 이에 대해서 반드시 우리가 짚고 넘어가야 돼요. 이게 흑색선전인가 진실한 내용인가 그 양반은 당수이기 때문에 이거 본인이 신문이나 방송을 통하여 밝히지 않으면 중대한 사태가 오게 됩니다. 밝히실 것을 부탁드립니다.

친애하는 종로·중구 구민 여러분! 이 사람이 앞장서서 민정당 정권을 향해 투쟁하면서 여러분과 함께 88년에는 이 부정부패한 개판의 정권, 무책임한 얼토당토 않은 정권, 무능하기 짝이 없는 형편없는 정권을 몰아내고 여러분과 함께 평화적인 정권교체 할 것을 이 자리에서 결의합시다!

여러분! 여러분의 그 뜨거운 결의를 읽으면서 이 정대철이 물러가겠습니다.

감사합니다.

● 국회의원 후보 연설문

이 세 기

- 고려대 대학원 수료
- 국회 올림픽지원 특별위원회 위원장
- 제 11, 12, 14대 국회의원
- 민자당 정책위의장

　오늘 선거유세 첫날, 추운 날씨에도 불구하시고 한결같이 나라를 사랑하시는 마음으로 이렇게 많이 참석해 주신 여러분께 진심으로 감사의 말씀을 먼저 드립니다. 이제 오랫동안 미운정 고운정 다 드시고 한분 한분 그렇게도 고마우신 우리 성동구민 여러분 앞에 제가 다시 국회의원 후보자가 돼서 이 자리에 서고 보니 감회를 금할 길이 없습니다. 바로 이 운동장에서 조기축구 모임을 갖던 일, 저 건물 뒤의 테니스장에서 이 동명국민학교 선생님들과 테니스를 치던 일, 또 지난 4년동안 기쁠 때는 같이 기뻐하고 슬플 때는 같이 슬퍼 하던 일, 그 숱한 사연들이 제 기억 속에 생생하게 되살아나고 있습니다. 이 자리를 빌어서 그 동안 저, 이세기를 때로는 친구처럼 때로는 형제처럼 늘 도와주시고 격려해 주시고 따뜻하게 이끌어 주신 성동구민 여러분께 다시 한번 깊은 감사를 드리면서 여기 여러분게 큰 절 한번 드리겠습니다.
　여기 자리를 함께 하신 박용만 선생, 이 분은 멀리 경상북도의 영주 봉화에서 우리 성동에 와 계신 평소 제가 존경하던 정계 원로이시고 또 조세형 선생은 이웃 성북구에서 이곳까지 찾아오신 제가 늘 좋아하던 언론계의 스타이시기도 합니다. 김도현 선생은 학생운동의 투사이시고 원외지구당 위원장으로 지난 4년 동안 고생 많이 하신 분, 또 전대수 선생은 장래가 촉망되는 웅변가이시기도 합니다. 참으로 한분 한분 소중한 분 나라 발전과 성동발전을 위해서도 꼭 필요하고 소중하신 분, 이 분들을 환영하는 뜻으로 이 분들께 큰 박수 한번 보내주시기를 여러분께 제의합니다. 나라를 사랑하는 마음에는 여야가 따로 없다고 생각합니다. 평소 이 분들이 하시는 말씀을 저는 늘 경청해 왔으며 오늘도 이 자리에 앉아서 이 분들의 따가운 충고를 정성껏 귀담아 듣고 있습니다.

그러나 여러분! 이 분들 말씀 가운데에는 부분적으로 옳고 혹 타당한 말씀이 없지 않지만은 전체적으로는 가당치도 않은 말씀이 있다는 것을 분명히 지적해 둡니다. 여러분! 장님 코끼리 만지는 이야기를 아실 겁니다. 다리를 만져본 장님은 코끼리가 기둥이라고 말을 합니다. 귀를 만져본 장님은 코끼리란 부채라고 말을 합니다. 그러나 여러분! 코끼리는 기둥도 부채도 아닌 것입니다. 예를 한가지 들겠습니다. 야당하시는 분들께서 우리나라 외채가 많아서 나라가 당장 망할 듯이 말을 하십니다만은 결코 그렇지를 않습니다. 외채가 많은 것도 사실이고 걱정이 되는 것도 사실입니다만은 그러나 우리는 외국돈을 잘 활용해서 이 만큼이나 잘 살게 됐고 희망찬 내일을 내다 보게 되지 않았습니까? 나라 살림살이도 개인 살림살이와 마찬가지입니다.

개인이 이웃에서 100만원을 꾸어서 떡 해 먹고 엿 사 먹고 술 빚어 먹고 다 낭비해서 더 이상 돈을 꿀 수가 없을 때 파산하게 마련입니다. 그러나 그 꾼 돈으로 점포를 차리거나 공장을 차려 그것을 잘 운영하여 온 식구가 먹고 살고 저축해서 연차적으로 갚을 수 있다고 하면은 거기에는 희망이 있는 것입니다. 자본 축적도 없습니다. 이 많은 인구 어떻게 살아 갑니까? 외국돈을 꾸어다가 공장 짓고 고속도로 만들고 댐을 만들어 전력 생산하고 요즘은 반도체 첨단사업 발전시켜서 불과 몇 년 전에 국민소득 1

인당 1,000불하던 것 금년에 1인당 국민소득 2천불로 끌어 올렸습니다.

그래서 이제 우리가 이 만큼 잘 살게 됐고 외국인들도 우리를 부러워 하게 된 것, 이것이 우리의 자랑이고 희망이 아니겠습니까? 당장 내일 해가 안 뜨듯이 말씀하고 계십니다만은 여러분! 분명히 내일 해가 다시 뜨고 우리는 희망을 가지고 또 전진하고 발전을 계속 할 것이라고 하는 것을 여러분! 분명히 굳게 믿어 주시기 바랍니다.

평화적인 정권교체를 위해서는 대통령 선거를 직선제로 해야 한다고 주장을 하는 분들이 있습니다. 개헌을 하자는 말입니다. 저는 이 분들에게 묻습니다. 직선제를 해야지 평화적 정권교체가 되고 현행 헌법대로 하면 평화적 정권교체가 안 된다는 말입니까? 그렇다면 여러분! 이승만 대통령이나 박정희 대통령은 직선제가 아니라서 장기집권으로 인해서 평화적인 정권교체를 못했고 불행하게 대통령직을 물러나게 했던 그 역사를 똑똑히 기억하고 있습니다.

우리의 개헌사를 들춰 봅시다. 발췌개헌, 사사오입개헌, 삼선개헌, 유신개헌, 그 모두가 1인 장기집원의 문호를 열었던 그런 개헌이었습니다. 여러분! 평화적인 정권교체를 하겠다는데, 또 개헌을 하자고 하면은 그럼 장기집권의 문호를 열어 놓겠다는 것입니까? 무슨 말입니까? 여러분! 조금 기다려 보십시오. 우리 헌법을 지켜 나가면 88년에 평화적 정권교체가 꼭 이룩된다고 하는 신념을 가져주시기 바랍니다. 7년 단임제가 끝나는 88년에 그 자리를 스스로 물러 나시는 우리나라 역사상 처음보는 훌륭한 지도자를 우리 한번 가져 봅시다. 우리 한번 믿고 기다려 보십시다. 여러분! 국회의원이 장관급이냐 차관급이냐 하는 논란이 한 때 있었습니다.

언젠가 제 친구 대학교수 한 사람이 저에게 묻기를 국회의원이 장관급이냐 차관급이냐를 물었습니다. 국회의원은 장관급도 아니고 차관급도 아니다 라고 대답을 했습니다. 이 친구 어리둥절한 채 그럼 무슨 급이냐고 또 묻길래 저는 국회의원은 국회의원 급이다 라고 말한 적이 있습니다. 이게 무슨 소리냐, 국회의원이 힘이 있네 없네 해도 국회에 가면은 장관에게 큰 소리치고 호통칠 수 있는 자리, 장관은 국회에서 하도 혼이 나니까 어떤 장관은 먼발치서 국회의사당 건물만 바라봐도 진땀이 나고 소화가 멈춰진다고 하는 말을 합니다. 국회에 나가면 장관에게 따져 묻고 정책비견을 제시하고 잘못하면 혼내주고 큰 소리치고 호통치는 그 당당한 국회의원이 일단 지역구에 오면 지역구민의 어려움을 경청하고 하찮은 심부름이라도 정성으로 보살피는 일꾼이 되는 법입니다. 그것이 바로 제가 말한 국회의원급이요, 그 직이 바로 지난 4년간 제가 걸어온 길이요, 국회의원 급의 길이라고 하는 말씀입니다.

제가 국회의원 된 것은 제가 잘 나서가 아니라 여러분들께서 4년전 한표 한표 정성을 모아서 만들어 준 국회의원, 그래서 저는 제몸이 제몸이 아니라 성동구민의 몸이요, 여러분들의 몸이라고 하는 것을 잠시도 잊어 본 적이 없습니다. 비가 오나 눈이 오나 성동구민의 어려움을 대변하고 그 일이 아무리 어려울지라도 언제 어디서라도 거짓말하지 않고 교만하지 않고 성실하게 이 골목 저 골목을 다 누비고 다녔습니다. 수도물이 안나온다고 신고하면 달려가서 물이 잘 나오도록 손을 썼습니다. 하수도 막히면 하수도 고치기 위해 뛰어 다녔습니다. 뒷골목공사 옥수로 확장공사에 이르기까지 지난 4년간 성동구의 총 677건이라고 하는 엄청난 숙원사업을 추진할 수 있었습니다. 그래서 숙원사업 실적 전국 1등이라고 하는 객관적 평가를 받게 되었습니다만은 그러나 여러분! 이 모든 것이 저 혼자서 잘 해서가 아니라 이 모두가 여러분들께서 우리 발전하는 성동으로 만들겠다고 하는 일념으로 모두 한몸이 돼서 한 마음으로 밀어 주시고 성원해 주시고 도와 주신 그러한 덕분이라고 굳게 믿고 있습니다. 여기에는 동료의원이었던 조덕현 의원도 거들어 주었습니다. 여러분께서 이번에 다시 저 이세기를 성동의 상머슴으로 또 성동의 일꾼으로 만들어 주신다면 더 열심히 더 성심껏 더 겸손하게 노력하고 또 노력해서 우리 발전하는 성동을 서울의 구정 1번지로 서울의 정치 1번지로 만들어 놓고야 말겠다는 말씀을 드립니다. 우리의 성동을 서울의 1번지 정치 1번지로 만들기 위해서 다음과 같은 사업을 구상하고 추진해 보겠다고 하는 것을 여러분께 이 자리에서 밝혀 두고자 합니다.

첫째, 구의동과 잠실을 연결하는 올림픽대교를 만들겠습니다. 이 다리는 성동지역의 교통난을 해소하고 성동을 상업지역으로 만드는데 큰 역할을 할 것으로 믿습니다. 또한 교통난 해소를 위해서 영동교 북단에 인터체인지를 만들고 군자교를 확장해서 또 광진교도 금년 안에 보수해서 다시 쓸 수 있도록 만들어 내겠습니다.

두번째, 성수동 자양동 지역을 위해서 발전 4개년 계획을 특별히 만들어 이 고장을 우리 성동 발전에 중심적인 지대로 만들어 보겠습니다. 이곳 마장동에 또 동자중학교를 금년 안에 짓겠습니다. 새로운 도심지로 왕십리 지역에 개발을 서두르겠습니다. 당장 금년 3월달에 7억의 예산을 들여서 하왕 1동에 소방도로를 만들겠습니다. 또 하왕1동의 동명을 개명해 보도록 하겠습니다. 다시 말씀드리면 하왕1동이라고 하는 아래 하자를 떼어내고 왕십리 1동 왕십리 2동으로 동명을 바꿔 보겠습니다. 다음에 금호동 화양동 일대 구의동 일대를 상업지역으로 지정될 수 있도록 최선

204

의 노력을 다해 보겠습니다. 응봉동 왕십리 행당동 옥수동 여러 군데 공원녹지, 풍치지구를 해제할 것은 다 해제해서 주택개량 또 재개발사업을 적극 추진해 나가도록 하겠습니다. 다시는 지난 여름과 같은 수해가 없도록 하기 위해서 철저한 항구대책을 마련해 나가겠습니다. 100억원을 투자해서 사근동 제방도로를 만들겠습니다. 또 자양동 군자동 옥수동 응봉동에 간이 펌프장 시설을 금년안에 만들어 내겠습니다. 노인복지를 위해서 옥수동 중곡2동에 노인정을 금년 3월달에 짓도록 조치를 하겠습니다.

금호 옥수동에서 동부지역으로 가는 버스로선을 하나 만들어 났습니다. 중곡동 지역 버스로선을 조정해서 주민 편익을 도모하겠습니다. 성동구민의 쾌적한 생활을 위해서 레져스포츠 시설을 만들도록 하겠습니다. 뚝섬 유원지 앞에 보트장을 만들고 광나루 고수부지 앞에 수영장을 신설하고 한강개발이 끝나면 잠수교를 고쳐서 뚝섬과 여의도를 잇는 유람선이 운행하도록 이렇게 하겠습니다. 이곳 유서깊은 왕십리에 무학대사가 한양 도읍지를 구상하던 그 유서깊은 이곳에 기념비를 고증하고 복원시키고 그래서 그 인근을 공원화 함으로써 이곳에 자라나는 아이들이 우리 이 지역 왕십리 지역을 자랑스러운 지역으로 알고 긍지를 가지고 성장할 수 있도록 하는 이와 같은 추진사업을 지난 4년 동안에 677건을 해낸 그 정력으로 700건 800건도 다 해놓고야 말겠다고 하는 것을 여러분 앞에 분명히 다짐합니다. 여러분! 지난 여름 LA올림픽에서 우리 선수들, 열심히 뛰어서 금메달 많이 딴 덕분에 세계에서 10번째를 차지하여 온 국민이 감격한 바가 있습니다.

이것은 올림픽에서 10위를 했다고 하는 난순한 기쁨이 아니라 종합국력에 있어서도 이제 몇 년만 더 노력하면은 우리나라도 세계에서 열번째 안에 드는 큰 나라로 발전할 수 있는 가능성을 발견했다는 데서 큰 뜻이 있는 것입니다. 여러분! 세계 올림픽에서 1등을 하는 나라 그 어느 나라입니까? 세계에서 제일 큰 나라, 제일 부자인 나라, 미국이 1등 하고 다음에 큰 나라 부자나라 2등 하고, 이것이 올림픽의 서열이고 이것이 바로 국력의 서열입니다만은 우리가 지난번 올림픽에서 열번째를 했다고 하는 사실은 우리가 몇 년만 더 노력하면 우리도 전세계에서 10번째 안에 드는 큰 나라가 될 수 있는 가능성을 발견했다고 하는 점에서 우리는 이것을 더욱 뜻 깊게 생각을 하고 있습니다. 그렇게 되면 우리는 지금까지 못사는 나라, 가난한 나라 그리고 늘 강대국의 틈바구니에서 약소민족의 설움을 안고 늘 당하기만 하던 저 동방의 작은 나라 한국이 아니라 이제 앞으로는 적어도 당당하게 큰 나라 소련과도 중공과도 1대 1로 당당히 맞서서 어깨를 나란히 할 수 있는 그런 큰 나라, 세계 10번째 드는 그런 큰 나라가 될 수 있다고 하는 희망을 가지고 우리는 안정을 바탕으로 더욱 전진할 것을 여러분 다짐합시다. 여러분! 우리는 또 2천년대 1인당 국민소득 5천불을 목표로 해서 희망을 가지고 전진을 하고 있습니다.

저는 오늘 이 자리에서 앞으로 3년 안에 남북통일의 실마리가 꼭 풀릴 것이다 라고 하는 것을 말씀드리겠습니다. 저는 4년전 선거연설에서 중공의 문호가 열릴 것이라고 하는 것을 예언한 바가 있습니다. 중공의 문호가 열리면 인천이 바빠지고 군산, 목포가 바빠지는 이른바 호남 중심의 서해 문화시대가 오고 그래서 또 균형 발전하게 될 것이라고 하는 것을 예견한 바가 있습니다만은 이제 우리는 스포츠 교류는 물론이요, 우리나라 굴지의 기업인들이 지금 이 시간에도 중공땅에 가서 큰 상담을 하고 있습니다.

그리고 학자들도 교수들도 중공에 왕래를 서둘고 있습니다. 중공과의 왕래가 활발해지면 서해 문화시대가 이제 우리 눈 앞에 현실로 다가옵니다. 남북통일은 환상이 아닙니다. 두고 보십시오. 여러분! 앞으로 3년 안에 통일의 실마리가 꼭 풀리게 될 것이라고 하는 것을 여러분, 두고 보십시오.

저는 어린 시절부터 꿈을 키워 왔습니다. 민족통일의 꿈을 키워 왔습니다. 저는 민족분단의 전쟁, 판문점 전방 개성에서 태어났습니다. 어린 나이에 그 엄청난 6·25동란을 직접 경험했습니다. 전쟁때의 폭격도 당해 봤습니다. 해병대 수색대에 현지 입대해서 군번없이 적군의 후방까지 침투하다가 몇번이고 죽을 고비를 넘긴 적도 있습니다. 홀로 부산까지 피난가서 자갈치 시장에서 노점상도 해보고 쌀 장사도 해봤습니다. 부두에서 등짐지고 막노동도 다 해봤습니다. 바로 해방의 증인이요. 온갖 고생 다 하면서 야간학교를 다녔지만 열심히 노력하고 또 노력해서 대학교 수도 됐고 또 정치학 박사도 됐습니다.

그러나 부모님을 북녘땅에 두고온 이산가족의 한이 맺혀서 통일의 꿈을 더 절실하게 키워 왔습니다. 여러분! 우리 성동에서 저를 밀어주시고 키워 주시면은 저는 그 힘으로 그 저력으로 남북통일에 이 한몸 신명을 바치겠다고 하는 것, 이것이 제가 어린 시절부터 길러온 꿈이요, 소망입니다. 통일은 결코 환상이 아닙니다. 3년 안에 통일의 그날이 오면 저는 제일 먼저 평양에 가서 김일성이 다 제치고 평양의 관선시장 아닌 민선시장이라도 뽑는 날이면 저는 여러분이 길러주신 그 저력으로 평양 민선시장 출마 한번 해보겠다는 것, 이것이 저의 소망이요, 신념입니다. 여러분! 저에게 힘을 주십시오. 저에게 용기를 주십시오. 저, 여러분과 함께 통일만세, 대한민국 만세 삼창 힌번 불러 보겠습니다. 다 함께 따라 해 주시기 바랍니다. 대한민국 만세! 민족통일 만세! 우리 성동구 발전 만세!

여러분 감사합니다. 여러분 기호는 2번, 이번에는 2번, 이세기
2번 감사합니다.

조 세 형

● 서울대 문리대 4년 졸
● 제 10, 12, 13, 14대 국회의원
● 김대중선생 특별보좌관
● 민주당 최고위원

친애하는 성동구 시민 여러분! 지난 4년동안 정치 추방을 당한 끝에 오늘 이 자리에서 이렇게 가까이 여러분을 모시고 대화를 하게 되니 실로 감개가 무량합니다.

지난 4년동안 이 사람은 입이 있어도 말하지 못하고 손이 있어도 쓰지 못하는 정치 추방의 창살 없는 감옥에서 정치 징역을 살아오는 암흑시대를 겪었습니다. 이 사람은 지난 30여년동안 언론계 생활과 정치생활을 하는 가운데에서 자유당 정권을 비롯해서 공화당 정권, 민정당 정권에 의해서 형무소 징역살이도 강요당해 봤고 또 고문을 당하면서 모진 매도 맞아 봤고 또 언론계에서 언론 자유문제, 필화사건으로 인해 추방도 여러번 당해 봤고 특히 현 정권에 의해서는 80년 5월 당시 이 사람은 김대중 선생의 특별보좌관이었습니다만은 이로 이하여 김대중사건에 연루되어 계엄군에게 끌려가서 곤욕도 당했습니다. 그러나 어떠한 핍박과 어떠한 압제와 어떠한 고문과 징역도 이 사람의 민주주의를 향한 의지를 꺾지는 못했고 또 꺾지도 못할 것입니다. 이 조세형이는 그와 같은 혼란과 압제에 대해서 절대로 굴복을 하지 않을 것입니다.

친애하는 시민 여러분! 우리나라는 지금 매우 어려운 형편을 헤매고 있습니다. 특히 정치가 대단히 잘못 돼서 나라의 모습, 나라의 꼴이 대단히 우습게 돼 가고 있습니다. 저는 우리가 왜 이 민정당 정권을 반대하지 않으면 안 되느냐 하는 그 까닭을 간단히 다섯가지로 나눠서 말씀드리겠습니다.

첫째 이 민정당 정권은 부패한 정권입니다. 대형사고가 일어났다 하면 수천억 권력가가 재산을 집어먹었다 하면 수백억원, 우리가 너무나도 잘 아는 장영자 여인 사건으로 말할 것 같으면 무려 7천억원이라는 천문학적인 숫자에 달하는 사건이올시다. 과연 이와 같이 엄청난, 은행이 휘청하고 나라의 기둥 뿌리가 휘청하는 이와 같은 대형 금융사고가 권력의 비호없이 일개 여인의 치마폭에 의해서 농락이 될 수 있느냐 하는 것은 상식 이하의 문제입니다. 이와 같이 대규모 금융사고 뒤에는 반드시 권력이 개입되어 있는 것이고 또 그 배후 조종자가 있는 것입니다. 그럼에도 불구하고 오늘날 장영자 사건은 완전한 암흑에 가리어서 그 진상의 한 쪼가리 편린도 나오질 않습니다.

이 사람은 우리가 안고 있는 문제중에서 적어도 세 사람의 얼굴을 보고 싶습니다. 우리 친구의 얼굴을 보고 싶다는 뜻이 아니라 첫째, 이 사람이 보고 싶은 얼굴은 수년 전 김대중 선생을 납치해 갔던 그 납치범의 얼굴이 누구냐 하는 것을 보고 싶은 것입니다.

또 둘째, 광주사건을 저지른 총 책임자를 보고 싶은 것입니다. 그리고 이 7천억원의 어마어마한 나라의 기둥뿌리를 흔든 금융과 권력에 결탁시킨 그 진짜 배후 책임자의 얼굴이 누구냐 하는 것을 보고 싶은 것입니다. 그리고 우리가 이 현정권을 반대하지 않으면 안되는 이유는 이 정권은 독재정권이기 때문입니다. 독재도 보통 독재가 아니라 군사독재 정권이기 때문입니다.

여러분! 국가의 주인은 어디까지나 국민입니다. 그럼에도 불구하고 독재정권이 구두발로 국민의 머리위에 올라서서 이래라 저래라 마치 국민을 종부리듯이 한다는 것은 주객이 전도된 것입니다. 세계 역사 어디를 보아도 독재정권의 말로가 어떻다 하는 것을 우리는 분명히 알고 있습니다. 일본 제국주의, 이태리의 뭇솔리니 팟쇼독재, 스페인의 프랑코독재, 이란의 팔레비독재, 더 나아가서는 남미의 군사독재 정권이 저지른 아르헨티나에서, 멕시코에서, 그리고 또 브라질에서, 칠레에서 저지른 이와 같이 세계의 각 독재정권의 말로가 어떠 하나 하는 것은 우리가 너무나도 잘 알고 있습니다. 우리나라에서도 해방 후 40년 동안 자유당 독재, 공화당 독재, 그리고 오늘의 이 민정당 독재에 의해서 해방 40년이 다 흘렀습니다. 우리는 이 정치가 독재이기 때문에 이 정권과 싸우지 않을 수 없습니다.

세번째 이유는 이 민정당 정권이 책임을 지지 않는 정권이기 때문입니다. 대형 금융사고, 썩은 쌀을 들여와, 병든 소를 들여와, 일개 순경이 술에 취해서 부락민 수십명을 총으로 쏴 죽이고, 난동한 군인들이 부락민을 쏴, 이와 같이 어마어마한 사건이 잇따라 일어났음에도 불구하고 장관은 커녕 부장, 계장, 주사 하나도 책임을 지지 않는 그런 뻔뻔스러운 정권입니다. 우리는 이 민주정치가 책임정치라는 것을 잘 알고 있습니다. 책임을 지지 않는 정부는 더 이상 국민의 용납을 받기가 어려운 것입니다.

네번째 이유는 이 정권은 무능한 정권입니다. 나라를 다스릴 능력을 잃은 정권입니다. 이 정부가 5백명 이상의 정치인을 묶어 놓지 않고서는 정권을 유지하기가 어려울 정도로 그렇게 무능한 정권입니다. 아직도 이 사람들은 열다섯명의 정치인, 그저께 김대중 선생의 경호실장이던 박성철 장군께서 홧병이 나서서 돌아가셨습니다. 이 사람 어젯밤에 과천에 있는 그분의 빈소를 다녀왔습니다만은 이제 이 박성철 장군이 돌아가심으로써 마지막 정치 규제법에 묶인 사람은 열 다섯명에서 열 네명으로 줄어들었습니다. 도대체 한 나라의 법률이 열 다섯명의 정치인이 두려워서 전전긍긍하는 이런 형편없는 무능한 이런 정권에 대해서 우리가 우리의 재산과 우리의 생명을 걸고 있다는 것은 참으로 기가 막힌 현실이요 또 운명이 아닐 수 없습니다.

마지막으로 우리가 이 정권에 반대 투쟁하지 않을 수 없는 이유는 이 민정당 정권은 국제적으로 외국에 대하여 권위와 신의가 완전히 땅에 떨어졌기 때문입니다. 이 정부가 박정희 정권때의 200억불에 불과하던 외국 빚을 무려 두배 이상 5백억불로 늘려 놓았습니다. 외국의 유명한 시사 주간지는 전 세계에서 영원히 외국빚을 갚을 수 없는 나라가 세 나라가 있는 그 중의 하나가 한국이다 이렇게 지적을 했습니다. 결국 이 빚은 우리들 자손이 갚지 않으면 안 되는 그런 커다란 짐으로 남아 있습니다. 이와 같이 여러가지 이유를 열거할 필요도 없이 우리가 이 정권을 지지할 수 없고 우리가 이 정권을 향해서 반대 투쟁을 하고 이 정권을 갈아 치울 수 밖에 없는 가장 큰 이유는 우리의 가슴 속에서 도저히 이 정권을 받아 들일 수 없다는 사실 때문입니다. 이 정권을 이대로 유지시켜 나가면 이 나라의 운명은 기구한 도탄에 빠지고 말 것입니다.

친애하는 성동구민 여러분! 저는 이 자리에서 우리의 심각한 학생문제를 거론하지 않을 수 없습니다. 우리 학생문제는 중대하고도 심각한 문제입니다. 이 민정당 정권 4년에 잡아들인 학생의 수가 박정희 정권 18년 유신정치하에서 잡아들인 학생수보다도 더 많습니다. 지난번 학생들이 공당인 민정당 당사로 집단적으로 찾아 갔을 때 소위 그 정당의 제2인자라 하는 사람이 무어라고 말했습니까? 학생을 향해서 폭도라 하며 학생으로부터 항복을 받아라 이런 폭언을 서슴치 않았습니까? 또한 경찰을 불러 들여 마치 007작전, 엔테베작전을 하듯이 옥상에다 로프를 걸고 벽을 기어올라 가서 벽을 뚫고, 망을 치고, 그 구멍뚫린 방안으로 최루탄을 쏘아대 가지고 학생들을 개 끌듯이 한 줄로 세워서 마치 전쟁포로를 잡아 가듯이 머리에 두 손을 얹게 하고 그러고서는 항복을 받아? 이런 잔인하고도 무책임한 정당이 이와 같은 사고방식으로 학생을 대한다면 영원히 학생문제는 해결이 되지 않습니다. 학생은 진리를 탐구하는 학도요, 학생은 민주주의의 원리와 그 진리를 교육받는 젊은이들입니다. 학생들은 권력의 힘이나 돈의 힘으로도 압제되지도 아니 하고 또 회유되지도 아니 합니다. 권력층의 집안에서 아버지와 아들 사이에 학원문제로 많은 논쟁이 벌어지고 있습니다. 한 여당 의원의 집안에서는 아버지 의원과 아들 학생 사이에 말 시비가 벌어졌는데 아들이 하는 말이 아버지! 아버지가 이번에 국회의원에 당선이 된다면 나라가 망하고 또 아버지가 국회의원에 떨어지면 우리 집안이 망하게 됩니다. 이것이 오늘날 우리 한국의 대학생들이 품고 있는 어김없는 심정입니다.

이들 민정당 정권은 학생의 데모를 진압한다고 여학생을 청량리 경찰서, 서대문 경찰서에 끌어다 여학생들을 알몸으로 묶어서 농락하고, 그리고 폭행을 하는 이런 파렴치한 짓을 저질렀습니다. 경찰은 이와 같은 사실을 시인하기는 커녕 변명에 급급하고 있습니다. 학생들이 얼마나 억울했기에 그 학생 자신이 신문기자 앞에 부끄러운 줄도 모르고 기자회견을 하고 그 진상을 폭로하고, 그리고 각 대학에서 진상조사위원회가 구성 되었겠습니까? 이렇게 해서 더욱더 학생문제가 일파만파로 퍼져서 오늘날 학원문제는 심각한 문제가 되고 민 것입니다.

여러분! 그 누가 감히 4·19의거를 폭동이요, 난동이라고 할 수 있습니까? 학생문제가 커지면 심각한 정치사태가 되는 것입니다. 나는 민정당 정권에게 충고를 합니다. 4·19의거는 3·15부정 선거 때문에 연유된 것입니다. 만일 이번에 2월 12일의 이 선거에 대해서 지금과 같은 이 더러운 타락들, 그리고 관권이 개입하는 권력선거를 지금이라도 당장 중지하지 않는다면 그 뒤에 오는 심각한 학생사태, 심각한 반발은 도저히 이 정권이 감당할 수 없으리라는 것을 엄숙하게 이 자리를 빌어서 경고해 두는 것입니다.

친애하는 성동구민 여러분! 저는 또 이 자리에 많은 사람들이 하루 벌어서 그날 그날 생활하는 근로자가 많이 계십니다만은 우리의 근로자 문제를 거론치 않을 수 없습니다. 우리나라에는 약 천만명의 근로자가 있습니다. 그중에 2백만명이 월급 10만원 이하를 받고 있습니다. 우리나라 근로자들은 한 국제노동기구의 조사에 의하면 전 세계에서 가장 긴 시간의 노동을 하고 있습니다. 그런데 우리의 재벌은 어떻게 하고 있느냐? 지금 한국의 재벌들은 골프만 자기들끼리 치는 것이 아니라 수도물도 우리 서민과는 딴 물을 먹고 있습니다. 그들은 혼사도 자기들끼리 합니다. 완전히 우리 평민과는 담을 싼 그런 별세계에서 살고 있습니다. 지금 근로자들의 피와 땀으로 이루어진 이 거대한 부를 가지고도 부족해서 이 사람들은 은행을 송두리채 농락하고 있고 또 중소기업이 벌어먹고 있는 양복장사, 와이셔츠장사, 심지어는 빵장사, 콩나물 공장, 두부공장까지 손을 대고 있습니다. 이 재벌들은 권력과 유착하여 못하는 짓이 없습니다. 근로자들은 이와 같은 재벌들과의 간격을 메우기 위해서는 투쟁해서 자기의 고유권리를 찾지 않으면 안 됩니다.

얼마 전 우리 민한당 당사에 대우 어패럴 공장의 근로자들과 함께 장시간동안 대화를 나누었습니다. 그런데 이 근로자들의 요구 조건 중에 하나가 하루에 임금 백원만 올려 달라는 것입니다.

214

백원, 토큰 하나 값도 안 되는 백원, 한달을 모아봐야 3천원에 불과한 이 돈, 이 3천원에 이 근로자들이 목을 맵니다. 이 근로자들은 오늘날과 같은 불공평한 재벌들과의 소득분배를 시정하기 위해서 하나로 뭉쳐서 싸우지 않으면 안 됩니다. 근로자들은 노동 3권을 회복해야 됩니다. 노동 3권을 보장 받아야 합니다. 노동 조합을 결성할 수 있는 권리, 쟁의를 할 수 있는 권리, 또 파업을 할 수 있는 권리를 쟁취하지 않으면 안 됩니다. 또 이 근로자들이 노동 3권을 보장받기 위해서는 정치의 뒷받침을 받아야 합니다. 야당의 뒷받침을 받아야 합니다. 그렇기 때문에 이 사람이 이런 연단에서 아무쪼록 우리 야당을 많이 당선시켜 주고 민정당에게 표를 주지 말아라 하고 호소하는 것도 바로 이와 같은 근로자들의 권익, 서민의 권리를 보장하고 행사하고 투쟁하기 위한 것입니다.

여러분! 우리는 한이 많습니다. 한이 많은 사람입니다. 과거 5천년동안 우리나라는 외적이 침범한 것이 수천번에 이릅니다. 그러나 우리 민족끼리 서로 피를 흘린 그런 역사라는 것은 근자에 와서 크게 두번 있었습니다. 그 한번이 6·25요, 또 하나가 우리가 잊을 수 없는 한스러운 광주사태입니다. 광주사태의 진상은 과연 누가 다 알고 있느냐. 무등산이 알고 있느냐, 월출산이 알고 있느냐, 영산강이 알고 있느냐, 이 광주사태를 통해서 과연 얼마나 죽었느냐, 광주사태에서 광주시민이 어떻게 죽어 갔느냐, 어린 여학생들, 연약한 부녀자들, 나이 많은 노인네들, 또 어머니의 뱃속에 든 아이들까지 총칼에 찔려 죽은 이런 사실을 지금 누가 그 전모를 알고 있느냐, 당시 외국신문에는 광주사태의 처참한 장면이 사진을 통해서, 기사를 통해서 났지만은 우리 국민은 지금 외국사람들이 알고 있는 10분의 1도, 100분의 1도 알지 못하고 있는 것입니다. 여러분!

여러분! 광주사태는 우리 민족의 비극이요, 광주사태는 우리가 도저히 잊을 수 없는 하나의 민족적인 대 사건입니다. 여러분! 우리는 하늘의 이름으로써, 땅의 이름으로써 이 광주사태의 진상을 반드시 밝혀야 합니다. 이 광주사태의 진상을 철저히 밝혀야 합니다. 이 광주사태의 주동자를 우리는 색출해 내야 합니다. 그리하여 이 주동자를 역사의 이름으로 심판대에 올려야 합니다.

여러분! 제가 광주사태를 이렇게 말하는 것은 과거사를 들춰내기 위한 것이 아닙니다. 광주사태가 해결되지 않고서는 우리나라의 모든 문제가 해결되지 않습니다. 우리들이 가슴 속에 품고 있는 응어리가 절대로 풀리지를 않습니다. 광주사태가 해결되지 않고서는 우리나라의 지역적인 감정이나 우리나라 국민의 화합도 절대로 이루어지지 않습니다. 광주사태가 해결돼야 한다는 것은 과거로 돌아가자는 것이 아니라 앞으로 전진하기 위한 새로운 출발을 위해서인 것입니다. 광주사태의 해결없이는 이 나라의 민주주의가 제대로 서지를 못하는 것입니다. 우리는 반드시 광주사태를 명명백백히 까발리고 그 주동자의 책임을, 그 책임자를 색출하여 역사의 심판대에 올림으로써 수많은 그 고혼들과 그 유족들에게 위로를 드려야 합니다. 이것이 우리의 의무입니다.

여러분! 우리가 광주사태에 대해서 철저한 규명을 위해서는 우리 국회에 야당의원이 많이 진출해야 합니다. 야당의원이 진출해서 이 민정당 정권 4년동안에 저질러진 모든 죄악을 다 까발려야 합니다. 그리고 그 힘을 토대로 해서 88년에 이 정권을 바꿔야 합니다. 이 정권을 바꾸지 않고는 이 나라의 민주주의는 소생이 되지 않습니다.

여러분! 이 조세형이는 과거 30년동안 역대 정권에 의해 많은 고초와 시련을 당했지만은 절대로 굽히지 않았습니다. 이 조세형이의 마음 속의 민주주의에 대한 신념과 정열은 절대로 굽히지

216

않을 것입니다.

　여러분! 우리는 새벽을 기다릴 것이 아니라 다 일어서서 새벽을 위해 찾아가야 합니다. 우리는 민주주의를 위해서 모든 모순을 척결하고 그 책임을 추궁하고 그리하여 새로운 새벽을 위해서 힘차게 전진합시다.

　여러분! 대단히 감사합니다.

● 국회의원 후보 연설문

남 재 희

- 서울대학교 법과대학 졸
- 서울신문사 주필
- 제10, 11, 12대 국회의원
- 노동부 장관

기호 2번 민주정의당의 남재희 후보입니다. 여러분께 인사 올리겠습니다. 기호추첨을 할 적에 우리 화곡 1동에 사시는 신한건설의 사장보고 대신 추첨해 달라 이랬더니 2번을 뽑았습니다.

그래서 아는 사람들에게 기호가 2번인데 어떠냐 하니까 아주 좋다고 그럽디다. 아주 잘 뽑았다고. 그래서 왜 잘 뽑았느냐고 물었더니 이거다 이겁니다. 이거 브이(V) 이게 바로 승리의 기호다 이겁니다. 승리. 그래서 추첨 잘 했구나 했는데 오늘도 강서 성모병원의 변상준 박사한테 연설순위 뽑아달라고 했더니 3번을 뽑았는데 아주 잘 뽑은 것 같습니다.

오늘이 네 번째 유세입니다. 네 번째 유세에서 저 어지간히 얻어 터졌습니다. 저는 여당후보 하나고 다섯 분이 야당후보니까 계속 정부 여당후보로서는 저 하나를 놓고서 모질게 두들겨 팹니다. 그래서 아프기는 합니다만은 역시 여당은 선거때는 얻어 맞아야 된다 이렇게 저는 생각합니다. 정부 여당이 선거때 얻어 맞아야만 정부 여당은 잘 되는겁니다. 선거때 야당의 후보들이 비판하는 것은 우리가 좋은 충고로 생각하고 또 좋은 참고자료로 생각하여 그것을 기초로 해서 우리가 반성할 것은 반성하고 고쳐나갈 것은 고쳐 나갈 적에 우리는 좋은 정치를 할 수 있게 되는 것입니다. 따라서 아프기는 아픕니다만은 이번에 보약을 많이 먹는 것으로 그렇게 생각을 하고 있습니다.

그런데 여러분들께서 여러가지로 궁금할 것입니다. 다섯 분의 후보가 많이 비판을 하는데 남재희 후보는 어떻게 생각하느냐 이렇게 궁금하실 겁니다. 그런데 저에게 주어진 시간은 30분입니다. 2시간 반 비판한 걸 단 몇분에 답변할 수가 없습니다. 참으로 안타까운 일입니다. 선거법이 그렇게 돼 있습니다. 여당은 30분 야당은 앞으로 2시간 30분, 그러니까 제가 가령 이번 올림픽에서 1위하여 금메달을 시원하게 따낸 하형주 선수만한 체력이 있더라도 감당할 수도 없고 반격할 수도 없는 일입니다.

요전에 정일고등학교에서 유세를 할 적에 야당의 후보 하나가 남재희 의원은 절대로 찍지 말라 이렇게 역설을 합니다. 아주 이름을 들먹이면서 남재희 후보는 절대로 찍지 말아라. 그거 왜 그러는가 하고 들어 봤더니 딸들이 데모 주동이 됐다. 그러니 찍지 말아라 어이가 없는 얘기입니다. 제가 아들복이 없어서 딸만 넷입니다. 딸만 넷인데 첫째딸이 서울대학교 국사학과 4학년이었는데 반체제운동을 해 가지고 구속이 돼 버렸습니다. 또 둘째딸이 고려대학교 경제학과 4학년이었는데 역시 반체제 학생운동으로 인해서 구속을 당하여 저는 여러가지 고민도 했고 진통도 겪었습니다.

그런데 야당후보가 남재희 후보는 딸이 둘씩이나 반체제로 구속이 되었으니까 남재희 의원은 찍어 주지 말라 이렇게 합니다. 나는 이렇게 봤어요. 명색이 야당운동을 하고 선명야당의 기수라는 사람이 어떻게 딸이 구속됐다고 해서 그 아버지를 찍어주지 말아라 하는 법이 어디 있습니까? 이해가 안 갑니다. 제가 야당의 비판을 좋은 충고로 받아들인다는 얘기도 역시 여당이 옹졸해서는 안 되겠다, 모든 국민의 비판적인 의견을 받아들여서 그것을 정책으로 해야 한다 하는 의미에서 좋은 충고로 받아들이는 것입니다. 민정당 안에서 당내 야당이 누구냐? 여러분들은 아실 것입니다. 모르시는 분은 아시는 국회의원한테 물어 보십시오. 민정당에서 당내 야당은 만장일치로 남재희 의원입니다. 왜 당내에서 야당하느냐? 역시 우리나라 정치가 잘 되려면 정권을 담당하고 있는 여당에서 일해야 되고 또 여당에서 무조건 추종할 것이 아니라 정당의 안에서 그 정당이 잘 돼 나가도록 끊임없이 비판을 하고 충고를 하고 또 방향을 잘 잡도록 노력을 해야 된다는 이런 측면에서 제가 명백하게 여러분들에게 말씀드렸습니다만 여당내에 올바른 소리꾼이 되겠다고 약속을 했고 지난 4년 동안 그렇게 어김없이 실천해 왔습니다. 또 다섯명의 야당후보가 얘기하는 걸 보면은 간혹 새빨간 거짓말도 섞여 있습니다. 요전에 몇몇 유세장에서 뭐가 새빨간 거짓말이냐 하는 것을 내가 얘기를 했습니다만은 또 침소봉대하여 엄청나게 많습니다. 제가 일일이 반박은 하지 않겠습니다.

제가 상당히 훌륭하다고 느낀 이 무소속의 우철남 후보 바로 지금 연설했죠? 제가 보기에는 장래가 촉망되는 대단히 유능한 후보 같습니다. 그런데 그 분도 본의 아니게 거짓말을 하고 있어요. 본의 아닌 줄 압니다. 왜 신월동에 하천 고수로, 저수로 하지요. 23억을 들여서 금년에 복개를 합니다. 예산이 책정이 됐고 기공식을 했습니다. 금년에 23억을 들여서 신월1동을 중심으로 해서 고수로, 저수로 복개를 하고 내년에 들어서 4동 2동도 하고 1동 4동도 다해 나갑니다. 금년에 23억이 책정이 돼서 공사 기공식을 한 것을 우철남 후보는 몰랐던 모양입니다.

그렇게 본의 아니게 거짓말을 하게 됩니다. 제가 일일이 해명을 하지 않겠습니다. 여기 우리 어머님들 많이 나오셨는데 제가 한가지 이야기하겠습니다. 부엌에서 밥을 짓고 또 어른들에게 또 집식구들에게 밥상을 차려주고 하는 주부는 가끔 그릇도 깹니다.

또 국물도 엎지릅니다. 그런데 일체 부엌일을 않고 물만 톡톡 튕기고 있는 마나님은 그릇 깨는 일이 없습니다. 아무 것도 안 하니까, 그런 이치입니다. 역시 여당은 이 나라 국정을 책임지고 정치를 이끌어 나가고 행정을 주도해 나가기 때문에 마치 부엌일을 하고 설겆이를 하는 어머님들이 그릇을 깨듯 가끔 그릇을 깼습니다. 그것 잘못됐습니다. 그것 잘했다는 얘기 아닙니다. 그릇 안 깼으면 얼마나 좋겠습니까? 그 점을 이해해 주시기를 부탁말씀 드립니다.

그러나 우리가 문제를 그렇게 잘게만 봐서는 안 됩니다. 크게 봐야 합니다. 어떻게 크게 보느냐, 역시 우리나라에서 중요한 것은 정국의 안정입니다. 우리 당은 지난 4년 동안 정국의 안정을 이루었습니다. 10·26사태 후에 정국이 불안했을 때 사업하는 사람들이 투자를 안 했습니다. 투자를 안 하니까 어떻게 됩니까? 경제성장이 마이너스입니다. 경제가 줄어 들었습니다. 우리나라가 매년 대구 인구 만큼 80만이라는 인구가 늘어나니까 80만이라는 인구한테 어디 취직자리 줘야 합니다. 취직자리를 줘야 하는데 정국이 불안하면 기업가들이 투자를 안 합니다. 따라서 취직자리가 줄어듭니다. 경제는 줄어듭니다. 생활은 어렵습니다. 실업자는 많이 늘어납니다. 그와 같이 정치의 안정이라는 것은 중요한 것입니다.

또 아까 외채 얘기 많이 나왔습니다. 저도 외채가 많다는 것을 당내에서 경계하고 비판하는 사람입니다. 그렇습니다만은 가난한 나라에서 그렇게 많은 인구증가, 취직자리를 만들어야 되겠는데 우리가 은행에서 융자받는 거와 마찬가지입니다. 사업을 하는 사람이 융자받으년 안 된나, 그래 가지고 융자한푼도 안 받고 사업을 할려면 어렵습니다. 융자를 5억이 됐던 10억이 됐던 융자를 받아다가 사업을 키워야 합니다. 그렇게 해서 이자를 갚고 돈이

남으면 되는 겁니다. 그래야 경제가 크고 우리 젊은이들에게 취직자리를 마련해 주고 실업문제를 해결하고 우리가 잘 살 수 있는 국가를 형성하는 겁니다. 그런데 그런 얘기는 한마디도 얘기 않고 차관만 나쁘다 이렇게 얘기하면 우리는 옛날에 농경시대 농사나 짓고 하는 시대로 되돌아 가자는 겁니까? 우리가 무슨 돈으로 경제건설 합니까? 은행에서 융자 받았습니다.

우리 신용입니다. 융자를 줬습니다. 그런 겁니다. 또 우리 당이 잘한 것은 해방 이후 처음으로 물가안정을 이루었다는 겁니다. 아까 어느 후보는 그렇지 않다 이렇게 얘기합니다만은 우리가 해방 후 처음으로 한 자리수의 물가안정을 이루었다는 것은 말이 쉽지, 대단한 업적입니다. 왜 대단한 업적이냐? 가령 물가가 20% 올라갔다고 합시다.

그렇다면 월급 20만원 받던 사람이 물가가 20% 오를 때는 4만원은 쥐도 새도 모르게 몽땅 도둑질당하는 겁니다. 그래서 물가 오름세를 우리는 대중 수탈적이다 이렇게 합니다. 대중의 주머니에서 살짝 도둑질해 가는 것이 인플레인 것입니다. 그 인플레를 막고 한 자리수의 물가안정을 해방 후 처음으로 이룩했다는 것은 우리 당의 크나 큰 업적이 아닐 수 없고 여러분들도 그 점은 반드시 시인하고 그 다음에 비판해야 할 것으로 그렇게 생각하는 것입니다. 어떻습니까? 그 다음 야측에서는 마치 민주주의가 자기네들의 전매특허인 것처럼 생각합니다. 민주주의하면 자기네 것이고 민정당은 민주주의와 관계 없다 이렇게 생각하는데, 그렇지 않습니다. 우리는 해방 후 우리 헌정사를 반성해 본 결과 왜 우리나라 민주주의가 잘 안 됐느냐 그 원인은 1인의 장기집권에 있었다고 결론을 내렸습니다. 그래서 한 사람이 절대로 장기집권을 해서 안 되겠다고 하는 결론을 갖고 대통령의 7년 단임제를 결정했고 우리는 7년 단임제를 반드시 관철할 것입니다. 대통령 임기 벌써 4년이 지났습니다. 앞으로 3년밖에는 남지 않았습니다. 3년 후 전두환 대통령 각하께서 후계자에게 정권을 넘겨주고 야인으로 돌아갈 적에 우리는 해방 후 처음으로 평화적인 정권교체를 경험하는 것이고 우리의 민주주의는 큰 발자욱을 내딛는 것입니다. 또 우리는 87년도부터 지방자치제를 실시하기로 했습니다. 지방의회를 구성한다는 것은 민주주의의 뿌리를 튼튼하게 하는 것입니다. 그 밖에 여러가지가 있습니다만 우리는 민주주의의 토착화를 위해서 무던히 애를 쓰고 있습니다.

그런데 야당에 있는 사람들 성질이 급합니다. 시골에서 강서구에도 농촌이 있습니다만 벼가 잘 안 자라니까 어떤 농부가 벼모가지를 싹 뽑았습니다. 싹 뽑으니까 벼모가지가 약 20cm 커졌습니다. 그 다음날 가보니까 그 벼가 시들었습니다. 결국 그 벼는 민주주의가 급하다고 해서 마치 벼 모가지를 뽑듯이 뽑다가는 어떻게 됩니까? 우리는 4·19의 경험이 있습니다. 4·19후에 말끝마다 전부 민주주의, 민주주의 하다가 밤낮 데모만 하고 심지어는 공무원까지 데모를 하고 전국민이 데모만 합니다. 민주주의, 민주주의 하다가 결국 정국은 불안해지고 경제는 침체되고 민주주의 민주주의 너무 성급하게 벼모가지 뽑듯하다가 우리는 민주주의의 후퇴만을 맛본 것입니다. 우리는 절대로 그러한 어리석음을 되풀이해서는 안 됩니다. 벼모가지를 뽑듯 성급하게 굴어서는 안 됩니다. 다시 4·19와 같은 혼란을 겪어서는 이 나라가 선진국이 되는 것이 아니라 다시 후진국으로 후퇴하게 될 것입니다.

우리는 절대로 그와 같은 과오를 범해서는 안 된다는 것을 여러분께 호소하는 것입니다. 할 얘기는 많습니다만 다음은 강서구의 문제로 돌리겠습니다. 제가 오늘 신월국민학교에서 연설을 하게되니까 감개가 무량합니다. 11대 국회 4년 동안 문교공보위원회에서 교육문제를 다뤘습니다. 그런데 문교부에다 전국에 교육시설 자료를 내라해서 봤더니 이 신월국민학교가 전국에서 금메달입니다. 어떻게 금메달이냐, 전국에서 제일 콩나물이다 이겁니다. 한 학급에 학생이 95명이 넘었어요. 4년 전에 전국 1등 콩나물 교실이 바로 강서구의 신월국민학교였습니다. 비참합니다. 비참해요. 또 금메달 하나 있습니다.

내일 모레 유세를 갖게 될 신정국민학교가 전국 1등의 금메달입니다. 무슨 금메달이냐, 한 학교에 학급수가 너무 많아서 교장 선생님이나 교감 선생님 회의를 할 수가 없어. 이거 과대학교라고 합니다. 과대학교로서 신정국민학교가 전국의 금메달, 콩나물교실의 신월국민학교가 전국의 금메달, 강서구가 제일 비참했습니다.

그래서 4년전까지만 하더라도 강서구에 이사 와서 조금 돈이나 번 사람들은 전부 강남이나 다른 데로 이사를 갔습니다. 왜 이사를 갔느냐, 가는 건 좋은데 교통도 좋고 공기도 좋은데 학교가 나쁘다 그거야. 그래서 문교정책을 다루는 문교공보위원회에서 무던히 노력을 했습니다. 그 결과 유사이래 1980년까지 강서구에 생긴 학교가 26개인데 지난 4년 동안에 학교가 갑절이 되었습니다. 26개의 학교밖에 없었는데 다시 25개가 더 생겼습니다. 갑절이 됐습니다. 그래서 신월국민학교, 월성국민학교, 신원국민학교, 학교를 세 학교로 갈랐습니다.

그래서 불명예스러운 금메달 반납했습니다. 또 신정국민학교도 옆에다 신곡국민학교를 다시 세워서 학생을 둘로 갈랐습니다. 그렇게 해 가지고 이제 강서구에 교육시설은 어느 지방에 못지 않는 그러한 수준으로 된 것입니다. 말이 그렇지 4년 동안에 학교가 두 배로 늘어난다는 것은 기적입니다. 강서구의 기적입니다. 유사이래 강서구에 26개 학교밖에 없었는데 4년동안에 25개가 늘었습니다. 거기다 등촌동에다 큼직한 시립도서관 하나 끌어다

났습니다. 제가 끌어다 놨습니다.

그렇게 해 가지고 지난 4년 동안에 강서구에 교육시설을 획기적으로 개혁을 했습니다. 그렇다고 문제가 끝난 것 아닙니다. 문제가 또 있습니다. 뭐냐, 강서구 학교들의 시설은 이제 어지간히 됐는데 수준이 좀 모자랍니다. 우리의 강서구 아들 딸들이 좋은 대학에 진학을 많이 해야겠습니다. 진학을 많이 할려면 우리 강서구 학교들의 수준, 그 질을 높여야겠습니다. 앞으로의 과제는 이제 시설은 웬만큼 됐으니까 그 수준을 높여 가지고 우리 강서구의 아들 딸들을 서울대학이라든지 기타 좋은 대학에 많이 진학할 수 있도록 하는 것이 제 앞으로 과업이고 여러분들께서 적극 밀어주신다면 앞으로 그런 과업을 꼭 실천하도록 약속을 드리는 것입니다. 그 다음 많은 사람들이 강서구에 왜 지하철이 안 되느냐 그렇게 묻습니다. 지하철 얘기, 당초에 발표가 됐을 때에 강서구에 7호선이 들어온다, 이렇게 됐습니다.

그래서 저도 올림픽 전까지는 되겠지, 이렇게 생각을 했었습니다. 7호선은 신정동으로 들어와서 화곡동을 지나서 가양동으로 해서 방화동으로 해서 공항으로 들어갑니다. 그게 7호선입니다. 또 먼 장래에는 9호선까지도 지금 계획선이 그어져 있습니다. 그런데 작년서부터는 불안해지기 시작했습니다. 그래서 경제기획원 당국과 서울시 당국에게 제가 계속 알아 봤더니 과연 문제가 있다 이런 얘기입니다. 무슨 문제냐, 금년에 완공되는 지하철 3,4호선이 돈을 얼마나 잡아 먹었느냐 놀라운 액수입니다. 1조4천8백억원입니다. 1조5천억이라는 돈이 듭니다. 그 중에 7할 5부 가까이가 빚입니다. 차관, 은행융자 그러니 이자 갚는 게 서울시가 금년에 얼마를 부담하느냐, 4천억 가까운 돈을 물어내야 합니다. 그렇게 되니까 서울시가 빚더미 위에서 겁이 났습니다.

경제기획원도 겁이 났습니다. 그래서 금년 3,4호선이 완공되고 올림픽 전에 우리 강서구에 전철이 들어가는 것을 보겠는데 서울시와 경제기획원이 하두 겁을 집어먹고 있기 때문에 이거 큰일났습니다. 그래서 이 문제 해결에는 우리 강서구 70만 유권자들이 힘을 모아서 노력을 해야 되고 제가 거기에 앞장을 선다는 것을, 그래서 기어코 올림픽 전에 강서구에 7호선 전철이 달릴 수 있도록 그렇게 노력하겠다는 것을 여러분께 약속을 드리는 것입니다. 이렇게 얘기하다 보니까 제가 공약으로 실천한 화곡터널 개통한 얘기 11대 때 제가 약속했습니다. 약속하고 지켰습니다. 또 그 앞에 고가도로해서 100억 가까운 돈을 들여서 아주 화곡동 일대 앓던 이 같은 것을 제가 싹 뺐습니다. 저도 시원합니다. 여기 있는 여러분들도 터널이 관통돼 가지고 앓던 이 빠진 것처럼 시원하실 겁니다. 그렇죠? 또 그런 얘기, 저런 얘기 드릴 말씀이 많이 있습니다마는 벌써 5분밖에 안 남았다고 종을 치고 있습니다. 그래서 마지막 이야기를 매듭지을까 이렇게 생각합니다. 요즈음 전국적으로 히트를 하고 있는 유행가가 하나 있습니다. 아마 다 아실 겁니다. 특히 젊은 사람들 다 아실 겁니다. 그게 뭐죠? J가 누구냐 재희입니다. J 제가 재희입니다. 그 음악가들이 저를 도와주려고 'J에게'를 만들었습니다. 그건 농담입니다. 여하튼 전국 방방곡곡에서 J가 좋다는 겁니다.

그런데 문제가 있어요. 무슨 문제냐, 몇몇 후보가 살살 돌아다니면서 남재희 의원이야 요번 틀림없이 당선이다. 그러니 나좀 찍어 달라 이렇게 합니다. 또 남재희 의원이야 금메달 맡아놨는데 나도 은메달로 좀 국회에 들어가게 해달라, 이렇게 하고 다닙니다. 사실입니다. 그게 큰일입니다. 그렇게 되면 남재희 의원은 꽝입니다. 나올 게 없어요. 왜? 표는 하나입니다. 대통령이나 여기에 계신 모든 분이나 저나 표는 한표인데 그 남재희 의원은 틀림없이 될 수 있다. 남재희 의원은 금메달이 될 테니까 나좀 찍어달라 할 때 표가 둘이면 얼마나 좋겠습니까? 남재희 후보도 하나 찍어 줘 학교문제, 지하철 문제, 여러가지 우리 강서구에 쌓이고 쌓였는데 시원하게 해결하도록 화끈하게 찍어주고 적당히 골라서 당신 하나 가져라 하면 참 저도 마음이 좋겠습니다. 저도 기분이 좋겠어요. 서로 아옹다옹 싸울 필요도 없이 그런데 표가 딱 하나라는 것입니다.

물론 여기에 오신 분들께서는 그런 일이 절대로 없겠습니다만 우리의 표를 사표로 만들지 맙시다. 사표를 찍어 봤자 아무 소용이 없습니다. 여러분들께서 일을 하는 일꾼에게 표를 몰아주실 것으로 저는 믿습니다. 여러분! 제가 10대때 하고 이번 11대때 4년 하고 해서 이제 중머슴으로 된 것 같습니다. 이번에 여러분들이 압도적으로 찍어 주신다면 틀림없이 상머슴이 될 것입니다. 여러분! 이왕 키워주신 남재희를 상머슴으로 만들어서 한번 큰일을 시켜 주십시오. 어떻습니까? 그런데 당선이 돼서 턱걸이로 당선되면 아무것도 못해요. 4년 전에 용산·마포의 봉두완의원 전국 최고표를 땄습니다.

그러니까 이 사람 아주 당당해요. 당에 와서도 당당하고 대통령 각하 앞에 가서도 당당하고 아무튼 여러분의 성원 기대합니다. 압도적인 당선으로 저도 당당하게 큰일을 할 수 있도록 뜨거운 지지를 부탁드립니다. 여러분의 남재희, J에게 몰표를 주십시오. 감사합니다.

● 국회의원 후보 연설문

김 영 배

- 고려대 경영대학원 수료
- 제10, 12, 13, 14대 국회의원
- 신민당 강서지구당 위원장
- 민주당 최고위원

  강서구민 여러분! 저는 신한민주당 약칭 신민당 공천후보 김영배입니다. 기호 5번 손가락도 다섯, 발가락도 다섯 우리나라 무궁화 꽃잎도 다섯잎입니다. 그래서 5번입니다.

  존경하는 유권자 여러분! 저는 먼저 여러분들께 감사드릴 게 있습니다. 지금부터 6년전 저는 10대 국회의원 선거때의 신민당 복수공천으로 여기 앉아 계시는 고병현 동지와 이 김영배가 같이 입후보 했었습니다. 저는 여러분들에게 그때 호소했습니다. 신민당후보 두사람을 모두 뽑아 주시요 하고 호소했습니다만은 그때 고병현 동지는 당선되지 못하고 이 김영배만 당선이 됐었습니다. 지금도 고병현 동지와 이 사람이 같이 입후보하고 있습니다.

  여러분! 부탁합니다. 우리 두 사람 다 뽑아 주시요. 저는 여러분들의 그 열렬한 지지로서 10대 국회에 들어갔었습니다만 1년 반만에 군사쿠데타로 국회가 해산됨으로 해서 이 사람은 국회의원직을 박탈당했습니다. 그냥 놔뒀더라면 저의 임기는 아직도 금년 3월 12일까지 저는 국회의원입니다. 이 점을 이해하여 주시기 바라는 것이며 1년 반밖에 못했기 때문에 여러분들께 보답할 기회를 갖지 못했다는 것을 지금도 유감스럽게 생각합니다. 여러분들에게 이 자리를 빌어 먼저 제가 광고로 말씀드릴 게 있습니다.

  존경하는 강서구민 여러분! 우리는 기억합니다. 김대중 선생,

이 나라의 민주주의를 위해서 박정권 아래서 탄압을 받고 죽을 고비를 넘기고 이 민정당 정권으로부터 박해를 받고 있습니다. 지금은 미국에서 뜻하지 않게 생활하고 계십니다만은 며칠 남지 않았습니다. 2월 8일 11시 김포공항에 도착하겠다는 것을 여러분한테 광고해 드립니다. 우리는 다같이 김대중 선생이 무사하게 귀국하시기를 비는 것이며 우리 다같이 김대중 선생의 귀국을 환영해 주시기 바랍니다. 모당에서는 마치 김대중 선생과 관련이 있는 척 얘기합니다만 "김대중 선생 귀국환영위원회" 이것은 우리 신민당만이 갖추고 있는 것이며 타당에서는 오히려 김대중 선생이 귀국 안하기를 바라고 있다는 사실을 여러분께서는 아셔야 합니다.

여러분! 우리 신민당은 김대중 선생, 김영삼 선생 이 두분의 지도노선을 받들어서 민추협, 재야 민주인사 모든 동지들이 모여서 만든 정당이기 때문에 우리는 김대중 선생의 귀국을 환영하고 있는 것입니다. 우리 신민당 신민주전선 호외에는 김대중 선생의 귀국을 환영하고 있습니다.

존경하는 유권자 여러분! 저는 아까도 말씀 드렸습니다만 5·17군사 쿠데타로 인해서 저의 국회 임기가 끝나기도 전에 국회의원직을 박탈당했으며 여러분들에게 보답할 기회를 갖지 못했습니다. 양심적인 정치인을 많이 묶어뒀는데 강서구에서는 유일하게 이 김영배 한 사람만 묶었습니다. 정치인이라고 하는 것은 자연인 그 한 사람의 문제가 아닙니다. 그렇기 때문에 이 김영배의 정치활동을 금지시켰다고 하는 것은 바로 여러분의 입을 묶은 것이지요. 바로 여러분의 손발을 묶은 것이다 하는 것을 여러분께서는 아셔야 합니다. 제가 정치활동 금지를 당하고 11대 국회에 입후보를 못하고 집에 있을 때에 정치적으로 한 발짝도 나갈 수가 없어 어떠한 법적 근거에서가 아니라 근거가 없이 연금을 시켜 버려 지금도 신민당 총재 김영삼 선생 한 사람을 막아 놓기 위해서 기동경찰 250명을 배치해 놓고 있다는 것을 여러분께서는 어떻게 생각하십니까? 이게 어디 민주국가냐 이 말요.

나는 이 자리를 빌어서 같이 기억해 둘 일이 하나 있습니다. 1980년 5월 18일, 광주에서는 무수한 인명피해를 입었습니다. 도대체 어떻게 해서 무참하게도 그렇게 많이 희생당했느냐, 이것을 우리가 생각할 때에 지금도 가슴이 미어지는 것입니다. 저는 이 자리를 빌어서 무참하게 희생당한 그 영령들에게 진심으로 위로를 드립니다.

존경하는 강서구민 여러분! 우리는 알아야 합니다. 광주에서 희생당한 인원이 몇명이며 행방불명된 사람이 몇명이며 지금도 시체를 찾지 못하고 있는 것이 몇명이냐 하는 것을 밝혀 주시기 바랍니다.

여러분! 이 민정당 정권이 출발한지 4년, 우리 귀여운 자식들, 학생들이 수없이 희생됐습니다. 이 학생들은 학교로부터 제적을 당하고 징역을 가고 강제로 군대에 끌려가고 군대에 가서 병무를 제대로 마치지 못하고 행방불명이 되었는가 하면 싸늘한 시체로 돌아오기도 했습니다. 왜 이렇게 되느냐 이 말요. 우리는 학생들 데모 없기를 바랍니다. 데모 없는 사회에서 살기를 바랍니다. 그렇지만 학생들은 데모를 합니다. 정부에서는 말합니다. 학생들은 공부를 해야지, 왜 정치문제를 들고 나오느냐 이렇게 말합니다. 말이야 옳지요.

여러분! 지난 4년동안 정치군인들이 자기의 정권을 유지하기 위해서 모든 정당, 모든 국회의원들을 오더에 의해서 처리했다는 것을 우리는 너무도 잘 알아. 그렇기 때문에 정당은 있었지만 정치는 없었으며 국회는 있었지만 국민의 대표기관은 없었다 이 말이요. 또 국회의원은 있었지만 진정한 민의의 대변자가 없었다고 하는 것을 우리는 잘 압니다.

여러분! 그렇기 때문에 정치문제는 정치인들이 비판하고 반대하고 투쟁해 줘야 할 텐데 정치인들이 이것을 안 해. 학생들이 볼 때는 믿을 사람들이 아무도 없다는 거야. 그러니까 조국의 민주주의가 땅에 묻힐진대 공부해서 무얼 하느냐, 그래서 학생들이 데모하러 나온다는 사실을 아셔야 합니다. 여러분!

뿐만 아니라 다른 이유가 또 하나 있습니다. 여러분들 오시다가 보셨을는지 모르겠습니다. 제자리 놓기 운동하자고 프랑카드 써붙였습니다. 어디서 써 붙였느냐고 물어 보니까 구청에서 써 붙였대. 그 구청장 똑똑한 사람이야. 물건을 제자리 놓기 운동하자 이 말이예요. 책같은 것은 책꽂이에 꽂혀져야 하고, 주전자 컵 같은 것은 쟁반위에 있어야 하고 이렇게 물건이 제자리에 있어야 한다 해서 제자리 놓기 운동을 하자 하는 이야기입니다. 나는 이야기합니다. 물건만 제자리 놓기 운동을 할 게 아니라 사람도 제자리 놓기 운동을 해야 한다고, 그래서 나는 말합니다. 군인은 군대로 돌아가서 국방에 전념해야 될 것이고 정치인은 정계로 돌아가서 정치에 전념해야 될 것이고 교수는 학원에 돌아가서 학생을 가르치는데 전념한다고 하면 학생들은 교실에 돌아가서 공부에 전념하게 될 것이라는 것을 나는 확실히 알고 있습니다 여러분!

존경하는 유권자 여러분! 지금 우리나라 외채가 얼마입니까? 민정당정권 들어선지 4년동안에 총 외채가 500억 달러에 달하고 있습니다. 박정희 정권 18년에 외채가 180억 달러에 달했습니다. 180억 달러라고 하는 거액, 이것도 우리 야당에서는 너무 많이 졌다고 규탄해 왔습니다. 그런데 민정당 정권 4년만에 300억 달러의 빚을 졌다 이 말이요. 18년 동인에 180억 딜러도 많았는데 4년만에 300억 달러라고 하는 것은 너무나 엄청난 얘기입니다. 도합 합쳐서 500억 달러가 되는데 이것은 우리나라 돈으로 환산한다고 하면 국민 1인당 100만원씩 빚을 진 것입니다. 그래서 요즘 산부인과에서는 산모들이 어린애를 낳는데 아주 힘을 들인대요. 왜 힘이 드느냐. 어린 아이들이 뱃속에서 떨어지기만 하면 100만원 짜리 빚쟁이가 되니까 뱃속에서 안 나올려고 그런대요.

여러분! 재벌들 어떻게 지냅니까? 우리나라는 박정권 때부터 재벌들만 잘 사는 정책을 쓰고 있어. 우리 서민 대중은 살기가 어렵습니다. 양심적으로 아무리 벌어도 먹고 살고 교육시키고 잡비쓰고 돈이 남아 날 날이 없습니다. 그래서 나는 서민 대중을 위한 경제체제로 돌려야 한다고 주장합니다. 재벌들이 권력과 결탁해서 돈 벌어가지고 우리 국민 대중을 위해서 이 사회로 환원시켜야 될 터인데 하는 게 뭐 있느냐 이 말이요. 제 자식들은 다 미국에 가서 팔레비왕 비슷한 호화판 생활을 하면서 이중 국적을 가지고 있어요. 미국 국적을 다 가지고 있습니다. 재벌들, 권력을 가지고 있는 사람들 거의 50% 이상이 미국 국적을 가지고 있으면서 무슨 일만 일어나면 비행기 타고 미국 가서 살겠다는 속셈입니다.

여러분! 이 땅에서 난리가 났다고 할 때 권력 있고 돈 많은 사람들은 비행기 타고 미국으로 도망가고 결국 이 나라를 지켜야 된다고 하는 것은 우리 서민들이라는 것을 아셔야 합니다. 여러분!

그리고 또 한가지는 사람이 살려면 최소한의 생계비 16만원은 가져야 되는데 10만원 미만 봉급 생활자가 아직 30만명이예요. 10만원 미만 월급가지고 사람이 어떻게 삽니까? 20만원 미만의 봉급을 받는 사람이 총 근로자의 60%에 달한다고 하는 것을 여러분들은 아십니까? 왜 이렇게 하느냐, 임금을 싸게 줘야 생산원가가 덜 먹어. 그러니까 재벌들에게 이익을 많이 남게 하기 위해서 봉급을 적게 주는 거다 이 말입니다. 나는 주장합니다. 이 나라는 반드시 최저 임금제를 법률적으로 정해서 우리 서민들이 먹고 살 수 있는 임금을 보상해 줘야 한다는 것을 강력히 요구합니다!

지금 시간이 거의 다 돼서 간단히 말씀 드리겠습니다. 우리는 국민의 주인으로서, 나라의 주인으로서 중요한 권리 하나를 박탈당하고 있습니다. 그것은 우리가 정권을 선택할 수 있는 이 자유를 빼앗기고 있습니다. 다시 말해서 이 말은 무슨 말이냐 하면은 우리는 대통령을 직접 뽑을 수 있는 권리를 박탈당하고 있다 이겁니다. 과거에 박정희 시대에 통대의원을 통해서 한 사람이 출마하고 자기가 대통령 돼 버렸어. 이번에도 이름만 바꾸었지 다를 게 없다는 거야. 선거인단이라고 하는 것을 뽑아 가지고 마음대로 해 버렸어. 우리 국민은 구경꾼에 지나지 않습니다.

여러분! 우리는 투쟁합시다. 우리는 다같이 투쟁합시다! 대통령을 우리가 직접 뽑도록 개헌할 것을 공동 참여합시다!

나는 이 자리를 빌어서 우리 야당이 통합돼야 한다는 것을 강력히 주장합니다! 우리 야당이 이렇게 되는 것도 정보정치로부터 오는 하나의 소산물이라고 하는 것을 여러분께서는 아셔야 합니다. 나는 이번에 당선될 것을 확신합니다. 당선된 다음에 야당 통합하는데 저는 반드시 앞장 설 것입니다 여러분!

저는 김대중, 김영삼 두 분을 정신적인 지주로 하고 있는 신한민주당을 정점으로 해서 야당은 흡수 통합돼야 한다는 것을 나는 여러분께 말씀드립니다. 그 다음에 선거를 가장 추운 때를 골라서 하는 정부는 이 민정당 정부 하나일꺼야. 왜 이렇게 추운 때 하느냐, 추울 때 하면 청중이 많이 모이지 않고 투표에 기권하는 사람이 많기 때문입니다.

여러분! 기권하게 되면 어떻게 되는지 아십니까? 여러분들이 기권하게 되면 표는 안 찍었는데 이것이 도깨비 장난이 되어 가지고 엉뚱한 표가 돼 버린다 이 말입니다. 나는 주장합니다! 다른 분 한테도 전부 연락하시요. 이번 선거는 절대 기권하지 말라고 하실 것을 부탁합니다.

여러분! 지금 민정당에서는 통반장 집을 통해서 행정선거를 할려고 그런다 이 말이요. 반상회 나오라고 해서 나가 보면 민정당 후보 지지하라는 거야. 이런 빌어먹을 놈의 선거가 있어? 공명선거 하자 해놓고 아주 부정선거를 대놓고 하자 이 말인 모양이야. 여러분! 나는 동장님들, 통장님들, 반장님들한테 호소합니다! 여러분들이 민정당 사주에 의해서 부정선거에 앞장 선다고 하면은 대한민국의 민주주의는 사장될 것이요. 멀지 않아서 우리 대한민국은 망하게 된다고 하는 것을 아셔야 합니다 여러분! 우리가 억압정치, 강압정치, 무단정치 밑에서 살라니까 그런 저런 협조하는 체는 해야 되겠지요. 하지만 우리는 양심이 있는 거야. 우리가 살고 있는 이 나라, 이 대한민국의 민주주의를 위해서는 양심을 지켜 주시기 바랍니다. 이것이 우리가 사는 나라를 살리는 길이요. 바로 내 자신을 살리는 길이다 하는 것을 아셔야 합니다.

또 한가지 말씀드릴 게 있습니다. 지금 강서구에서 신한민주당 김영배의 인기가 올라간다 하니까 무슨 장난질을 치느냐, 여러분들 잘 들으시요. 타당 운동원이 말하기를, 몇월 몇일날 김영배가 나와서 식사대접을 할 테니까 사람들 좀 모아 주시요. 아, 그러니까 사람 모았지요. 김영배는 나타날 리가 있어? 안 나타나지. 그러니까 김영배 욕만 즉사하게 먹이는 거야. 또 온천을 보내준다니까 사람좀 모아 주시요 해서 한 50명 모아 놨다 이 말요. 김영배가 그렇게 부탁 안 했는데 김영배가 나타날 리 있느냐 이 말요. 그러니까 이 분들은 뭐라고 하느냐 김영배 나쁘다 이 말여. 온천 보내준다 해놓고 안 나타난다고. 이렇게 흑색선전을 하고 있어. 또 어떤 사람들은 말합니다. 편지함에다 자기 기호를 써 붙여가지고 부친다 이 말요. 이 김영배 기호는 5번야. 그런데 내 명함에다 자기 기호를 그려가지고 돌려. 김영배 기호를 자기에게 찍어 달라 이거지. 이렇게 별 장난 다 있어. 이 대한민국이 어디로 가고 어떻게 될라고 그러는지 모르겠어요.

여러분! 나는 다시 한번 부탁합니다. 모든 행정 부정선거를 중단할 것을 호소합니다. 물론 김영배가 무서우니까 그러리라 생각하지만 돈 쓰는 것 좋아. 얼마든지 쓰라 이 말야. 나는 여러분들한테 분명히 이야기합니다. 여러분들에게 많은 물건과 금품이 돌아가고 있어. 그것은 김영배를 잡기 위해서 그런 것이기 때문에 돈 나오는 것은 민정당에서 나오지만 주는 것은 김영배가 주는 것으로 알아야 된다 이 말이요. 안 그래요? 끝으로 인사를 마치고 들어갈까 합니다. 저는 분명히 얘기해서 민정당 후보 민한당 후보를 상대로 해서 나온 게 아니라 이 군사정부와 싸우기 위해서 나온 거야. 그렇기 때문에 우리 신한민주당에게 많은 표를 주어서 일을 하게 해 주십시오.

여러분! 감사합니다.

● 국회의원 후보 연설문

김 기 배
- 상공부 상역국장
- 민정당 상공담당전문위원
- 한국수출산업공단 이사장
- 제12,13,14대 국회의원

유권자 여러분 안녕하십니까? 제가 민주정의당 공천을 받고 구로구의 일꾼이 되고자 입후보한 기호 2번 김기배입니다. 김기배가 원래 정치 초년생이라 후보님들, 정치 선배님들 다 말씀하도록 하고 김기배가 맨 마지막에 여러분께 말씀드리게 돼서 저로서는 예의를 갖췄다고 생각합니다만은 너무 오래 기다리는 것 같아서 김기배가 아주 죄송하다는 말씀을 먼저 드리겠습니다. 안녕하십니까? 여러분들을 이렇게 가까운 자리에서 만나 뵙고 속의 깊은 말씀을 여러분에게 드리게 된 것을 저는 무한한 영광으로 생각합니다.

그러나 먼저 말씀하신 세 선배님께서 김기배를 어떻게 두들겨 팼는지 김기배가 큰 죄나 졌나 하고 생각할지 모르지만은 우리 세 분 선배께서 김기배가 그 동안 일 많이 했다. 앞으로 더욱 더 잘해 달라 하고 얘기해 주는 격려의 말씀으로 알고 제가 말씀드릴까 합니다. 지난 11대 선거에서는 여러분께서 우리 민주정의당에 압도적으로 지지를 해 줘서 지난 번 구로구에서 제가 금메달을 받았습니다. 여러분을 위해서 국가와 민족을 위해서 국가와 조국이 선진국이 되기 위해서 우리는 밤낮을 가리지 않고 열심히 일했습니다. 지난 4년 동안 우리 민주정의당이 무엇을 했느냐, 여러분들이 잘 아시는 바와 마찬가지로 우리는 대통령의 단임제

236

를 이행함으로써 평화적 정권교체를 하겠다 하는 기틀을 마련했고 이러한 입법조치를 그 어느 정부가 과거에 했었습니까? 과거 국회를 보세요.

과거 국회를 보면 밤낮 극한 투쟁으로만 나와 가지고 툭하면 집에서 침구를 갖다가 국회에다 풀어 놓고 단식하고 이렇게 했습니다. 여러분들이 국회를 볼 적에 그야 말로 그런 것하라고 보냈습니까? 이런 것을 시정하기 위해서 우리 제5공화국은 대화정치를 구현했습니다. 화합정치를 열었다 이겁니다. 지난 4년 동안 보세요. 우리가 언제 극한투쟁을 한번이라도 있었느냐, 야당이 헐뜯고 여당이 단독으로 국회를 운영해 본 적이 있느냐, 이것만 보시더라도 지난 4년간 우리가 국회를 운영하면서도 야당과 어떻게 운영해 왔나 하는 것을 여러분들은 똑똑히 보셨을 것입니다.

과거 정권들이 불리하면 긴급조치다, 비상사태 선포다 하고 우리 국민을 깜짝깜짝 놀라게 했던 것을 여러분들은 기억하실 겁니다. 지난 4년 동안 우리는 어떠한 어려움이 있어도 한번도 비상선포를 한 적이 없었습니다. 여러분들은 기억하기조차 싫은 버마 아웅산사태 그 때 일부에서 어떤 긴급조치라도 해야 되지 않느냐 하는 그러한 얘기도 있었습니다만은 국민을 아끼는 우리 민주정의당은 그렇게 해서는 안 된다. 그렇게 해서 또 과거정권과 마찬가지로 국민들을 괴롭히는 결과가 되니까 국민을 위해서는 그런 식으로 하지 말고 우리가 슬기롭게 그러한 어려운 사건을 해결하는 것이 좋다 해서 얼마나 잘 해결을 했습니까? 이러한 점을 크게 우리 민주정의당을 칭찬해 주셔야 하는 거예요.

또한 그 어느 때보다도 우리 전두환 총재께서도 많은 나라를 순방하셔서 정상외교를 했습니다. 우리가 미국과 국교를 맺은 이래 현재와 같이 이렇게 돈독한 우의를 다진 적은 전혀 없었습니다. 또 4월 달에는 우리 대통령께서 미국을 방문했어요. 이제는 공산국가와의 여러가지 국교 정상화 문제, 특히 대중공 관계에 관한 논의를 하러 갔었습니다. 또 우리는 다짐하기 위해서 각국을 방문한 것을 여러분들은 아셔야 합니다. 과거 해방된 이후 한번도 일본 사람들에게 사과를 받아보지 못했어. 36년간 그 쓰라림을 당했으면서도 한번도 천황한테서 사과를 받아보지 못했어요.

그러나 여러분! 어떻습니까? 여러분도 보셨죠? 우리 대통령을 일본에 초청해서 천황이 과거 역사에 대해서 자기가 잘못했다 하고 사과를 한 적이 있습니까? 이것이 바로 대한민국의 국력이 신장된 것이 아니고 무엇이냐 이 말입니다. 이제는 중공 같은 데서 한국에 접근할려고 북한 사람들에게 자꾸 남침할 생각하지 말아라 하고 경고하면서 한국에 대해 자꾸 접근을 해요. 여러분도 보시지 않았습니까? 우리나라는 이제 세계 속의 한국으로 나날이 커가고 있어요. 뿐만 아니라 요즘 우리 정치 선배 세 분께서 여당을 헐뜯고 있는데 원래 선배님들은 후배들을 위해서 많은 희생을 하는 것이 우리의 예의가 아니겠습니까? 그런데 자꾸 김기배를 헐뜯고 나 찍어 달라고 하는 선배가 있다 이 말이요. 그런 선배를 보셨어요? 김기배가 대한민국 못 살 적에 247억불이 되도록 수출입국에 기여하는 바람에 김기배의 머리는 다 빠져 버렸지만은 이렇게 잘 살게 됐어요.

그러면 나는 젊었을 때 그렇게 못했는데 우리 김 후보가 잘 했으니 나는 떨어져도 좋으니 너는 꼭 당선이 되어야겠다 하는 말을 여러분들께 부탁을 드려야 할 게 아니냐 이거야. 내가 선배님들한테 뭐 좀 배울려고 했더니 그렇게 안 되네요. 그래서 다음 번에 후배가 나오면 그렇게 해 볼까 하고 생각을 합니다. 아울러 현명하신 여러분께서는 기호 2번 김기배를 많이 후원해 주시기를 부탁드립니다.

요즘 국민들에게 야당에서 여당놈은 찍어 줘서는 안 된다고 그럽니다. 여러분도 아시죠? 한 구에서 두 사람을 뽑는데 우리 민주정의당은 92개 선거구에서 한 명씩만 공천을 했던 것입니다. 김기배도 구로구에서 한명 나왔습니다. 그래서 여러분들이 김기배를 찍어 줘도 당연히 야당 한 사람은 당선이 됩니다. 그러니까 전부 다 돼도 92명입니다. 그러면 어떻게 차이가 나느냐, 전국구에서 차이가 납니다. 전국구를 왜 주느냐, 과거 야당에서 무식한 사람이 너무 많기 때문에 직능제를 보호하기 위해서 그런 제도가 있는 겁니다. 그렇게 하더라도 제1당 55% 밖에 차지를 안하는 겁니다. 이것은 안정의석을 확보하는데 최소한의 의석인 것입니다. 무엇이 어쨌다는 거냐 이 말여. 이것은 국민을 현혹시키는 겁니다.

여러분! 그렇지 않습니까? 정치는 국민들에게 똑똑히 가르쳐 줘야 된다 이 겁니다. 이제 선배님들은 이번 기회에 뒤에 계시고 김기배같이 앞으로 국가와 민족을 위해서 더욱 일할 수 있는 능력을 가진 사람이 나와야 합니다. 그래서 저는 여러분들께 부탁의 말씀을 드립니다. 또한 우리 후보님들께서 많은 일을 하셨습니다만은 정치인은 똑같이 책임을 질 줄 알아야 합니다. 남을 원망하고 남을 욕해서는 안 됩니다. 하늘도 탓하지 말고 사람도 탓하지 말라, 제가 못난 것은 모르고 남을 탓하지 말라 이 겁니다. 우리는 지난 4년 동안 열심히 일하는 가운데에서도 경제발전을 위해서 특히 노력을 했습니다. 여러분들이 아시는 바와 마찬가지로 우리는 매년 8%의 경제 성장을 해왔고 지금 3년째 계속해서 1% 내지 2%로 물가를 억제시키고 있습니다. 이 물가를 억제시키는 효과가 뭐냐, 여기 모이신 유권자 여러분께서도 서민 대중도 있을 것이고 또 보통 시민들도 있을 것입니다. 이런 분들에 대한 땀흘려 모은 돈의 가치를 정부가 그대로 유지해 준 것, 이게 얼마나 잘 한 것입니까? 우리는 돈의 가치가 자꾸 없어져서 인플레가 된다고 할 것 같으면 서민 대중과 봉급생활자만 어려운 생활을 하게 되는 결과를 낳기 때문에 우리 민주정의당은 앞장 서서 물가를 잡기 위해서 최선의 노력을 다했던 것입니다. 우리 가 경제성장을 하면서도 물가를 잡을 수 있었던 것은, 외국의 경 제학자들도 뭐라고 하는지 아십니까? 두마리의 토끼를 잡는 것처 럼 어려운 것이다 이겁니다. 이것을 대한민국이 해냈다 이겁니 다.

이것을 가지고 외국의 매스컴까지도 우리를 크게 격찬하고 있 는 것을 아셔야 합니다. 요즘 일부에서 외채 외채 합니다. 우리는 외채를 갖다가 술해 먹고 떡해 먹었습니까? 우리는 외국에서 돈 을 갖다가 공장짓고 기간산업을 육성하고 이렇게 함으로써 민족 자본도 없고 자원도 하나도 없는 나라에서 많은 인원을 고용시키 고 우리 물자를 만들어서 외화를 모으기 위해서 우리는 외화를 빌려와야 합니다. 외화를 빌려다가 이와 같이 생산적으로 썼기 때문에 우리는 세세년년 더욱 더 잘 사는 나라로 가고 있다는 것 입니다. 빚을 주는 사람이 더 잘 알고 있습니다. 이것을 알아야 돼! 돈을 꿔 주면 저 사람이 갚을 수 있는 능력이 있는가 없는가 를 보고 돈을 꿔 주는 것입니다.

우리나라는 세계 경제 모범국으로서 인정을 받아 가지고 이제 는 세계 선진국에서 서로 돈을 꿔 주겠다고 그래요. 더욱 더 유 리한 장기저리를 갖다가 우리는 지금 산업에 투자를 하고 있는 것이다 이 말입니다. 우리가 돈 꿔 와서 민족자본도 없고 아무 것도 없는 나라에서 매년 애기는 60만씩 태어나, 또 매년 20만 명 이상이 직장을 달라고 해. 이럴 때에 우리가 부지런히 공장을 세워 가지고 그 사람들에게 직장을 주는 것이 잘못된 것이라고 생각하는 사람이 어디 있느냐 이 말요. 우리는 현재 세계 속의

한국으로 부각됐기 때문에 세계지도를 보시면은 손톱만한 나라, 그것도 반쪽으로 쪼개져 있는 이 한국에서 우리가 부지런히 물건을 만들어 가지고 선진국에다 수출을 하니까 미국 영국 일본 모든 나라들이 한국으로부터 물건이 밀려 들어오는 것을 막고 있다 이 말요. 이 얼마나 장한 일입니까? 이제 한국을 무시하는 나라 하나도 없어.

세계 속의 한국으로 굳어졌기 때문에 우리는 88올림픽이라는 것을 한국에서 하게 됐다 이 말이요. 우리가 88올림픽을 통해서 이제 선진국에 들어서게 되는 것입니다. 존경하는 유권자 여러분! 여러 후보님들이 많은 말씀을 하셨지만은 공약에 대해서는 전혀 얘기를 안 해. 처음부터 끝가지 욕만 하고 내려갔으니까 이 추운 겨울날 우리 할아버지 할머니 전부 오셔서 혹시 우리 동네에 뭐 좋아지는 것 없나 하고 기다리셨는데 아무 얘기도 안 하고 가더라는 겁니다. 여러분! 이런 것은 우리 민주정의당이 하는 것 아닙니까?

그래서 이 김기배가 지금부터 공약에 대해서 말씀 드리고자 합니다. 민주정의당은 단임제를 꼭 실시해서 우리 헌정사에 빛나는 금자탑을 세우겠다 하는 것을 몸소 공약합니다. 우리 구로구는 서울에서도 공장이 가장 많은 지역입니다. 1300개의 공장을 가지고 있는 우리 구로구의 특성을 살려서 우리 지역개발에 또 저소득층의 소득증대에 연결을 시킨다고 할 것 같으면 우리는 가까운 시일내에 서울에서 가장 소득이 높은 구로구로 만들 수 있다 이 겁니다.

그래서 김기배가 우리 1300개 기업과 우리 주민과 연결을 시켜 가지고 하루 속히 소득이 높은 구로구로 만들겠습니다. 긴기배는 1300개 기업체를 우리 구로구의 일터로 만들기 위해서 정치에 입문한지 3개월 밖에 안 됐습니다만 벌써 일을 착수하고 있습니다.

　그 다음 우리 200명의 주부님들을 우리 구로 공단내에 취직을 시켰어요. 앞으로는 김기배가 1만명의 우리 주부님들을 취직시킬 적에 우리 구로구에는 얼마의 소득이 떨어지냐 이 말요. 1년에 무려 120억원이라는 돈이 우리 각 가정의 소득으로써 분담이 된다 이 말요. 말로만 떠들지 말고 이렇게 김기배와 같이 실천으로 옮기는 것이 바로 여러분들을 위한 일꾼이 아니고 무엇이겠습니까? 또 주부님들께서는 애기 때문에 직장·나가시는데 어려움이 있으신 분들 그런 분들을 위해 이 김기배가 새마을 유아원까지 설립할 것입니다. 이런 것까지 걱정을 하니 김기배의 머리가 안 빠지겠습니까? 여기 시흥2동 서민들 오셨을 겁니다. 지금 현재도 공동작업장이라고 있을 거예요. 지금 현재 두개인데 앞으로 시흥 2동에다 4개를 더 만들어 가지고 못사는 주부님들 거기 나가서 돈 벌도록 김기배가 하겠다 이 말이요. 또한 1,400여개 공장중에 서도 대부분 중소기업입니다. 김기배가 민주정의당 상임담당 전문위원으로 있을 적에 우리나라 중소기업을 위한 육성 방안을 만들었더니 중소기업을 대신하는 중소기업 중앙회장께서 김기배를 찾아와 고맙다고 감사패를 주고 간 적도 있습니다.

　김기배는 중소기업에 대한 어려움을 누구보다도 잘 알기 때문에 저는 중소기업을 위해서 모든 일을 앞으로 하겠다는 말씀을 이 자리를 빌어서 약속드립니다. 또한 서민 대중 근로사원들의 복지증진을 위해서 여러가지 사업에 모순점들이 있다고 하면 조세에 관한 법이라 하더라도 이것을 개정해서 서민보호에 앞장서겠습니다. 또한 우리 구로구에는 인구도 많지만 교육시설이 부족하고 복지시설이 부족합니다. 따라서 김기배가 3개월도 채 안 됐지만 우리 구로구에 국민학교 중학교 고등학교 전부 합쳐서 모두 7개를 짓기 위해서 지금 지적 절차를 밟고 있습니다. 노인을 위한 복지시설로써 노인정을 지을 작정입니다. 청소년들을 위해서 청소년회관을 짓겠습니다.

요즘 제가 지역에 나갔다가 우리 구민들이 도시계획으로 인해서 사유재산권을 침해 받으시는 분이 많다는 것을 들었습니다. 이것이 현실에 불합리할 때는 다시 고쳐서 사유재산권 행사에 조금도 침해가 없으시도록 김기배가 최선을 다하겠습니다.

그 외에 낡은 상하수도, 버스로선의 조정문제, 도 포장 문제를 계속 추진해서 살기 좋은 구로구가 되도록 최선을 다하겠다는 말씀을 드립니다. 현재 제가 추진하고 있는 사항에 대해서 하나 하나 말씀 드리고자 합니다. 우리 시흥 2동에서 버스 터미날까지 가는 버스가 하나도 없어요. 매번 20m도로 끝에서 바꿔 타야지만 시외 버스터미날을 간다 이 거야. 이 번에 김기배가 그것을 싹 바꿔가지고 우리 시흥 2동에서 타면 곧바로 시외 버스터미날로 갈 수 있는 그러한 노선을 이번에 신설합니다. 또한 시흥 독산동에는 텔레비젼이 제대로 안 나와요. 학생들이 교육방송을 들을 수가 없어요. 이것을 위해서 난청지역을 완전히 해소시키겠다 이 겁니다. 또한 시흥 3동에다가 백산국민학교 분교를 김기배가 하나 또 짓겠습니다. 독산 4동에는 국민학교, 중학교, 고등학교 무려 3개를 제가 신설하겠습니다. 추운데 이렇게 할아버지 할머니들이 많이 나오셨는데 시흥 본동, 시흥 2동, 독산 2동, 가리봉 2동 4군데다가 노인정을 만들어 드리겠습니다.

요즘 우리 구로구의 인구가 너무 많아 가지고 동네가 너무 큽니다. 그래서 분동을 할려고 하는데 김기배가 이번에 시흥 2동과 독산 3동을 분동하겠습니다. 김기배 보시니까 얼굴이 둥글둥글하지요. 제가 봉급생활 할 때는 김기배 미리 니무 잘 돌아간다고 베테랑이라고 했습니다. 또 거기다가 실력까지 있어. 그래서 불도저라고 얘기했습니다. 그렇게 일을 했으니까 김기배가 여기 와서 이번에 입후보하겠습니다 하는 그런 얘기를 할 수 있게 된 것입니다. 저는 경기고등학교를 나오고 고려대학 법과대학을 나와서 공무원으로 23년 동안 벽돌 한장 한장을 쌓아 올리듯이 경력을 쌓은 사람이요. 여러분! 여기 입후보하신 분들의 경력과 김기배의 경력을 비교하십시오. 김기배는 부름을 받고 우리 나라 수출입국을 위해서 23년 열심히 일했다 이 말이요. 저는 우리 나라 수출 8억불 때 참여해 가지고 240억불을 만들어 놓고 나온 수출의 역군 김기배올시다.

성실과 정직으로 일만 해 왔기 때문에 구로 공단의 이사장이 됐고 민주정의당의 공천을 받아서 입후보할 수 있는 영광을 안았다 이 말입니다. 남들 괜히 왔다 갔다 할 적에 김기배는 열심히 일했습니다. 앞으로 우리 구로구민과 같이 제 일생을 살면서 저는 이만 물러갈까 합니다.

이　　　철

- 서울대학교 문리과대학 졸
- 전국민주청년학생총연맹 의장
- 신한민주당 서울 제5지구당 위원장
- 제12,13,14대 국회의원

　존경하는 성북구민 여러분! 이 나라 최고의 민주시민 여러분! 아니 젊은 제가 높은 단상에서 인사드리게 된 것을 용서하여 주십시오. 지금으로부터 11년전 긴급조치 4호 위반으로 비상군법회의에서 사형을 언도받았던 제가 오늘 성북구민 여러분의 부르심으로 이 자리에 나서게 되니 감회가 새롭습니다.

　지금으로부터 만 11년전 1974년 4월 3일 박정희 독재정권은 비상군법회의를 설치하여 전국 민주청년 총학생연맹 의장을 맡고 있는 저를 마치 빨갱이인 것모양 몰아서 사형을 언도하였습니다. 그 당시 정국은 수많은 민주학생들이 체포 구금되고 재판받았으며 많은 학생들이 징역 7년부터 사형까지 엄청난 형량으로 독재의 사슬에 묶였습니다. 그날부터 서대문 구치소에서 저는 수갑을 차고 지냈습니다. 사형수는 24시간 수갑을 차고 있습니다. 밥을 먹을 때도 수갑을 차고 먹고 용변을 볼 때도 수갑을 차고 보며 잠을 잘 때도 수갑을 차고 잠을 자며 24시간 수갑을 차고 독방에 갇혀 있었습니다. 그것은 비단 저 혼자만의 아픔이 아니었습니다. 바로 여러분의 젊은 아들 딸들이 그런 위치에서 그런 독방에 갇혀 수갑을 차고 지내던 어두운 시절이었습니다. 저는 수갑을 차고 형의 집행을 기다리는 절박한 신세였습니다만 법정 최후 진술을 통해서 내 이 한 목숨을 바쳐 우리나라의 민주주의가 꽃핀다면 이 한 목숨을 기꺼이 바치겠다고 최후 진술을 통하여 말하였습니다. 사형집행을 기다리던 제가 오늘 이 자리에 여러분을 이렇게 뵙게 된 것은 여러분들이 이 젊은이들의 목숨을 구해 주셨기 때문입니다. 바로 이 자리에 계신 여러분들 덕으로 목숨을 구하게 되어 앞으로 우리 민주제단에 다시 한번 힘을 다할 기회를 주신 것입니다. 생각하면 역사의 심판은 준엄한 것입니다.

박정희 독재정권의 몰락과 함께 이 땅에는 아직도 민주주의가 회복되지 못하고 있습니다. 여러분들은 마음에 있는 이야기를 마음놓고 할 수도 없습니다. 여러분의 생활이 조금이라도 나아진 것이 없습니다. 우리들은 아직도 행여 누가 들을세라 조심조심하고 있는 실정입니다. 이것이 바로 저 민정당 정권이 선진조국, 선진질서라는 미명하에 여러분들을 가두고 있는 독재의 증표입니다.

존경하는 유권자 여러분! 1980년 5월 17일 그날 광주 충장로를 피로 물들인 광주 사태를 여러분들은 기억하시겠지요. 일흔이 넘은 할머니를, 어여쁜 여대생을, 엄마품에 고이 잠든 그 어린애들을 무참히 쏘아대던 그 악마들, 여러분! 기억하시겠지요. 그날의 참극을 요즘 학생들은 이렇게 노래한다고 합니다. 왜 찔렀지, 왜 쏘았지, 트럭에 싣고 어디 갔지, 두부처럼 짤려 나간 어여쁜 너의 젖가슴, 오월의 그날이 다시 오면 우리의 젊은 가슴에 끓는 피 솟네. 그 사람들이 집권한 뒤 이 나라의 국정을 어떻게 끌어갔습니까? 이 나라의 마지막 대통령선거의 주인공이신 김대중 선생을 빨갱이로 몰아 세우고 김영삼 선생을 자택에다 감옥아닌 감옥살이를 시키고 수많은 학생들을 끌어다 감옥에 처넣고 노동자들을 길거리에 내몰고 여대생을 잡아다 성폭행하고 있는 이 사회의 모든 비리가 선진조국, 복지사회 등 온갖 그릇된 구호 속에 파묻혀 있습니다. 눈만 뜨면 정의사회, 입만 벌리면 복지사회,

선진조국, 선진질서 그래서 장영자사건, 영동사건, 대지사건 등 줄줄이 터집니까? 이것이 복지사회, 정의사회입니까 여러분!

여러분! 단돈 몇만원 은행에서 마음대로 융자한번 받으신 분 있으면 손한번 들어보십시오. 아마 은행직원 아니고는 그렇게 하신 분이 없을 것입니다.

아! 장관님 딱 한 분 계시구만, 아마 장관님께서는 단돈 몇만원은 양이 차지 않으니까 적어도 단돈 몇백억해야 양이 차실 것입니다. 그 장관님보다 더 높은 분이 있습니다. 장영자님, 그 장영자님은 무얼 하는 분이지요? 누구의 무엇이 된다고 합디다. 그렇지요? 다 그런 높은 분들이 관직은 없지만은 그런 높은 분들이 있어요. 그런 분들이 자그만치 8천억원을 해먹었습니다. 8천억. 여러분은 잘 실감이 안 나지요? 아마 단돈 몇만원해야 실감이 나실 겁니다. 이 8천억이란 얼마만한 돈이냐 하면 한 달에 천만원을 버는 엄청난 사람이 있다고 합시다. 그 사람이 한푼도 쓰지 않고 단군할아버지 태어나신 후 지금까지 꼬박꼬박 모아둬도 다 채울 수 없는 엄청난 돈입니다. 아마 여기 계신 장관님도 모으지 못할 돈입니다. 도둑질하지 못할 돈이예요. 이런 사건이 터지고 있어요. 이런 사건이 터져 봐야 책임지는 놈은 한 놈도 없고 애꿎은 은행장 모가지만 댕강 날아가는 이런 사회가 정의사회요, 복지사회요, 여러분!

박정희 정권 18년동안 우리나라가 진 외채가 200억 달러였습니다. 그런데 민정당 정권이 들어선지 4년만에 500억 달러가 넘어섰습니다. 여러분! 우리 국민 모두가 100만원 이상의 빚을 지고 있다는 사실을 아시는지요. 지금 양식있는 학자들은 우리나라 경제가 파탄지경에까지 간 것이라고 우려를 하고 있습니다. 어쩌면 우리가 굉장히 빠른 시간에 국가경제의 발전은 커녕, 우리가 노래부르는 것처럼 영광스런 조국대신에 갈기갈기 땅덩이가 찢어지는 빚잔치를 하게 될지 모릅니다. 여러분! 그러면 이 일부 정치군인들은 경제를 잘 몰라서 그렇다고 칩시다. 의령에서 경찰관 하나가 국민들을 파리잡듯이 살육한 그 사건은 무엇입니까? 누가 가르쳐 준 못된 버릇입니까? 광주에서 배운 버르장머리입니다. 이 엄청난 사건이 터졌는데도 이 정권 무얼 했는지 아십니까? 피라미 경찰서장 모가지 하나 날리고 돈 몇푼 걷어서 도로포장 해주고 마을회관 지어주고 위령제 지내주고 고작 그것이었습니다. 아니 이 정의사회 복지사회에선 수많은 양민이 학살돼야 마을회관 서고 도로포장 됩니까 여러분! 뿐만 아니라 장영자사건, 명성사건, 대지사건, 무슨 사건 무슨 사건, 사건 사건 이 사건 공화국에서 그 잘난 정당들과 국회의원들은 무얼 했습니까? 여당이란 작자들은 얼르고 뺨치고 협박하고 공갈치고 야당이란 작자들은 알아서 치고 빌고 고개숙이고 타협하고 이것들이 소위 국회와 정당을 구성하고 있습니다. 그저 얼렁뚱땅 좋은 게 좋은 것 아니냐 하고 지낸 것이 그렇게도 자랑스럽고 대견해서 뭐 훈장을 달라고 졸라요? 훈장사건에 세살 먹은 어린애도 웃고 80 노인도 웃으시고 학생도 웃고 가게의 아줌마도 웃고 여러분들도 웃고 저도 웃고 참 잘 웃었습니다.

청계피복 노동자들이 살 권리 좀 달라고 외치다가 잡혀 가서 머리가 깨지고 밟히고 채이고 했습니다. 민정당사에 좋은 정치 좀 해보라고 충고하러 간 학생들을 폭도로 몰아 감옥에 처넣었습니다. 택시 기사들이 하루 걸러서 좀 잘하게 해 달라고 건의하니까 모조리 쫓아내고 징역보내고 했습니다. 왜놈한테 돈 빌리러 가는 일은 제발 좀 그만 두고 체면과 정신좀 차리라고 한 여학생들을 끌고가 경찰애들한테 성폭행시킬 때 이 공화국에서 그 잘난 국회의원님들은 무얼 하셨죠?

언론통제라는 방망이 때문에 신문에는 단 한 줄도 못났지만 유비통신에 나오고 해서 알 만한 사람은 다 알고 있습니다. 어떤 정당은 이 땅의 민주주의를 싹 쓸어 버린다고 해서 민주정복당, 어떤 정당은 입을 꽉 다물고 있는 것이 참 불쌍하고 한심하다고 해서 민주한심당, 그 정당들을 국민들은 제1중대다, 제2중대다, 제3중대다 이렇게 부르고 있지요. 같은 사령관 밑에 있는 각 예하 부대들입니다. 아주 사이 좋게 잘 해 먹은 형제정당이고 친구의 정당입니다. 어떤 사람은 노골적으로 사꾸라다, 겹사꾸라다 이렇게 이야기를 하지요. 이렇게 해서는 안 되겠어. 우리 착한 백성들에 무슨 희망이라도 심어줘야겠다는 생각에서 김대중 선생, 김영삼 선생, 그리고 많은 민주인사들이 모여서 만든 정당이 바로 신한민주당입니다. 우리는 이러한 정치적 여건에도 불구하고 이 폭력정권에, 기만정권에 대해서 이번 선거를 통해서 명백히 심판을 내야 합니다.

얼마 전에 데모를 하다가 군대로 끌려갔던 많은 학생들이 싸늘한 시체로 돌아온 적이 있습니다. 국회에서 내무장관, 국방장관을 불러서 그 이유를 물었더니 장관 왈, 학생들이 하라는 공부는 하지 않고 데모만 하길래 군대로 끌로가 전방에 보내서 버르장머리를 좀 고쳐 줬다 하는 것이었습니다. 아니 그렇다면 하라는 국토방위는 하지 않고 정치만 하겠다는 이 일부 몰지각한 군인은 어디로 보내야 하겠습니까 여러분! 그렇기 때문에 우리는 이번 선거를 통해서 민정당 정권의 잘못을 지적하고 이 폭력정권, 이 기만정권에 엄숙한 경고를 주어야 하겠습니다. 우리는 현 정권의 말로가 결코 비참해지기를 바라지는 않습니다. 더 이상 불행을 막기 위해서 이 정권은 광주의 원혼들에게 사죄하고 즉각 물러날 것을 엄숙히 촉구합시다! 민일 그렇지 아니 한다면 이 정권의 말로는 이승만 정권의 말로와 같이 비참할 것이요. 박정희 정권의 말로와 같이 비극으로 끝날 것을 국민 모두의 이름으로, 여기에 계신 성북구민 모두의 이름으로 경고합시다!

　보사부장관이라는 중책을 맡으시고 군사 독재정권의 들러리로서 있는 여당 후보에게 다시 한번 여쭤어 볼까 합니다. 옛날 김대중 선생을 모시고 따라다녔다는 이유로 김대중 선생의 이름을 팔고 원한 맺힌 광주사태의 바람맞이로 보사부장관 자리에 앉아계신 소감이 어떠신지요? 국민을 배신한 권력이 그렇게도 좋아서 또 다시 한번 국회의원하겠다, 또 다시 장관 해야겠다는 생각에서 그래 라이타에, 비누에, 양말에, 정부미 교환권까지 돌려 줬습니까? 당연한 서민의 권리인 취로사업마저도 여당후보의 개인적인 선심인양 선전하고 다니시는데 여기에 속아 넘어갈 성북구민이 단 한사람이라도 있는 줄 아십니까? 이렇게 표를 모아야 김후보는 정의사회가 되고 안정사회가 이룩되는 걸로 아시는 모양입니다.

　어제 합동유세장에서 존경하는 조윤형 후보께 제가 드린 질문에 대해서 우리는 아주 귀한 고백을 들을 수가 있었습니다. 몸은비록 현 정권이 만들어준 관제야당인 민한당에 들어가 있지만 민주주의를 향한 국민의 뜨거운 여망은 저버릴 수가 없어서 총선이끝나고 나면 김대중 선생과 김영삼 선생을 위시한 많은 민주인사들이 주장하고 추진하는 대통령 직선제 및 민주화 추진운동에 언제든지 백의종군하시겠다는 결의를 들을 수가 있었습니다. 앞으로 조 후보께서는 과거 민한당의 잘못을 뉘우치고 민주화 투쟁대열에 함께 앞장 설 것을 국민과 더불어 주장하며 그 첫번째로 오늘 2월 8일 오전 11시 김포공항에 도착하시는 김대중 선생 귀국환영 국민대회에 많은 당원들과 함께 참여해 주실 것을 간곡하게부탁드리는 바입니다.

　이 자리를 빌어 많은 애국시민들께도 알려드리겠습니다. 오늘 2월 8일 오전 11시에 2년동안 망명 아닌 망명길에 오르셨던 우리의 민주지도자 김대중 선생께서 김포공항에 도착하십니다. 여러분들께서도 한 분도 빠짐없이 김포에 총집결하여 김대중 선생님을 환영합시다. 혹시 현 정권이 공항을 차단하면 김포가도에라도 모여서 그 분을 환영하시기를 부탁드립니다.

존경하는 성북구민 여러분! 10년 전의 사형수가 이제 여러분의 도움으로 국회에 나가서 해야 할 일을 말씀드리겠습니다. 먼저 저는 학원사태의 해결을 위해서 최선을 다해 싸우겠습니다. 무수한 학생들의 움직임을 불순분자의 책동으로 모는 이 문제를 근본적으로 해결하지 않고서는 여러분의 어린 아들 딸들이 용기 있게 살아갈 수 있는 길은 없을 것입니다. 언제 또 다시 저와 같은 불행한 경험을 겪을지 모릅니다. 그래서 저는 모든 문제에 앞서 이 학원사태 해결에 최선의 노력을 경주할 것을 다짐합니다. 저는 신한민주당 동료의원들과 함께 대통령 직선제 개헌을 강력히 추진하겠습니다.

국민의 심부름꾼을 직접 우리의 손으로 뽑는 대통령직선제 개헌이야 말로 바로 우리 모든 국민의 여망입니다. 다만 직선제 개헌을 틈타 장기 집권을 노릴지도 모르는 불순분자들의 소행과 어떠한 획책도 눈을 부릅뜨고 지켜볼 것을 확신합니다. 군사독재의 제도적 장치인 언론 기본법과 사회안전법을 폐지하고 근로기준법, 노동조합법, 노동쟁의조정법의 노동 3권을 명실상부하게 개정할 것을 약속드립니다. 그리고 무엇보다도 우리 민족의 숙원인 남북통일에 이 모든 몸과 마음을 바칠 것을 약속드립니다.

마지막으로 한 마디만 더 드리겠습니다. 저는 돈도 없고 힘도 없습니다. 그러나 저는 덤으로 사는 이 목숨을 민주화의 길, 우리 민족통일로 가는 길에 바칠 것을 약속드리면서 이만 저의 말씀을 마치겠습니다. 감사합니다.

● 국회의원 후보 연설문

서 청 원

- 중앙대 정치외교학과 졸
- 제 11, 12, 13, 14대 국회의원
- 민주한국당 원내부총리
- 민주한국당 부대변인

　존경하는 동작구민 여러분! 그동안 안녕하셨습니까?

　어제 저녁 동작구 전 음식점에는 민정당에서 초청한 사람들로 초만원을 이루어 비서관과 함께 저녁을 먹으러 음식점에 갔다가 퇴짜를 맞고 저녁을 굶는 채 집으로 돌아왔습니다. 어제 고기를 못드신 분은 앞으로 민정당에서 선거가 끝날 때까지 불고기 파티가 계속될 테니까 어제 못 가셨다고 실망하지 마시기 바랍니다. 이제 민정당의 전략이 쌀표와 설탕표 온천에 의료보험카드에서 불고기파티와 현금으로 바뀌었다는 것도 알려 드립니다.

　존경하는 동작구민 여러분! 저는 지난 번 선거에서 여러분의 절대적인 지지로 1등 당선이 돼서 의정에 나갔습니다. 여러분들은 과연 서청원이가 국회에 나간 뒤에 이 지역이나 이 국가를 위해서 무엇을 했는가에 대해서 대단히 궁금할 줄로 믿습니다. 그렇습니다. 이 민정당 정권하에서는 언론의 자유가 없어서 국회의원들이 국회에서 국민을 위하고 지역을 위하는 그러한 발언 내용이 하나도 보도되지 않기 때문에 여러분들은 제가 이야기한 내용을 전혀 알지 못하셨을 겁니다. 언론이 보도하지 않은 저의 내용을 알려 드리기 위해서 제가 온천도 못보내 드리고 불고기 파티도 못했습니다만은 81년도 전반기에 제가 내무위원회에서 행한 발언 내용을 담은 '자유 민주사회의 정착을 위해'라는 이 책자를 제일 먼저 발간해서 여러분한테 배포해 드렸습니다.

두번째 83년도에 '공포없는 사회를 위해'라는 이와 같은 책자를 만들어서 여러분 가정에 배부해 드렸고, 마지막으로 작년 연말에 제가 국회에서 발언한 학도호국단 폐지시키라고 강력히 주장한 내용을 담은 서청원의원 의정보고서를 세번째 배포해 드렸던 것입니다.

존경하는 동작구민 여러분! 저는 대학교 다닐 때부터 불의에 방관하지 않았습니다. 저는 대학시절 박정희 독재정권하고 싸우다가 4개월동안 옥살이를 했습니다. 군사재판에서 사형을 언도하겠다는 검찰관의 공갈도 숱하게 받았습니다. 4개월 후에 저는 다시 대학에 들어가서 공부를 한 뒤에 군대생활을 마치고 조선일보에서 10년간 근무하다가 지난 선거 때 이 지역에 출마해서 당선됐다고 하는 사실은 여러분들도 잘 아실 걸로 생각합니다. 저는 다행인지 불행인지 지난 광주사태 때 조선일보 현지 특파 기자로 5월 17일날 오후에 광주에 들어갔다가 5월 26일날 군인이 다시 광주에 진입할 때까지 9박 10일동안 광주의 모든 것을 취재할 수 있었고 그것을 담은 광주사태 9박 10일이라는 책자를 만들었습니다만은 이 민정당 정권하에서 제 책이 햇빛을 보지 못하고 사장되어 있습니다. 저는 지금도 그렇고 제가 국회의원에 당선된 뒤에 광주사태 진실을 하나부터 열까지 국민에게 알릴 그러한 의무와 책무를 가지고 있다는 것을 여러분 앞에 말씀 드리면서 저는 제 몸이 다 하도록 이 민정당 정권을 타도하기 위해서 이 젊음을 바칠 것을 여러분 앞에 약속합니다.

친애하는 동작구민 여러분! 저는 80년 5월 17일날 오후에 우리 사진부 기자하고 광주 현지에 내려 갔습니다. 풍전등화 같은 광주사태를 목격했습니다.

저는 시체를 업고 취재하면서 광주 시민과 함께 울었습니다.

데모 군중들에 의해서 죽은 시체를 도청앞 뜰에 안치할 수밖에 없었고 그 시체를 관에 담기 위해서 데모 군중들은 관을 하나 둘 구해서 그들을 담아가지고 5월 19일 오후부터 도청앞 광장 분수대에서 진혼제를 지내기 시작했던 것입니다. 저는 그 사태 와중에서 저도 위험한 순간을 수차례 넘겼습니다만은 데모 군중들이 타고 다니는 군인 짚차에 몸을 싣고 이 구석 저 구석 전부 취재할 수 있었기 때문에 광주의 9박 10일의 글을 쓸 수 있던 것이고 만약에 이 나라가 민주화 되었다면 제가 보낸 광주사태의 모든 기사로 제가 풀리쳐 상을 타야 합니다. 여러분!

저는 이렇게 동족에게 총뿌리를 겨냥하고 적을 지키라는 탱크를 가지고 우리 국민들에게 들이대는 이러한 사태는, 이러한 폭력은 우리나라 뿐만 아니라 이 지구상에서 영원히 없어져야 된다고 정치에 뛰어 들어서 이 정권 4년을 지켜 보았습니다. 여러분들 잘 아실 것입니다. 현 정권은 4년간 온갖 권력형 부정부패로 인하여 국민은 도탄에 빠지고 빈부격차는 날로 늘어나고 있으며 또한 권력이 없으면 이 세상에서 행세할 수 없는 그런 사회로 만들었던 것입니다. 여러분들이 잘 아시는 장여인 사건만 예를 들어 보아도 여러분들은 단돈 백만원도 융자받기 어렵습니다. 단돈 2백 만원도 융자 받기 어렵습니다만은 이 장영자라는 사람은 전화 통화로서 은행장에게 수백억씩 대출받아서 돈을 물 쓰듯 했던 것입니다. 여러분들 장영자가 7천억을 해 먹든 얼마를 해 먹든 내가 무슨 상관 있느냐고 하실 분도 있을 지 모르지만 이 모든 것은 여러분들의 세금에 의해서 낸다는 것을 여러분들은 똑똑히 아셔야 합니다. 이 장 여인이 해먹은 7천억원이라는 돈은 백두산 높이가 2천 7백m입니다만은 그 2천 7백m의 두 배가 넘는 돈이올시다 여러분!

왜 이런 계산이 나오냐 하면 빠딱빠딱한 만원짜리 돈을 자로 한번 재 보세요. 20cm가 되기 때문에 이러한 수치가 나오는 것입니다. 저는 그렇게 생각합니다. 요즘에 민정당 후보자들이 전국 방방곡곡에서 돈을 뿌립니다. 제가 개인적으로는 미안한 얘기입니다만 이 지역의 입후보자도 저하고 국회의원 4년동안 하면서 잘 아는 사이입니다. 그 사람이 무슨 돈이 있길래 요즘에 그렇게 많은 돈을 뿌리는지 묻지 않을 수 없습니다.

여러분! 이 지역에 나오는 여당후보는 여러분한테 수차 말씀드린 것처럼 농촌 출신으로서 돈이 없어서 육사에 갔다고 했습니다. 그래서 국가를 위해서 노력을 하던 중에 정치에 몸을 담았다고 했습니다. 그러면 그 양반이 육사를 졸업한지가 얼마 안 되고 군을 제대한지가 얼마 안 되고 저하고 똑같이 국회의원 4년 했는데 무슨 돈이 있어서 그 엄청난 돈을 뿌립니까? 만약에 나같으면 그 돈 있으면 이 사당동 어려운 주민들에게 그 돈을 몽땅 내놓겠습니다. 그리고 그 돈은 내놔서 어려운 이 지역 주민들에게 장학금을 주겠습니다. 여러분!

나는 이 자리에서 여러분들에게 분명히 이야기합니다. 나는 힘이 없어서 이 지역 주민들에게 비서실장과 같은 약속은 못합니다만 저도 이 지역 재개발 문제에 대해서 구청과 건설부를 수차례 다니면서 힘쓴 사람의 하나 올습니다. 나는 약속드립니다. 이번 국회의원에 당선되면 이 지역의 세든 사람들을 위해서 아파트 입주권을 얻는데 최선의 노력을 다할 것을 약속드립니다. 그리고 저는 돈이 없습니다만 우리 민주한국당에서 저에게 2천만원의 선거자금을 내놓았습니다. 저는 이 지역 개발을 제 스스로 제 자력으로 이 지역개발을 위해서 오늘 저녁에 2천만원을 내 놓겠습니다. 그리고 이 지역 국회의원 입후보자인 서청원이가 비록 빈 손으로라도 여러분들을 찾아서 봉사할 것을 또한 약속 드립니다. 나는 다시 한번 여러분들 앞에 부언합니다. 이 지역에 입후보한 비서실장은 이 나라의 최고 통치자인 대통령을 모시고 있는데 대통령은 밤낮 매스컴을 통해서 공명선거를 부르짖고 있습니다. 나는 허청일 후보에게 이렇게 많은 자금을 뿌려서 내동령에게 누가 되는 행동과 그것으로 오는 우리 국가의 영원한 암흑의 시대 그 책임은 허청일 총재비서실장에게 있다는 것을 경고합니다. 여러분!

지금 우리나라는 경제적으로 대단히 어렵습니다. 지금 이 정권 하에서 외채가 5백억불입니다. 지금 어린 아이 하나에도 백만원 이상의 빚을 지고 있는데 어떻게 해서 온천행이다 불고기다 쌀표다 설탕표다 나누어 줄 수 있습니까? 나는 염려합니다. 이 선거가 끝난 다음에 우리나라의 경제적 파탄을 우려하며 또한 정치적 파탄을 우려합니다.

여러분! 저는 앞으로 다가오는 이 선거가 민정당 정권에게 종지부를 찍느냐 안 찍느냐 하는 중요한 갈림길에 있다는 것을 여러분들에게 말씀드리지 않을 수 없습니다. 나는 얘기할 수 있습니다. 학생은 학원으로 돌아가야 되고 군인은 탱크를 가지고 국민들을 위협하거나 불행한 사태를 일으켜서는 안 된다고 생각합니다. 이번 선거는 앞으로 군인들이 탱크를 몰고 오지 않도록 하기 위해서 강력한 응징을 해야 되는 그러한 선거라고 저는 생각합니다.

친애하는 동작구민 여러분! 저는 아까도 말씀드린 것처럼 제가 다시 이 지역의 국회의원에 당선되면 군사정권 타도에 앞장 설 것이며 대통령직선제를 해서 우리 손으로 대통령뽑는데 개헌하도록 모든 힘을 경주할 것을 여러분들에게 약속드립니다! 또한 자갈이 물려 있는 언론기본법을 폐지해서 눈이 있어도 보지 못하는, 귀가 있어도 정확한 것을 듣지 못하는, 입이 있어도 말을 못하는 여러분의 눈과 귀와 입을 틔어 줄 것입니다. 그리고 매일같이 학생들 데모로 징역을 살고 군대에 끌려가서 여섯명이나 죽는 이러한 학원사태를 없애는 데 또한 총력을 기울일 것입니다. 자기의 정당한 주장을 하는 노동자에게 해고를 시키는 등 이러한 부당한 행위를 저는 응징할 것이며 노동법 개정도 강력히 추진할 것입니다.

친애하는 동작구민 여러분! 저는 지금 국회의원 4년입니다만은 어린 아이로 말하면 걷는 단계입니다. 지금 저는 걷고 있습니다. 많은 분들이 저에게 많은 기대를 하고 있는 것도 압니다. 그러나 저는 한꺼번에 많은 욕심을 내지 않고 차근차근 잘 하겠습니다. 저는 민한당 4년 동안에 초창기에 부대변인을 했고 지금은 원내부총무를 하면서 도덕적으로나 양심적으로 하나도 부끄러움이 없는 이 지역 대변자가 되고 있다는 것을 자랑스럽게 말씀 드릴 수 있습니다. 또 지금 이 순간은 어느 시장이나 구청장을 뽑는 자리가 아니라 이 나라의 군사독재를 몰아내는 그러한 선량을 뽑는 자리입니다.

여러분! 아주 달콤한 공약에 속지 마시고 이번에는 정확한 대변자를 뽑아 주시기 바라면서 저의 언론계의 선배이며 또 정치적으로는 후배인 모당의 후보에게 말씀드립니다. 남자가 칼을 뽑으면 적군의 과녁을 정확히 꿰뚫어야 합니다. 어디가 적인지 모르고 칼을 휘두르면 자신이 쓰러진다는 것을 말씀드리면서 우리가 4년동안 여러분들에 부응하는 그러한 야당다운 야당을 못했다고 꾸짖을지 모릅니다만은 한 술갈에 배부를 수는 없습니다. 따라서 모든 것을 단계적으로 이 정권에 대항해서 타도할 것을 다시 한번 약속드리면서 저의 유세를 마치겠습니다.

감사합니다.

기초의회의원 후보연설문(여당편 1)

존경하는 우리 ○○군 유권자 여러분!

인사 올리겠습니다. 제가 바로 김민자입니다. 어떻습니까? 마음에 드십니까?

며칠 전 동네 어르신네들을 찾아 뵙고 인사를 드렸더니 어떤 분들은 군의원 해서 무얼 하겠느냐고 제게 물어 왔습니다. 물론 많은 분들께서는 제 어깨를 두드려 주시며 자네라면 우리 동네가 온통 달려들어 찍어 줌세 하고 고마운 말씀을 해 주셨습니다. 아무튼 저는 군의원을 해서 무얼 하겠느냐고 물으시는 분들께 이런 말씀을 드렸습니다.

여러분도 짐작하시겠지만 저는. 무슨 일을 해도 먹고 살만한 재주와 많지는 않지만 그만한 재산도 갖고 있습니다. 이 말은 제가 투기꾼처럼 돈이나 왕창 벌고 거들먹거리는 벼슬행세가 탐이 나서 이 자리에 선 것이 아니라는 말씀을 먼저 드리려는 것입니다. 솔직히 툭 털어 놓고 말해서 돈 벌려면 옷소매 걷어 붙이고 장사를 할 일이지 누가 군의원 하겠습니까?

저는 오늘 분명히 말씀드립니다. 문민정부에서 실시하는 지방화 시대의 주역으로 참다운 지역 일꾼이 되어 무언가 한번 보람된 일을 하고자 이 자리에 섰습니다. 지방자치의 참뜻은 주민들이 주인의식을 갖고 지역행정에 적극 참여하여 내 스스로의 힘으로 잘 사는 내 고장을 만드는데 있다고 하겠습니다. 즉 주민에 의한, 주민을 위한, 주민의 자치를 의미하는 것으로 위로부터의 행정이 아닌 아래로부터의 행정이 되어야 한다는 것입니다.

그동안 우리들은 잎담배 경작, 고추재배 등 기초 농작물만을 상대로 어렵게 농촌살림을 꾸려 오면서도 풍요로운 농촌 건설에 온갖 정성을 다해 왔습니다. 그러나 때로는 억수같이 쏟아진 장대비 홍수로 전답이 떠 내려가고 일년 내내 가꾸어 놓은 농작물이 물에 잠기는 뼈를 깎는 아픔도 있었습니다.

여러분께서도 아시다시피 우리 ○○군은 도내 15개 시·군중에서 가장 낙후된 지역으로 어느 지역보다도 시급히 농로 확장 및 농수로 시설 등 각종 지역사업에 주민들이 합심해야 할 때라고 생각합니다. 지금까지의 중앙집권제의 정치 풍토는 소규모의 불이익을 무시하고 나라 전체를 위주로 정치를 실행하여 왔기 때문에 시골보다는 도시가, 변두리보다는 중앙쪽이 훨씬 발전하여 지역간의 불균형이 심화되어 왔던 것이 사실입니다.

그러나 이제부터는 선진국을 향한 김영삼 대통령의 굳은 의지로 전면적인 지방화 시대를 맞이하게 된 것입니다.

집권당 대통령의 실천적 의지로 35년동안 실종되었던 이 지자제를 다시금 부활시켰다 이 겁니다. 따라서 저는 여러분의 전폭적인 지지로 군의회에 들어 간다면 대통령의 개혁의지를 충실히 받들어 최선의 노력을 다 할 것입니다. 무엇보다도 우선 우리 고장의 최대의 숙원사업인 ○○─○○간 4차선 도로확장, 포장공사 중 가장 난공사인 ○○터널을 우리당 국회의원과 더불어 더 많은 예산을 확보하여 고속도로보다 더 시원하게 개통시킬 것입니다. 아기들의 울음소리가 그쳐 버린 농촌, 빈 집들이 늘어만 가는 피폐된 우리 농촌에 자연환경을 해치지 않는 농공단지를 유치할 것이며 노인들께서도 소일할 수 있는 일터를 제공하겠습니다.

또한 이웃 ○○군은 직업훈련원이 있지만 우리 ○○시·군에는 직업훈련원이 없습니다. 고등학교를 졸업하고 대학에 진학하지 못한 청소년들에게 기술을 가르칠 수 있는 직업훈련원을 세우겠습니다. 그리고 우리 지역, 우리 실정에 맞는 특용작물을 개발하여 고소득 수익사업을 전개할 것이며 향토 문화사업을 추진, 발전시켜 나아갈 것입니다.

여러분! 이러한 많은 일을 말로만 떠드는 야당이 해낼 수 있다고 생각하십니까? 능력도 없으면서 공약만 늘어 놓는 야당을 믿을 수 있습니까?

저는 분명히 말씀드리지만 국정을 책임지고 있는 힘있는 여당만이 할 수 있는 것입니다. 기호 1번 김민자는 분명히 해낼 수 있습니다. 저 김민자는 재정이 한푼도 낭비되지 않도록 칼날 같은 감시를 할 것이며 군재정을 알차게 운영하여 지역발전을 앞당김은 물론 재정자립도가 빈약한 우리 군에 중앙정부의 국고 보조금과 지방 교부금이 많이 확보되도록 있는 힘을 다하겠습니다. 유권자 여러분! 기호 1번 김민자를 최다 득표를 할 수 있도록 이 젊은 청년을 열렬히 지지해 주십시오! 여러분의 성원에 진정으로 보답할 것입니다. 여러분!

존경하는 유권자 여러분!

제 순서에 앞서 훌륭하신 여러 야당과 무소속 후보들께서 좋은 말씀을 많이 들려 주셨습니다. 대부분 고개가 끄덕여지고 절로 공감이 가는 말씀이셨습니다만 뒷맛이 씁쓰레한 말씀도 있었습니다. 오늘 이 자리가 무슨 국회의원 유세장입니까? 우리 고장의 살림을 맡길 종가집 며느리 같은 살림꾼을 뽑자는 선거에서 상투적인 정치공세가 웬말이며 저 앞에 있는 신작로 건설 때 얼굴 한번 내밀지 않던 사람이, 우리 고장의 냄새나는 하수구 한번 들여다 보지 않던 사람이 3당 합당이 어떻고 개혁이 어떻다는 등 바가지 깨지는 소리만 늘어 놓는단 말입니까? 만약 그런 사람들이 지방의회에 진출한다면 지역살림이야 어찌 되든 말든 자기당 총재의 뜻을 받들어 단식 투쟁이다 무슨 투쟁이다 하면서 정신없이 휘젓고 돌아 다니다 보면 우리 지역 발전을 전국 최하위로 밀려날 것이 불을 보듯 뻔한 일이 아니겠습니까?

이제 투사의 시대는 지나 갔습니다. 국제화·개방화 시대에 맞춰 전국 방방곡곡 후미진 산골까지 지자제가 실시되는 이 민주시대에는 민주인사가 따로 있는 것이 아닙니다. 지역의 대변자로 지역발전을 위해 일하는 모든 지방의원들이 바로 민주인사인 것입니다. 기호 1번인 제가 바로 민주인사인 것입니다. 같은 사람끼리 편을 가르는 사람, 무책임한 반대와 선동, 인기전술로 지역살림을 결판내는 지방의회, 중앙정치의 꼭두각시로 전락하는 지방의회가 인심좋고 평화스러운 우리 고장에 생겨나지 않도록 유권자 여러분의 현명하신 판단을 호소합니다!

존경하는 유권자 여러분!

내친 김에 한 말씀 더 드리자면 도지사, 시장과 의원들이 합심 협력해서 안정 속에 지역발전을 이룩하기 위해서는 집권당에 안정의석을 주어야 합니다. 중앙 정부로부터 더 많은 예산, 더 많은 정책과 지원과 배려를 끌어내기 위해서는 여당 후보가 많이 당선되어야 합니다. 지역발전을 위해서도 내 고장 문제를 누구보다도 더 잘 알고 시·도정에 깊은 이해를 갖고 있는 경륜있는 여당 후보가 당선되어야 합니다. 그렇습니다. 저 김민자는 우리 지역발전을 바라는 마음만은 이 자리에 계신 어느 후보에게도 지지 않겠다는 단단한 결심과 각오로써 여러분의 믿음직한 머슴, 우리 고장의 일꾼이 되고자 하오니 부디 기호 1번 김민자를 힘껏 밀어 주십시오.

수민자치의 제일의 과제도 어떤 인물을 우리의 대표로 선정하느냐 하는 것입니다. 지방의원이 되고자 하는 사람은 어느 정파의 앞잡이가 되어서도 안 되고 개인의 영달을 생각해서도 안 되는 것입니다. 지방의원은 주민의 대표자로서 지방행정의 통제자로서의 자질과 능력을 갖추어야 하고 봉사의 정신이 몸에 배어 있는 사람이어야 합니다. 의원은 또 민주적 사고방식과 행동양식을 갖추고 타협과 관용의 원리를 터득한 사람이어야 할 것입니다.

악마의 소리도 들을 수 있는 아량도 있어야 하고 자기 확신보다 남의 얘기를 경청하고 존중할 줄 아는 너그러움도 있어야 합니다. 이러한 관점에서 어떤 사람이 선택되어야 합니까? 여러분께서 현명한 판단을 내리시리라 믿습니다. 저는 다시 한번 호소합니다. 새로운 선거법하에서 35년만에 전면 실시되는 이번 지방자치제 선거야 말로 우리나라의 장래가 좌우되는 중차대한 선거입니다. 반드시 공명선거를 해서 민주주의를 꽃피우고 선진 복지국가를 이룩하느냐, 아니면 후진의 나락으로 떨어져 가난에 신음하느냐 하는 중요한 선거이므로 금권과 선동에 현혹되지 말고 올바른 선택을 하여 우리 고장의 명예를 지킵시다.

여러분! 여러분의 진짜 상머슴 기호 1번 김민자를 선택해 주십시오! 의회로 보내 주십시오! 확실하게 하겠습니다.

기초의회의원 후보연설문(여당편 2)

존경하는 유권자 여러분!

제가 이번에 이곳 ○○에 입후보한 기호 1번 김민자입니다. 오늘 이렇게 높은 자리에서 말씀드리게 되어 송구스럽고 한편으로 어른들의 건강한 모습을 뵈니 반가운 마음이 앞섭니다.

또 푸근하면서도 남다른 감회가 있습니다. 어릴 때 아버지 꾸지람 듣던 저를 슬며시 어루만져 주시던 어머님같이 말입니다. 사실 이곳은 저와는 인연이 매우 깊은 곳이죠. 제가 이 학교 3회 졸업생이고 제 아들녀석이 현재 이 학교 3학년에 재학중이니 저와는 뗄래야 뗄 수 없는 인연으로 이 곳에서 태어나서 이 곳에서 죽을 사람입니다. 그야 말로 신토불이라고 할 수 있습니다.

존경하는 유권자 여러분!

지금 보니까 모든 후보들이 이 지역 토박이라고 다 잘났다고들 열변을 토하고 있는데 이 지방의회가 무슨 국회의원쯤 되는 것처럼 생각하는 모양입니다. 진정한 지방자치 제도란 이제까지처럼 지역의 살림살이를 행정부에 의해 집행되었던 것을 우리 지역민 스스로 의논해서 결정하고 자율적으로 운용하자는 제도이며 지방의회 의원은 여러분의 뜻을 군정에 반영하여 집행하도록 하는 심부름꾼이라는 사실입니다. 그렇기 때문에 저 자신이 여러분의 뜻을 받들어 모실 수 있는 심부름꾼이 되고자 이 자리에 섰습니다.

그러나 저는 당선이 된다 해도 걱정이 앞섭니다. 지방자치제가 본격적으로 실시되면 지방재정 확충이 가장 중요한 선결과제인데 재정 자립없이 중앙정부의 교부금에만 의존하다가는 아무 일도 할 수 없기 때문입니다. 이와 같은 절박한 사정에 직면한 지방자치 단체의 자립기반 확충을 위한 자구 노력의 높은 소리와 활발한 움직임이 벌써부터 봇물처럼 터져 나오고 있어 걱정이 차차 현실로 나타나고 있습니다.

그렇습니다. 앞으로는 지금까지 중앙정부 소관이던 공업단지 조성과 그린벨트내의 토지이용 등 각종 개발사업의 인·허가 권한이 지방자치단체에 위임되고 재정 자립도가 취약한 지방 자치 단체들이 재정 확충을 위해 인·허가를 남발할 우려는 불을 보듯 뻔하다는 결론입니다. 공장이 마구 들어서고 폐수와 매연 등 공해를 배출하고 수목과 야산 등 자연환경과 경관이 크게 훼손되는 것은 시간문제이므로 전국의 산과 들이 황폐화 되고 하천과 바다 오염이 가속화 되어 회복불능의 파국상태를 초래하게 될지도 모른다는 사실입니다.

유권자 여러분!

이번 선거야 말로 이와 같이 중요한 문제들을 생각하면서 재정을 확보해야 한다는 아주 어려운 문제를 해결할 수 있는 사람을 뽑아야만 하기 때문에 여러분들의 현명한 판단이 요구되는 것입니다. 또 한가지, 이번에 입후보한 사람들의 면면을 보면 대의정치에 미숙하고 전문지식이 부족한 사람들이 대부분이기 때문에 그만큼 참신하다고 할 수 있겠지만 다른 한편으로는 정치공해에 감염될 소지가 많다는 것이 정치학자나 언론인들이 걱정인 것입니다.

만일 지방살림을 맡은 지방의회가 여야 정당의 행동대원 노릇을 하거나 중앙정치의 못된 점을 그대로 답습한다면 지방자치와 행정은 엉망이 되고 주민들만 엄청난 갈등을 겪는 현상이 일어나고 말 것입니다. 또한 지역사업과 관련하여 개인적 이익과 이권을 챙기는데 급급하여 지방자치제의 유해론이라도 일어나는 경우에는 지방자치제의 앞날은 보나마나 뻔한 일이 될 것입니다. 그러므로 풀뿌리 민주주의인 지방자치제를 성공시키려면 유권자 여러분께서는 좀더 적극적이고 능동적으로 후보자에게 관심을 갖고 누가 가장 적합한 후보인가, 누가 가장 능력이 있는가를 살펴 보아야 할 것입니다.

따라서 돈 뿌리고 음식을 대접하고 선심공세를 하면 새로 개정된 선거법에서는 당연히 당선무효됩니다만 아예 이러한 불법 선거운동을 해온 후보들은 뽑지 말아야 합니다. 이러한 사람들이 당선되면 이권에 개입하는 등 불법 활동을 할 가능성이 훨씬 클 것이기 때문입니다. 또한 투기나 퇴폐사업 등으로 치부한 후보들이나 황당한 공약을 남발하는 후보들도 뽑지 않아야 합니다. 그 대신 후보자들 중 지역 공동체를 잘 알고 잘 가꾸어 나갈 성실하고 정직한 사람, 덕망 있고 전문성이 있는 인물을 가려내어 여러분의 신성한 주권을 행사해야겠습니다.

이번 선거야 말로 기본적으로는 동네 일꾼을 뽑을 뿐 아니라 21세기의 민주한국으로 가는 징검다리의 기능도 있기 때문에 여러분의 귀중한 한표는 말 그대로 귀중하게 행사되어야 한다고 기호 1번 김민자는 유권자 여러분께 간절히 호소하는 바입니다.

존경하는 군민 여러분!

저는 조상 대대로 살아온 이 고장을 위해서 여러분께서 당선시켜 주신다면 첫째 농촌 도로 및 진입로 포장을 빠른 시일내에 완료해서 농사짓는데 어려움이 없도록 할 것이며 공해없는 고소득 공장유치를 연구 개발하도록 하겠습니다.

둘째 영농 후계자를 위한 영농지원금 확대와 지방경제 활성화 방안을 마련하여 어려운 지방기업을 발전시켜 나갈 것입니다.

셋째 토지개발공사로 하여금 택지 개발유도와 무의탁 노인들을 위한 시설 및 탁아시설을 늘려 그렇지 않아도 농촌에 일손이 달리는 것을 조금이라도 해결토록 노력하겠습니다. 그리고 학생수가 적은 국민학교 등을 통폐합하여 양질의 교육을 시킴은 물론 통학버스를 이용 모든 학생들에게 교육의 혜택을 골고루 나누어 주는 데 역점을 두겠습니다.

넷째 우루과이라운드 협상에 따라 이제는 농산물이 완전 개방됩니다. 따라서 이에 상응하는 새로운 작물, 소득이 높은 특용작물 등을 전문가와 연구하여 특산물 산지로 만들어 나가겠습니다. 저는 여러분과 함께 이와 같은 공약의 말씀을 드리면서 앞서 말한 모 후보의 연설중에 지방자치제를 자기들이 투쟁을 해서 얻어낸 것이라고 말한 부분에 대해 몇말씀 드리고자 합니다. 사실은 김영삼 대통령이 오랜 야당시절에 일관되게 주창해 온 이 지방자치제를 대통령이 되고 나서 실행으로 옮긴 이 용단이야 말로 국민과 함께 하는 정치, 21세기를 향한 문민정부의 지방화 정책일진대 어찌 자기들만이 쟁취했다고 강변하는지 도무지 이해가 가지 않습니다.

여야가 합의해서 도출해 낸 것이지 소수 의석을 가진 야당 단독으로 통과시킬 수 있는 것입니까? 뭐를 알고 말씀을 하셔야지, 아무것도 모르고 말씀하시면 안 되는 것입니다. 또 지방의회에 여당 의석이 많으면 안 된다고 모 후보가 말씀하셨는데 분명히 말하지만 지방의회는 정치하고는 거리가 먼 곳입니다. 가장 살림을 잘 꾸리는 현명한 주부의 지혜와 슬기가 필요한 곳입니다. 지방자치라는 것이 어느 특정인의 대권욕이나 채워 주기 위해 지방자치 하는 곳이 아닙니다.

이번 지자제 선거는 더 이상 한풀이 선거가 돼서는 안 됩니다. 지방자치제는 지역 개발문제와 지역 복지문제만을 가지고 지방의원을 뽑는 지방정치여야지 중앙 정치무대의 축소판이 돼서는 안 됩니다. 정당이나 파벌 또는 지역성 위주의 선거보다는 지역 발전을 위한 정책대안의 평가에 중점을 두고 그 정책 평가를 통해 지방의원을 선출하게 될 때 후보자는 올바른 지방경제의 육성을 위한 정책을 제시하게 될 것이고 이 과정에서 자질을 갖추지 못한 후보는 자연적으로 도태되고 말 것입니다.

다시 말해서 지방자치는 갈등과 투쟁의 일변도에서 탈피하여 어떻게 하면 주민의 세금을 최대한 효율적으로 운영하고 지역주민의 삶과 행복을 증진시킬 수 있느냐 하는 데 있는 것입니다. 따라서 이번 지방의회의 새로운 출발은 매우 큰 의미를 가지고 있습니다. 내 고장 살림살이를 담당할 주민대표를 여러분의 손으로 직접 선출하는 것은 우리나라의 지방자치와 민주 발전사에 새로운 이정표를 세우는 중요한 일이라 하지 않을 수 없습니다.

유권자 여러분께서는 이번 선거의 의미와 중요성을 깊이 깨닫고 성숙된 국민의 자치의식을 발휘하여 오랫동안의 숙원이었던 지방자치를 성공적으로 정착 발전시키고 새로운 선거문화를 이룩하는 중요한 기회임을 인식하시어 지연이나 학연, 혈연을 떠나 진실로 지역의 발전에 봉사할 수 있는 사람을 선출해야 합니다. 그동안 타락과 불법선거로 얼룩진 한국의 선거사를 이번만은 선거혁명을 이룩하여 깨끗한 전통을 세워 봅시다.

여러분! 후보자와 유권자는 공명선거의 장본인입니다. 후보자는 금품으로 유권자를 타락시키지 않고 유권자는 후보자의 유혹에 말려들지 않는다면 이 땅에도 선거혁명이 일어날 수 있습니다. 여러분께서는 사소한 이해 관계나 감정에 얽매이지 말고 후보자에 대한 객관적인 정보를 바탕으로 자기 고장의 민의를 올바로 대변할 수 있는 참된 지도자를 선출하여야 할 것입니다. 그리하여 다가오는 희망찬 21세기를 맞이합시다!

문민정부와 더불어 신한국 창조의 주역이 됩시다!
기호 1번 김민자와 함께 새 희망 건설에 앞장 섭시다!
기호 1번 김민자를 기억해 주십시오!
기호 1번 김민자를 당선시켜 주십시오! 감사합니다.

기초의회의원 후보연설문(야당편 1)

존경하는 주민 여러분!

지금 이 나라의 농촌경제는 그야 말로 백척간두의 위기요, 바람앞에 등불입니다. 이 나라의 운명이 걸려 있는 이번 선거야 말로 있는 자와 없는 자의 싸움이요, 민자당과 민주당의 싸움이라는 것을 먼저 말씀드리며 기호 2번 김민주 부모 형제 여러분께 뜨거운 마음으로 인사 올립니다!

여러분! 프랑스의 교육학자이자 정치학자인 루소는 이런 말을 했습니다. 농업을 지킨다는 것은 자유를 지키는 일이요, 이는 바로 나라를 지키는 일이니 만약 한 나라의 농업을 다른 나라에 의존하게 된다면 그 나라는 자주독립을 결국 잃게 된다 라고 말했습니다. 지금 우리의 농촌은 조상 대대로 물려받은 논밭을 버리고 산으로 가야 할지 바다로 가야 할지를 모르고 비통한 심정으로 살아가고 있는 것입니다.

왜 우리는 1년동안 뼈빠지게 농사지었던 벼가마니를 면사무소 앞에 놓고 불을 질러야 합니까! 왜 우리는 손톱이 닳아 빠지도록 죽어라 일을 해도 생산비조차 건지지 못하고 한숨만 쉬어야 한단 말입니까? 가진 자들이 내뿜는 자가용 먼지를 마셔 가면서도 참고 또 참으면서 우리는 내 고향 내 땅을 지켜 왔습니다. 어두운 이 시대, 파탄이 되어버린 우리 농촌의 현실 속에서 기호 2번 김민주는 찢어지는 우리 농민의 한과 분노를 가슴에 안고 살농정책을 쓰고 있는 민자당 정권을 심판하기 위해서 이 자리에 섰다는 것을 여러분께 말씀드리겠습니다.

존경하는 주민 여러분!

오늘날의 심각한 농촌은 UR타결로 어쩔 수 없는 문제이니 농촌문제는 농민이 알아서 하라는 식입니다. 그러나 UR협상과 타결에 따른 수입개방은 누가 뭐래도 우리 농민들에게는 절대로 불리한 정책이요, 농촌 말살정책이 아닐 수 없습니다. "농자 천하지 대본"이라는 말은 무색하고 우리 나라의 근본이 농사임에도 불구하고 농촌은 찬밥신세를 면치 못하고 있습니다.

수출증대로 인한 이득은 특수계층에서 보고 수입개방으로 인한 손실은 우리 농민이 보게 되었습니다. 결국 농촌은 퇴보하고 가난은 날이 갈수록 더해만 가고 한마디로 비관적인 실정입니다. 농산물시장 개방에 따른 소득감소를 우려하여 농어민 후계자까지도 농촌을 떠나고 농촌은 교육여건이 좋지 않다고 떠나고 농촌총각은 장가들기 어려워 떠나고 뼈빠지게 일해 봐야 남는 것은 빚더미 밖에 없어서 빚에 쪼들려 떠나고 이제 농촌에는 노인들밖에 없는 실정입니다.

농촌에서 병들고 천대를 받느니 차라리 도회지로 가서 막노동을 하거나 파출부를 하더라도 흙투성이 농촌보다는 낫다고 모두가 도회지로 떠나고 있습니다. 왜 이렇게 되었습니까? 이것은 분명히 사전 대비없이 UR협상을 하고 정치적으로 다른 것을 얻기 위해서 우리 농촌을 포기한 결과입니다.

그렇기 때문에 이번 선거를 통해서 정부가 각성을 하도록 여당 후보에게는 우리 농민의 표가 단 한표도 가서는 안 되겠습니다. 우리 군의회는 여당 일색으로 운영이 되다 보니 여당 소속의원들이 역시 정부 여당의 눈치만 보고 어물쩍 넘어가고 있기 때문에 이번 선거만은 야당 후보를 많이 보내서 여당을 견제하고 비판하면서 농민의 입장에서 일을 할 수 있도록 해야 되겠다는 것입니다 여러분!

우리는 조상 대대로 살아온 우리 농촌을 포기할 수 없으며 결코 포기해서도 안 됩니다. 우리 고장의 일은 우리가 해야 합니다. 이제 정부의 정책을 믿을 수 없습니다. 지난 4년간의 지방의회는 분명히 잘못 되었으며 절대 다수의 여당의원만으로 구성된 우리 ○○군의회는 중앙의 권력에 눌리고 집권 여당의 눈치 보느라 자리만 지키고 있었기 때문에 농촌의 발전은 정체를 넘어 퇴보를 하고 있습니다.

이처럼 어렵고 안타까운 현실을 타개해 낼 사람은 누구이겠습니까? 바로 우리 농민들인 것입니다. 우리 농민들이 총궐기를 해야 할 때가 왔습니다. 진정으로 농민의 입장에서 농민의 뜻을 의회에 반영시키고 우리 농민의 살 길을 찾기 위해서 다 같이 힘을 모읍시다. 우리 농민을 주인으로 섬기고 주인의 뜻을 받들어 올바른 정책대안을 내놓고 일해 나갈 기호 2번 김민주를 선택해 주십시오! 우리 군의회의 정책을 바로 잡는데 최선을 다 하겠습니다!

존경하는 주민 여러분!

지난 4년간의 지방의회를 살펴 봅시다. 우리가 그들의 말을 믿고 표를 찍어 주었고 그들이 잘할 것으로 믿어 왔습니다만 그러나 그들은 지금까지 지방의원의 사명과 역할을 무시한 채 우리의 세금으로 해외관광이 웬말이며 이권개입이 웬말입니까? 인천의 북구청과 원미구청에서 밝혀지기 시작한 세무비리가 전국 각 도처에서 수없이 자행되어 우리의 피땀으로 얼룩진 수백억원의 세금이 도둑질 당했습니다. 그럼에도 불구하고 이들과 한통 속으로 놀아난 의원님 나리들께서 또다시 표를 찍어 달라니 이게 웬말입니까? 중앙당의 정치놀음에 놀아나고 중앙정부의 들러리나 선 결과 효율적인 행정과 균형있는 지방자치의 발전은 무색한 구호가 되었으며 결국 우리 지역 주민들은 고양이에게 생선가게를 맡긴 결과가 되고 말았습니다.

또한 열차 전복사고, 서해안 여객선 침몰사고, 서울의 성수대교 붕괴사고, 아현동 가스 폭발사고 등 사건 사고가 하늘에서 지상에서 바다에서 연일 터지고 있습니다. 이와 같이 엄청난 사건 사고를 당하고도 책임지는 사람이 하나도 없어요. 정부는 물론 지방자치 단체마저도 나는 모르는 일이다는 식으로 딴전을 부리고 있으니 과연 이 사람들이 우리의 일꾼이 될 자격이 있다고 생각하십니까? 또 다시 이 사람들은 우리 지역의 대표로 뽑아야 되겠습니까? 여러분! 책임은 지지 않고 허튼 소리만 하는 이 며칠 전에도 어느 후보는 부락마다 도로를 만들어 주고 다리도 놔주고 버스노선을 어디에서 어디까지 내 주고 어쩌고 하시는데 불행하게도 저는 그런 공약을 할 수는 없습니다.

지난 날 각종 선거에서 여당쪽 후보들이 내 걸었던 공약들만 다 지켜졌다 해도 오늘날 우리 농촌이 이렇게 되지는 않았을 것입니다. 선거때만 되면 말뚝 박아 놓고 공약하고 선거 끝나자 마자 빼 버리는 이런 선거풍토! 어디 우리가 이런 정상배들에게 한 두번 속았습니까? 저는 다만 군의원으로 할 수 있는 일만 성실히 해 나가겠다는 것입니다.

저는 분명히 말씀드립니다! 정부도 물론 책임정치를 해야 되겠지만 지방자치 단체도 나름대로 책임행정의 자치를 해야 한다고 생각합니다. 따라서 소신과 책임감을 가지고 주민 여러분들의 고귀한 뜻을 받들어 사건 사고에 대해서는 그 책임의 소재를 분명히 따지고 과 헤치겠다는 약속을 드립니다.

우리가 낸 세금이 엉뚱한 곳에 사용되어 예산이 낭비되는 일이 없도록 철저히 막아내고 우리 군의 행정을 감시하고 예산을 심의

해서 여러분 앞에 낱낱이 공개할 것입니다. 우리 군의 부족한 예산은 국고보조금이나 지방교부금으로 충당할 수 있도록 중앙정부와도 적극적으로 싸워 나가겠습니다. 지금까지의 군정보고는 형식적으로 이루어져 왔습니다. 따라서 저는 우리 주민의 알 권리를 충족시키기 위해서 수시로 주민 여러분을 찾아 뵙고 군정보고를 하는 보고에 철저한 의정활동을 할 것도 분명히 약속을 드립니다.

여러분! 과연 이러한 일들을 누가 해 내겠습니까? 손만 번쩍 번쩍 들어 날치기 통과를 하는 여당은 안 됩니다. 주민 여러분들의 충실한 대변자로써 군의회의 잘못을 비판하고 견제하며 감시하는 야당의 일꾼! 올바른 정책대안을 내 놓고 일해 나갈 합리적인 일꾼! 이 지역 실정에 밝은 이 젊은 일꾼을 군의회로 보내주시기 바랍니다!

존경하는 주민 여러분!

이번 지자제 선거야 말로 문민독재 민자당을 지지할 것이냐, 아니면 우리 민주세력인 민주당을 지지하여 사람답게 살 것이냐 하는 중대한 선거인 것입니다. 이번에도 여당쪽 후보들이 많이 출마를 하셨습니다만 대부분 권력에 아부하고 부동산 투기하여 일확천금을 거머쥔 졸부들이 많습니다. 그 중에는 이 고장을 떠난지 30년이 되시는 선배님도 이번 군의원에 출마를 하셨습니다. 35년만에 전면적인 지자제도 되찾고 30년만에 선배님도 만났으니 얼마나 반가운 일입니까?

그러나 이 촌놈 김민주 때문에 오신 것은 아닌 것 같습니다만은 어찌 됐건 앞으로도 계속 우리 군을 위해서 우리 도를 위해서 더욱 관심을 써 주시고 이 촌놈 김민주가 군의원에 당선된다 하더라도 계속 협조해 주시기 바랍니다. 이권개입이나 인사청탁 말고 말입니다.

여러분! 이제 우리 농민들은 정신을 똑바로 차려야 할 때입니다. 민자당쪽 후보들은 한결같이 정치에는 아무 관련이 없다고들 말씀하십니다. 그러나 여러분! 이 나라가 누구 때문에 이렇게 되었고 누구 때문에 이렇게 멍들었는데…… 이 농촌 다 죽여 놓고 이제 와서 양의 탈을 쓴 늑대처럼 우리 농민에게 표를 달라는 이런 사람들이야 말로 가슴 속에 피멍이 들어 있는 우리 농민들 앞에 무릎 꿇고 사죄해야 한다고 생각하는데 여러분 생각은 어떻습니까?

존경하는 주민 여러분!

저는 이 지역 발전을 위해 열심히 일해 온 참일꾼이었다는 말 한마디를 듣고 싶은 소망을 가지고 살아온 사람입니다. 현명하신 유권자 여러분께서는 절대로 부정과 타락선거에 현혹되지 마시고 우리 ○○군의 자존심을 지켜 나갑시다! 다가오는 6월 27일 선거일에는 민심이 천심이라는 것을 똑똑히 보여 줍시다! 기호 2번 김민주를 군의회로 보내 줍시다!

여러분의 참일꾼, 농부의 아들 김민주를 성원해 주십시오!

감사합니다.

기초의회의원 후보연설문(야당편 2)

존경하는 동민 여러분! 안녕하십니까?

이번 ○○구 구의원에 출마한 기호 2번 김민주입니다.

저는 이번 선거에 출마하면서 정말로 고민을 많이 하였습니다. 가진 것도 별로 없을 뿐더러 연설도 잘 할 줄 모르고 그렇다고 해서 이 지역 일꾼으로 내가 최고 적임자이니 나를 찍어 주십사 할 수 있는 두꺼운 얼굴의 소유자도 아니기 때문이었습니다. 그러나 여러분! 신중한 생각 끝에 출마를 결심하게 되었습니다. 그것은 후보자가 표를 얻기 위해서 말을 얼마나 잘 할 수 있느냐, 없느냐 하는 문제가 아니라 우리 지역 발전을 위해서 얼마나 성실하게 일을 잘 할 수 있느냐, 없느냐가 중요한 문제이기 때문이었습니다.

존경하는 동민 여러분!

영국의 정치학자 브라이스는 말하기를 지방자치제는 민주주의의 학교라고 말했습니다. 지방자치가 민주주의의 뿌리로서 민주주의의 학습장으로써 차지하는 의미를 새삼스럽게 말할 필요도 없겠지만 우리 국민 모두는 말로만 풀뿌리 민주주의다, 35년만에 전면적으로 실시하게 되었다 하고 말하기 전에 이번 선거의 의미를 깊이 깨닫고 주권자로써 적극적으로 참여해야 힐 것입니다. 왜냐하면 지방의회의 할 일은 우리 지역주민 한 사람 한 사람 모두에게 가장 가깝고 직접 관련된 일들을 수행해야 하기 때문입니다. 조례의 제정을 통해 우리 지역이 살기 좋은 곳이 되도록 방향을 설정하고 예산안 심의나 결산승인을 통해 여러분이 내신 세금이 여러분을 위한 살림에 어떻게 쓰여지고 있으며 제대로 집행되고 있는가를 알려 주기도 하고 감독하기도 하기 때문입니다.

지역주민의 청원과 진정을 받아들여 주민 여러분의 소망과 요구사항을 충분하게 해결해 주는 중요한 일을 하는 곳이 바로 지방의회이기 때문입니다. 그렇다면 여러분! 이렇게 중요한 일을 담당하게 될 우리 고장의 일꾼은 어떤 사람이어야 하겠습니까? 무엇보다도 봉사정신이 투철한 사람이어야 합니다. 문제 해결의 능력을 지키고 있어야 합니다. 행동은 지역적으로 하지만 사고는 전국적으로 할 줄 알아야 합니다. 권력에 아부하거나 부동산투기를 일삼는 졸부가 아닌 양심적인 사람이어야 합니다. 이러한 지역 일꾼을 뽑기 위해서 우리 시민 여러분들은 그동안 수동적인 유권자상을 단호히 거부하고 이 나라의 주권자로써 지방자치를 주도적으로 창출해 내는 적극적인 유권자로 새롭게 태어나야 한다고 기호 2번 김민주는 간절히 호소합니다!

여러분의 일꾼, 김민주야 말로 분명히 해 내고야 말 것입니다. 여러분!

존경하는 동민 여러분!

요즘 우리 나라는 온통 무너지는 소리로 요란합니다. 위계절서가 무너지고 다리가 무너지고 공무원의 기강이 무너지고 군기가 무너지고 인륜과 도덕이 무너지고 그래서 놀란 국민들의 가슴이 무너지고 있습니다. 사회가 이 지경이니 살 맛을 잃었다는 사람들이 늘어나고 이런 시국에 태어나서 살아가고 있는 자신이 부끄럽다는 자조와 자탄의 한숨소리도 여기 저기서 들리고 있습니다.

성수대교의 붕괴로 씻을 수 없는 국제적 망신을 당하더니 유람선 충주호가 불길에 휩싸여 수많은 인명이 희생됐고 전대미문의

하극상 사건과 장교 탈영사건이 터진지 불과 한달만에 사병이 장교를 쏘아 죽이는 참극마저 일어났습니다. 김영삼 정부 2년 6개월만에 엄청난 사건 사고들이 연일 터지고 있습니다. 그러나 누구하나 제대로 나서서 책임지는 사람 하나 없습니다. 말단 피래미 몇명 구속시키고 사건 마무리하려 하지만 현명하신 우리 국민이 그걸 용납할 것 같습니까?

존경하는 동민 여러분! 용납할 것 같애요? 아니죠?

우리는 이와 같이 책임지지 않는 문민독재정부에 경종을 울려주어야 합니다. 그러기 위해서는 기초선거에서부터 여당성 후보는 과감히 탈락시켜 민심이 천심이라는 걸 보여줘야 할 것입니다. 여러분!

기호 2번 김민주는 이와 같은 불의와 책임회피식의 행정에는 과감하게 대처하여 기초행정의 기틀을 마련하는 데 최선의 노력을 다 할 것입니다!

여러분!

지방의회는 법률의 범위내에서 조례를 제정할 수 있다는 점에서 지방 자치단체의 입법기관이라고 할 수 있습니다. 또한 자치단체의 장인 시장이나 구청장 등의 행정과 권한 행사를 감시하는 견제기관이도 합니다.

따라서 이와 같이 중요한 지방의회에 있어서 지방의원이 될려면 무얼 알아야 한다 이 겁니다. 무얼 알아야 업무수행을 제대로 할 수 있는 것 아닙니까? 지난 번에 여당후보들 많이 당선시켜주니까 무얼 했습니까? 지역살림은 외면한 채 우리의 귀중한 세금으로 외국 관광이나 다녀오고 이권 개입하고 그러니까 공중에서 바다에서 지상에서 지하에서 연일 사고가 터지고 세금 도둑질 낭하는 것 아닙니까?

이제는 우리가 주인 행세를 똑바로 해야 되겠습니다. 지방의회만 의원들의 자질에 문제가 있는 것입니다. 출마해서 표를 구걸할 때의 마음 다르고 당선되었을 때 마음 다르기 때문입니다. 제도가 잘못 됐으면 과감히 뜯어 고쳐야 합니다. 저는 여러분의 뜻을 받들어 구의회에 들어가면 먼저 구의회의 예산을 구민 모두에게 공개하는 예산회계 공개의 제도적 장치를 마련하겠습니다. 또한 예산결산 심사제도를 도입하여 효율적인 예산집행을 할 것입니다.

또한 지역발전을 위한 정책은 저 개인의 생각만으로는 불가능하므로 우리 지역의 어른들과 각계 각층의 의견을 수렴하기 위해서 민원정책실을 설치 운영하겠습니다. 유권자 여러분께서는 이번 선거의 의미를 깊이 인식하시어 오랫동안의 숙원이었고 지방자치를 성공적으로 정착, 발전시키기 위해서 진정으로 지역발전의 봉사자를 선출해야 합니다. 사소한 이해관계나 감정에 얽매이지 말고 후보자에 대한 객관적인 정보를 바탕으로 우리 지역의 민의를 올바로 대변할 수 있는 참된 지도자를 선출해야 합니다.

동민 여러분! 다가오는 6월 27일 한 사람도 기권하지 말고 투표에 참여합시다! 주민들의 적극적인 참여 없이 자치가 이루어질 수 없고 자치 없이는 참다운 민주정치가 정착될 수 없기 때문입니다. 모두 투표장에 가서서 민주시민의 자존심과 명예를 확인해야 합니다. 투표에 불참하는 것은 민주시민으로서의 권리 포기이며 자기 모독인 것입니다.

여러분! 저는 여러분께 호소합니다! 오는 투표일에는 온갖 관권과 금권유혹에 꺾이지 말고 여러분의 신성한 주권을 당당히 행사하여 자랑스런 우리 ○○구의 명예를 지킵시다! 우리 ○○구의 자존심을 지킵시다!

기호 2번 김민주를 구의회로 보내어 진정한 지방자치를 실현합시다!

광역의회의원 후보연설문(여당편 1)

존경하는 서울시민 여러분! 안녕하십니까?

제가 바로 민자당의 공천을 받고 우리 지역 유권자 여러분의 충실한 일꾼이 되고자 서울시의회 의원에 출마한 기호 1번 김민자입니다. 오늘 이 연설회장에 모이신 여러분들의 모습을 직접 대하고 보니 반갑기 그지 없으면서도 얼마간은 두려운 생각도 금할 수 없습니다. 무엇이 반갑느냐 하면 우리나라 살림이 잘되어야 하겠다고 걱정하시는 유권자 여러분의 정치의식과 열기가 대단하다는 것을 확인할 수 있으므로 비록 제한된 시간이나마 저 자신과 우리 민자당의 깊은 속, 참마음을 말씀드릴 수 있는 좋은 기회가 마련되었기 때문입니다.

욕심 같아서는 여러분의 가정이나 직장을 일일이 찾아 뵈어 인사를 드리고 여러분의 속사정도 들어보며 저희 집권당이 국정의 바른 길을 가고자 어떠한 노력을 하고 있는지도 세세히 말씀드리고 싶습니다만 우리 민자당에서는 선거법상의 각종 규정들을 그야말로 집권당답게 솔선해서 지키기로 하였으므로 직접 찾아뵙지 못하는 아쉬운 생각이 굴뚝같기만 합니다. 그런데 오늘 이 자리에 많은 유권자님들께서 직접 나오셔서 여러 후보자들의 이야기를 듣고자 나오셨으니 이 사람으로서는 얼마나 반갑고 다행한 일인지 모르겠습니다. 그러면서도 얼마간 두려운 생각이 드는 까닭은 어느 나라의 정치연설회도 마찬가지이듯이 나라의 근본적인 운명을 걱정하고 국민생활 향상과 직결되는 건설적인 정책을 말씀드리는 여당 후보자의 목소리는 차분하고 조용한데 비해서 정부 여당을 마구 공격해 대야만 돋보일 수 밖에 없는 야당 후보자들의 목소리는 요란하기 때문에 얼핏 들으면 민자당 후보인 이 사람이 무슨 큰 잘못이라도 있었던 것 같은 입장에 놓이는 것이 아닌가 염려스럽다는 이야기올습니다.

존경하는 서울시민 여러분!

그렇다고 그분들의 말씀이 전부가 잘못 되고 모두가 과장되었다는 것은 결코 아닙니다. 오히려 어떤 문제들은 아주 잘 지적해 주셨고 저 자신도 옳은 말이구나 하면서 박수를 보내고 싶은 말들도 많이 있다는 사실을 밝혀 둡니다.

그러나 여러분! 현실적으로 잘한 것은 잘했다고 하고 인정할 것은 인정하자 이 겁니다. 사실, 김영삼 대통령의 문민정부 출범 이후 지방자치제가 35년만에 전면적으로 실시되는 것 아닙니까? 비판만으로 끝나는 것은 책임있는 행동이라 할 수 없으며 진정으로 책임감이 있는 사람은 실천 가능한 처방을 제시할 수 있을 때까지는 비판을 삼가하는 것입니다. 선거연설에서 비판을 잘하고 이쪽 저쪽 다 싸잡아서 공격을 잘 해야 박수도 잘 나오고 야! 시원하구나 하는 소리를 듣는다 하더라도 이거야 어디 싸움 잘 하고 던지기 잘 하고 욕 잘 하는 우리나라 국회의원감으로 딱 들어맞는 정치인이지, 이제 35년만에 전면적으로 실시되는 지방자치의 일꾼으로 적합하지 않다고 생각되는데 여러분! 저의 말을 들어보니 그래 당신말이 옳소 하는 생각이 드신다면 힘찬 박수 한 번 보내 주십시오!

존경하는 유권자 여러분! 이번 선거는 지방자치제의 성공을 좌우하는 중대한 선거인 만큼 거짓말만 늘어놓는 사람이 아닌 진정한 지역 봉사자이어야 합니다. 정직한 사람, 지역사회의 형편에 밝은 사람, 믿고 대화할 수 있는 사람, 서로 협력하고 모든 일을 풀어 나가겠다는 겸손한 마음씨를 가진 사람을 뽑지 않는다면 그 동안 우리는 우리의 손으로 뽑아 놓고 잘못 뽑았다고 가슴을 쳤던 쓰라린 과거를 다시 경험해야 한다는 사실을 명심해야겠습니다.

지방의회는 법률의 범위내에서 조례를 제정할 수 있다는 점에서 지방 자치단체의 입법기관이라고 할 수 있습니다. 또한 지방 자치 단체의 장인 시장, 도지사, 군수 등의 행정과 권한행사를 감시하는 견제기관이기도 합니다. 국회가 국정 조사권을 가지고 있듯이 지방의회도 지방행정 조사권을 발동할 수가 있어서 지방자치 단체의 부정, 부패, 권력남용 등을 조사하며 주민으로부터 제출된 많은 청원과 진정을 수리하고 처리하는 것입니다. 이렇게 중요한 역할을 해야 할 지방의회에 있어서 어떠한 어려움이 있더라도 반드시 공명정대하고 차분하게 치러져야 함은 물론이요 정의롭고 깨끗한 선거풍토를 확립하여 민주주의의 뿌리를 굳건히 내릴 수 있도록 하자 이 말입니다.

존경하는 시민 여러분!

앞으로 우리 서울시가 안정 속에 발전하느냐? 아니면 답보상태로 후퇴하느냐의 선택은 현명하신 유권자 여러분께서 누구를 서울시의회 의원으로 선출하느냐에 달려 있습니다. 기호 1번 민자당소속 김민자는 현명하신 여러분의 선택을 받아 서울시의회 의원으로 당선된다면 지금까지 제 평생의 생활신조가 그랬듯이 의원이기에 특별하고 의원이기에 특혜를 받아야 하고 의원이기에 예우를 해야 하는 그런 풍조, 즉 권위주의를 배척하겠습니다.

다음으로 우리 지방의 살림을 알뜰하게 꾸려 나가겠습니다. 6조원의 방대한 우리 지역 살림살이에 있어서 여러분의 세금 한푼이라도 헛되게 쓰여지지 않도록 하겠으며 잘못 거두어 들인 세금

이 있다면 그 즉시 여러분들에게 되돌려 드림은 물론 각종 공과금의 인상은 절대 없을 것임을 약속 드립니다. 여러분! 그동안얼마나 많은 세금이 헛되이 낭비되었습니까? 제가 알기로는 서울시 예산 수조원 중에서 의원 예우에 관한 예산도 편성되었다는것입니다.

이와 같이 예우 운운하는 것이야 말로 지난 날의 권위주의를의미하는 것이기 때문에 문민정부하에서는 절대로 용납될 수 없는 것으로 그러한 불필요한 예산은 과감히 삭감해야 한다고 생각합니다. 자! 여러분 보십시다! 지금까지 서울시의회에서 의원 예우에 관한 예산을 없애자는데 누가 찬성을 했고 누가 반대를 했는지는 여러분들께서도 이미 잘 알고 계실 것입니다. 국민의 피땀어린 세금을 멋대로 쓰고 또 잘못 쓰고도 처벌받지 않았던 과거와는 달리 새로운 지방화 시대를 맞아 그러한 무리들은 그 어느 곳에도 발 붙이지 못하도록 해야겠습니다. 한번으로 충분해야할 공사임에도 수없이 되풀이 반복되는 수도·전화·전기공사로시민들의 불편은 물론 엄청난 예산낭비의 시행착오를 여기 기호1번 김민자는 명예를 걸고 근절시켜 나갈 것입니다.

또한 대한민국의 수도 서울의 자존심을 위해서도 서울시민의생명과 재산을 위해서도 자연환경 보존과 공해부터의 해방을 위해 노력할 것입니다.

그동안 우리는 산업사회로 전환하는 과정에서 사실상 공해문제에 적극적으로 대처하지 못했습니다. 지금 우리는 이 심각한 공해문제를 해결하지 못한다면 우리의 서울은 멀지 않아 죽음의 도시로 변할 것입니다. 따라서 저는 우리의 젖줄 한강을 더럽히는사람이나 오염시키는 기업에 대해서 강력한 규제사항을 두어 맑은 물 공급에 최선을 다할 것입니다. 그리고 지하철 및 각종 도로망을 신설·확충하는가 하면 특히 교량보수와 검사를 매년 정기적으로 실시하여 시민들이 마음놓고 건너 다닐 수 있도록 최선의 안전장치를 마련하겠습니다. 청소년들의 탈선방지를 위해서도 각종 문화공간·놀이문화 등을 개발하고 아동과 노인을 위한 휴식공간도 마련하는 데 더 많은 노력을 기울이겠습니다.

저는 이와 같이 지킬 수 있는 공약만을 공약으로 내세우면서 작은 정책 하나에도 국민의 뜻을 생각하고 친절과 봉사를 생명으로 하는 행정, 국민의 편익을 생각할 줄 알고 국민의 불편을 이야기하기 전에 잘못된 것은 고칠 줄 아는 행정으로 바꾸어 나가겠습니다. 이와 함께 공직자들이 소신 있게 직무에 임할 수 있도록 근무 여건과 풍토쇄신에 앞장 설 것이며 누구 앞에서도 떳떳하고 일한 만큼 인정받는 공직사회를 만들어 가는 것이야 말로 문민시대의 공직자 상이며 우리 지방의회가 해야 할 과제인 것입니다.

또한 우리 정치권도 앞으로는 더욱 투명해질 것이며 국민앞에 열린 정치, 부패하지 않은 정치의 틀을 확고히 다지기 위하여 법과 제도를 통해서 투명성을 보다 구체화 해 나갈 것입니다. 이와 아울러 우리의 정치는 보다 생산적인 방향으로 나아가게 될 것이며 변화된 정치환경 하에서 당리당략으로 얼룩졌던 고함소리와 비난의 소리는 사라져야 할 것이며 새로운 지방화 시대에 맞는 정치환경이 형성될 때 우리 나라는 선진국 대열에 들어 설 것이라고 저는 분명히 말씀드립니다.

앞으로 우리 문민정부는 작으면서도 효율적으로 운영될 것입니다. 최소한의 주요 기능만을 중앙정부가 수행하고 나머지 분야는 과감히 지방정부와 민간부문에 이양하여 지방자치제의 완전한 기틀을 다지는 데 온 힘을 기울여 나갈 것입니다. 여러분! 업무의 칭의성과 효율성을 극대화 할 수 있도록 노력하는 정부, 확고한 개혁을 추진해 나가는 이 정부야 말로 진정한 문민정부의 참

모습이 아니겠습니까?

우리는 이 변화의 물결 속에서 새롭게 태어나야 되겠습니다. 지방화 시대가 본격적으로 열리는 이 시점에서 진정한 풀뿌리 민주주의를 정착시키기 위해서는 여러분의 올바른 판단이 필요합니다. 지금 우리는 진정한 살림꾼을 뽑아서 우리 수도 서울의 살림을 알뜰하게 꾸려 나가게 하느냐, 아니면 소리만 지르고 선동과 폭력만을 일삼아 다음 총선과 대선에서 한 몫을 하려는 자들을 뽑아 지방자치의 싹수를 노랗게 할 것이냐 하는 것입니다. 기껏 뽑아 놓았더니 뿌린 것 거두자며 감투 이용하여 부동산 투기나 할 사람, 그렇지 않으면 재벌들과 결탁해서 부정축재나 할 사람, 이런 사람들은 백명 뽑아 봐야 헛일이예요. 여러분의 현명한 판단으로 참된 일꾼을 뽑아야 한다는 것입니다.

만약 이번 선거가 또다시 불법과 타락선거로 지역감정을 유발시키는 말바탕이 된다면, 또 사회적 혼란과 경제적 희생이 수반된다면 오히려 지역발전을 저해함은 물론이요, 어렵게 실시하게 되는 주민자치와 국운 융성의 기틀마저 위태롭게 된다는 것을 깊이 인식하시고 공정한 선거, 깨끗한 선거를 주장하는 기호 1번 김민자를 시의회로 보내 주시면 결코 여러분에게 실망을 안겨 드리지는 않을 것입니다. 진정으로 주민 여러분들이 가려운 곳을 긁어 주는 참일꾼이 되겠습니다. 진실로 우리 지역과 여러분들을 위해서 저의 정열을 불태워 나가겠습니다. 여러분들의 뜨거운 성원을 부탁드립니다. 민자당 후보 기호 1번 김민자를 기억해 주십시오.

감사합니다.

광역의회의원 후보연설문(여당편 2)

　존경하는 시민 여러분!

　방금 소개 받은 기호 1번 김민자입니다. 헌정사상 처음으로 문민정부를 탄생시킨 민자당의 공천을 받고 출마한 기호 1번 김민자입니다. 저는 오늘 이 자리를 빌어서 우선 감사의 말씀과 부탁의 말씀을 드리고 싶은 것은 지난번 서울시 광역선거에서 저에게 압도적인 표를 던져 주셨으므로 해서 제가 시정에 임하여 있는 소신을 다 펴고 우리 국가를 위해서 우리 서울시를 위해서 제 모든 정열을 다해서 일해 왔습니다.

　이 고장 영등포를 위해서도 이 골목 저 골목을 누비면서 더 많은 발전을 위해서 일할 수 있었던 것은 바로 유권자 여러분들의 성원이 아니었나 사료됩니다. 그러나 지금까지 앞서 말한 많은 후보들의 연설을 들어 보니까 마치 제가 지난 4년동안 아무것도 하지 않고 빈둥 빈둥 놀기만한 사람처럼 들리는 듯 하는데 옛말에 참새나 제비가 어찌 기러기나 따오기의 마음을 알까보냐하는 얘기가 있듯이 바로 이 말이 이런 때 적중되는구나 하는 생각이 들었습니다.

　앞으로의 시정을 논의하고 국가의 백년대계를 이끌어 나가야 할 서울시의원 후보들이 그 경륜과 비견은 하나도 제시하시 않고 그저 나오는 대로 헐뜯고 욕만 하고 책임없는 말만 남발하고 있으니 이 어찌 국가의 대사를 생각하는 김민자의 마음을 그 사람들이 알 수 있겠느냐 이 말입니다. 사실 가정 하나 끌고 나가는 데도 어려운 점이 많이 있습니다. 작게는 아들 딸을 뒀는데 그 아들 딸의 개성이 다 달라서 부모님의 속을 썩이는가 하면 또 때에 따라서는 병이 생겨서 걱정할 때도 있습니다. 하물며 이 크고 방대한 서울시를 다스려 나아가는 데도 여러가지 문제가 있게 돼 있습니다.

요는 이것이 제대로 계획이 돼서 역사의 흐름에 충실해서 이 국가가 영원히 영광된 민족으로 기약할 수 있는 방향으로 가느냐, 그렇지 않으면 오히려 여기서 폐허가 되느냐 이러한 문제들을 놓고 우리는 비판해야 된다고 할 적에 가다가 약간의 차질이 있다고 해서 이것을 크게 침소봉대하여 이 나라의 앞날을 망치는 망발로 이끌어 나간다 할 것 같으면 이 나라의 장래는 어떻게 되겠습니까? 현명하신 유권자 여러분들께서는 이러한 감언이설에 절대 속아서는 안 된다는 것을 부탁드리고 싶습니다.

이제 우리나라는 21세기의 세계의 중심국가로서 무한 경쟁시대의 큰 바다를 헤쳐 나가야 할 때입니다. 시련과 고난의 파도가 우리 앞에 놓여 있습니다. 변화하는 세계는 우리 앞에 다가서고 있습니다. 지금 세계가 달라지고 있습니다. 따라서 우리도 달라져야만 합니다. 이제 우리가 세계 속에서 고립되지 않고 냉험한 국제 현실을 이겨나가는 것은 과연 우리가 얼마만큼 달라지느냐에 있습니다.

그런데 과거의 타성에 젖어서 목청이나 높이고 싸움질이나 하는 국회의원들의 모습을 그대로 답습해서 시의원이 될려고 하는 사람들이 있는데 우리 유권자 여러분께서 그냥 놔 두시겠습니까? 또 시골 면장이라도 할려면 뭘 알아야 한다는 말이 있습니다. 우리 서울시 살림을 똑바로 할려면 경영·관리·도시계획·예산편성 등 알아도 한 두가지 알아서 될 일이 아님에도 불구하고 어쩌다 땅투기 잘 해서 한 밑천 잡은 졸부들이 나서서 시의원 하겠다고 하니 어느 정당에서 공천을 줍니까?

야당에서도 안 주니까 무소속으로 나올 수 밖에 이러다 보니 후보가 난립하게 된 것입니다. 그러나 숨아내야 할 것은 숨아내고 골라야 할 것은 골라내야 할 것입니다. 1960년 광역선거를 마지막으로 지방자치제가 실종된지 35년만에 다시 부활된 오늘, 이번 선거야 말로 내 이웃과 내 고장을 위해 봉사할 일꾼을 뽑는 아주 중요한 행사이기 때문에 또 이번 선거야 말로 지방자치제의 성공을 좌우하는 중대한 선거인 만큼 능력없고 거짓말 잘 하는 사람이 아닌 능력 있고 깨끗한 인물을 뽑아 지역주민의 의견을 존중하고 지역발전에 헌신적인 사람이 당선되는 새로운 선거풍토를 만들어야겠습니다.

따라서 저는 오늘 이 자리에서 기성 정치인들의 흉내만 내는 공약이나 늘어 놓고 거짓말로 표를 달라고 구걸하기보다는 지킬 수 있는 몇가지를 말씀드리겠습니다.

첫째 우리 지역은 타지역에 비해서 공장들이 많아서인지 곳곳에 쓰레기더미가 많고 골목이 어둑컴컴하고 하수구가 막혀 악취가 풍기고, 보도블럭이 깨져서 덜커덕거리며, 수도물조차도 마실 수 없는 곳이 많이 있습니다. 이와 같은 불편사항을 자세히 뜯어 보면 당국에서 많은 예산을 들이지 않고서도 적극적으로 관심만 기울이면 해결할 수 있음에도 불구하고 행정적 절차나 관행에 얽매여서 주민들의 불편을 가중시키고 있는 점이 한 두가지가 아닙니다.

저는 이와 같은 불필요한 관행이나 절차의 법규를 뜯어 고쳐서라도 여러분의 생활 환경과 관련된 문제에 대해서 과감하고 신속하게 개선해 나가도록 하겠습니다. 저는 근로자들을 위한 대단위 주택사업과 복지회관 마련 등 후생복지 사업에 앞장서고 문화에 대한 깊은 인식을 가지고 문화공간 확보에 주력할 것입니다.

이와 같은 몇가지 공약의 말씀을 드렸습니다만 우리 서울시의 예산으로 할 수 있는 것도 있고 할 수 없는 것도 있습니다. 자체적으로 할 수 있는 사업은 빠른 시일내에 착수할 것이며 중앙정부의 도움을 필요로 하는 것은 즉시 건의하고 설득해서 그래도 안 된 때에는 떼를 써서라도 우리 지역 예산을 더 많이 확보하여 내 고장 발전을 앞당기겠습니다. 그런데 여러 유권자 여러분 중에는 당신이 무슨 힘이 있다고 그 엄청난 일들을 해낼 수 있겠는가 하고 반문을 하시는 분도 계실 것입니다. 그러나 이것은 아무런 계획이 없었던 것을 제가 단독으로 하는 것이 아니라 이미 저의 민자당에서 세워 놓은 정책을 저는 구체화 하고 계획화 해서 우리 지역 실정에 맞게 실행하겠다는 저의 실천의지인 것이니 결코 허황된 선전이나 헛된 공약이 아니라는 것을 다시 한번 말씀드리고 또한 제가 의회에 발의를 해서 이미 완결단계에 있는 몇가지 사업도 있다는 것을 보고드립니다.

또 하나, 저는 오늘 이 자리에 모이신 유권자 여러분들을 증인으로 모신 가운데 공명선거를 모범적으로 실천하겠다는 것을 약속드립니다. 만약 여러분의 선택을 받아 또 다시 영광스런 서울시의원이 된다면 무엇보다도 우리 지역 행정의 어떤 구석에도 부정부패가 발 붙이지 못하도록 감시하는 파수꾼이 되겠습니다. 지난 날 공직자와 사회 지도층의 부정부패가 국기를 흔들고 모든 성실한 사람들의 희망을 빼앗아 갔습니다. 바로 거기에 주민에 의한 행정부의 견제와 감시기구로써 지방의회의 존재 의의가 있는 것입니다. 저 김민자는 이번 지방의회의 출범이 우리 지역사회의 부정한 뇌물, 인사청탁, 향응 같은 독소를 일소하는 계기가 되고 우리 공직사회에 청렴한 기풍을 드높이는 계기가 될 수 있도록 앞장서겠습니다.!

288

존경하는 유권자 여러분! 그동안 우리는 온갖 어려움 속에서도 괄목할 만한 경제성장을 이루었고 21세기를 눈앞에 두고 마침내 문민정부를 탄생시켰습니다. 도전적이고 위협적인 국내외 환경 속에서 탄생한 문민정부는 수많은 난관과 어려움 속에서도 개혁을 주도함으로써 21세기를 향한 힘찬 도약의 기틀을 다지고 있습니다.

따라서 문민정부는 역사적으로 가장 확고한 정통성과 대표성, 그리고 도덕성을 지니고 있습니다. 이제 문민정부는 이와 같은 위상을 바탕으로 21세기의 국운을 열어가야 하는 막중한 사명을 띠고 있습니다. 문민정부 초기의 개혁은 한국병 치유에 초점을 모았으며 이러한 한국병 치유의 결실은 국가 경쟁력 강화라는 형태로 나타나고 있습니다. 개혁은 바로 국가 경쟁력을 키우기 위해 필수불가결한 추진전략인 것입니다.

그러나 오랜 세월 누적되어온 한국병은 일시적인 개혁만으로는 근치되기 어렵습니다. 한국병을 근본적으로 치유하고 국가 경쟁력을 키우기 위해서는 중단없는 개혁의 추진이 무엇보다도 중요하다고 할 수 있습니다. 김영삼 대통령은 취임 즉시 윗물 맑기 운동을 실천하고 공개함으로써 본격적인 개혁을 주도하였습니다. 대통령의 솔선수범이 개혁의 시작이었다면 개혁의 결실은 바로 우리 모두가 함께 하는 개혁, 즉 온 국민의 동참에 의해서 얻어질 수 있는 것입니다. 개혁의 성과는 장기적인 안목으로 평가되어야 합니다. 사회 구석구석에 산재해 있는 수 많은 병폐와 부조리들을 근본적으로 해결하기 위해서는 상당한 시간이 필요하기 때문입니다.

김영삼 대통령이 추진하고 있는 개혁의 성과가 빨리 나타나지 않는다 하여 개혁이 중단되거나 그 의지가 약화되었다고 평가할 수는 없습니다. 오히려 장기적이고 치밀한 계획에 의해 지속적으로 추진되는 것으로 유권자 여러분께서는 이해하셔야 될 줄 믿습니다. 지금 나타나고 있는 각종 현상들은 지난 30년의 군사정권의 실정이 오늘에 나타나는 것으로 우리 모두 치유해야 할 공동의 책무인 것입니다. 헐뜯고 비판만 할 것이 아니라 나서서 같이 계혁하자 이 겁니다. 부정부패 뿌리 뽑고 개혁하자는데 아무도 반대하지 않습니다.

존경하는 유권자 여러분! 저는 분명히 말씀드립니다. 공직자들의 부정부패를 발본색원할 것이며 많은 예산을 따다가 이 지역 영등포를 꼭 발전시키고야 말 것입니다. 여러분께서는 문민정부가 이 사람 공천한 것을 똑똑히 직시하셔서 안정을 이루느냐, 그렇지 않으면 퇴보를 초래하느냐 하는 것은 전적으로 여러분의 판단에 달렸다고 생각합니다. 여러분! 이제 판단의 시기는 왔습니다. 결단의 시기는 왔습니다. 이제 안정된 바탕위에서 2천년대를 바라보는 태평양 시대를 실현하도록 우리 다같이 정진해 나갑시다. 저의 기호는 1번입니다.

기호 1번 김민자에게 여러분들의 표를 집중적으로 투표해서 1등으로 당선시켜 주십시오. 우리 지역을 서울시 어느 지역보다도 1등으로 발전시키겠습니다. 여러분들의 현명한 판단을 기다리면서 이만 물러 가겠습니다.

감사합니다.

광역의회의원 후보연설문(야당편 1)

존경하는 유권자 여러분!

정통야당 민주당의 공천을 받고 서울시의회 의원에 출마한 기호 2번 김민주 인사 올리겠습니다! 그리고 저와 함께 출마하신 여러 후보자들에게도 유권자 여러분의 뜨거운 격려의 박수 한번 보내 주시기 바랍니다.

여러분! 지금 전국적으로 실시되고 있는 4대 지방선거라는 엄청난 열기 속에서 불법과 타락선거가 곳곳에서 자행되고 있습니다. 그러나 우리 지역에서만은 그러한 후보자가 단 한명이라도 없어야겠고, 또 유권자 여러분께서는 불법·타락선거를 막는 데 앞장서 주실 것을 먼저 제의합니다!

솔직하게 말씀드려서 오늘날의 정치권은 썩을 대로 썩었습니다. 정치가 썩고 실종되다 보니까 물가는 천정부지로 올라만 가고 있습니다. 온갖 부조리가 판을 치고 각종 범죄가 횡행하고 있습니다. 그럼에도 불구하고 여당사람들을 많이 뽑아 주면 이 사람들은 아하! 이것이 민심이구나 하고 정부 여당은 기고만장해서 국민의 뜻을 더욱 외면하리라는 것은 불을 보듯 뻔한 노릇이요, 우리는 더 많은 피해를 볼 수 밖에 없기 때문에 국민이 주인이 되는 정부, 주민이 함께 하는 지방행정이 될 수 있도록 민자당 후보에게는 단 한 표도 주어서는 안 된다는 것을 현명한 유권자 여러분 앞에 호소하는 바입니다!

3당 합당으로 김영삼 문민 독재정권이 들어섬으로 해서 정실인사와 졸속행정으로 국민들의 생활은 나날이 어려워져만 가고 있습니다. 지금 이 정권은 비젼이 없는 정치를 하고 있으며 국민들에게는 실망만 안겨 주고 있습니다. 이 정권이 들어선 뒤 지금까지 2년 6개월간 국무총리가 몇번이나 바뀌었습니까? 또 장관이 몇번 바뀌었고 시장이 몇번 바뀐 줄 아십니까? 불과 6,7개월만이 갈아 치울 수 밖에 없는 인사 정책이야 말로 인사가 만사가 아니라 인사가 망사였다는 사실을 여러분들은 아셔야 합니다.

　　또한 인천과 부천을 비롯하여 전국적으로 터져나온 세금비리도 결국은 정부의 개혁의지를 의심스럽게 하고 있습니다. 이대로 두었다가는 언제 또 다시 재연될지 모르는 심각한 상황에 처해 있습니다. 절대 다수의 공무원들은 박봉에도 불구하고 헌신 봉사하고 있습니다만 일부에서는 고위층의 묵인과 비호 아래 세금 횡령의 비리가 저질러졌다는 것은 이미 수사과정에서도 밝혀진 사실입니다. 그러나 현 정권은 힘없는 공무원 몇사람만 구속하고 고위층 공무원들은 수사조차 제대로 하지 않고 있으니 무슨 개혁이 되겠습니까? 이러고도 무슨 문민정부니, 세계화니 국제화니를 부르짖을 자격이 있다고 생각하십니까?

　　저는 단언하여 말씀 드립니다.

　　이번 선거를 통해서 문민 독재정권에 철퇴를 가하지 않고서는 이 땅에서 진정한 정치를 기대할 수 없고 일관성 있는 행정을 바랄 수 없습니다. 우리 국민의 뜻에 따른 국가경영은 영원히 기대할 수 없기 때문에 바로 6월 27일 선거일은 무능하고 줏대 없는 정권, 국민을 혼란 속으로 몰고 가는 민자당 정권에 본때를 보여 줍시다! 민주당 소속 기호 2번 김민주를 지지하여 주민이 주인이 되는 세상, 진정한 지방자치시대를 열어 나갑시다. 여러분!

　　존경하는 유권자 여러분!

요즘 김영삼 대통령은 국제화니 세계화니를 외치고 있습니다만 쓸 데 없는 소리하지 말라고 하세요. 국제화인지 세계화인지를 할려면 우선 우리 내부부터 깨끗해야 한다는 겁니다. 속으로는 썩을 대로 썩었으면서 겉으로 아무리 좋은 얘기 해봤자 국제적으로 웃음거리 밖에 안 된다 이 겁니다. 김영삼 정권 2년 반동안에 범죄와의 전쟁을 벌이고 서슬퍼런 개혁의 칼날을 높이 빼어 들었지만 무엇이 얼마나 좋아졌으며 무엇이 바로 잡혔단 말입니까? 소리만 요란했지 무엇 하나 제대로 된 것이 하나 없는 빈 수레 정권이올시다. 여러분! 그렇지 않습니까? 제 말씀이 맞으면 박수 한번 보내 주십시오! 감사합니다.

오히려 범죄는 더욱 치밀 대담해졌고 각종 사회악은 암세포처럼 뿌리내려 무엇을 어디서부터 손대야 할지 모를 정도가 되었습니다. 인천 북구청 세무비리만 해도 그렇습니다. 정직하고 성실하게 살아가는 대다수 국민들의 가슴에 너무도 큰 절망과 허탈감을 안겨준 세금 도둑사건, 경기도 자체 감사에서 부천시의 도세를 적발하고도 내부적으로 변상조치만 지시한 뒤 비리는 한 건도 없다고 발표했으니 이러고도 이게 문민정부입니까? 이러고도 제대로된 정부입니까? 이러고도 세계화니 국제화니를 외칠 수 있느냐 이 말입니다. 참으로 한심한 일이 아닐 수 없습니다.

특감본부의 발표에 따르면 전국 시·군·구 중에 적어도 네곳 중 한곳에서는 세금비리가 있다고 발표하였습니다. 수천건의 비리가 전국 방방곡곡에서 횡행하고 있는데도 유권자 여러분께 표 달라고 할 자격이 있습니까? 민자당 후보에게 표찍을 사람있습니까? 천만에 말씀 한 사람도 없을 겁니다. 한 표도 주지 않을 겁니다. 저 김민주는 이번 지방선거에 있어서 서울시의회에 들어갈 것 같으면 우리 지역사회의 부정한 뇌물이나 인사청탁, 향응 같은 독소를 일소하는 계기를 만들고 공직사회에 청렴한 기풍을 만들어 살 맛나는 서울시, 쾌적한 서울시의 파수꾼이 될 것을 유권자 여러분에게 굳게 약속드리는 바입니다.

　존경하는 유권자 여러분!

　지방자치라고 하는 것은 지역 주민의 뜻에 따라 지역의 살림을 자치적으로 운영해 나가는 것입니다. 지방의원은 지역 주민의 대표로써 지역 주민의 뜻을 잘 받들어 심부름하는 일꾼인 것입니다. 그렇기 때문에 서울시의 살림도 감시하면서 전체의 균형 발전에도 힘써야 되겠지만 우리가 살고 있는 ○○구의 발전을 위해서 많은 일을 해야 합니다. 우리 ○○구는 타지역보다도 할 일이 너무나 많습니다. 주민 여러분의 억울하고 불편하신 민원은 가슴에 응어리져 있고 지역사회 발전을 위한 숙원사업도 산더미처럼 쌓여 있습니다. 주택문제, 교통문제, 주거 환경문제 등 어느 것 하나 명쾌한 것이 없으며 복지 편의시설도 최악의 조건에 있는 지역이 바로 우리 ○○구이기 때문에 이번에 선출될 시의원이야 말로 진짜 일할 수 있는 사람을 선택해야 합니다. 저는 이번 선거에서 시의원에 당선된다면 국고보조금이나 지방교부금부터 많이 확보하여 우리 구에 있는 상업지역을 대폭 확장할 수 있도록 서울시와 협의하고 건설부에 요청하여 실천에 옮길 것을 약속드립니다.

　또한 재개발 문제도 마찬가지입니다. 우리 지역은 35.4%가 재개발 제한구역으로 묶여 있습니다. 주택 보급율도 47.3%로 절반 이상의 주민이 집없는 설움을 겪고 있습니다. 값싸고 편리한 도시가스 보급율이 10%밖에 되지 않아 연탄가스의 공포 속에서 살고 있습니다.

　저는 이와 같은 민원사항을 해결하고 낙후된 우리 고장의 발전을 위해서 헌신 노력할 것입니다. 또한 우리 서울은 그동안 산업사회로 전환하는 과정에서 사실상 공해문제에 적극적으로 대처하지 못했습니다. 이 심각한 공해문제를 해결하지 못한다면 우리의 서울은 멀지 않아 죽음의 도시로 변하고 말 것입니다. 따라서 저는 우리의 젖줄 한강을 살리기 위해 강력한 규제사항을 두어 맑은 물 공급에 최선을 다 하겠습니다.

존경하는 유권자 여러분!

저는 여러분들에게 호소합니다. 전면적인 지방화 시대를 맞이하여 요즈음 망둥이가 뛰니까 무엇도 뛴다고 권력에 아부하고 놀고 먹던 사람들이 요즈음 덩달아 뛰고 있습니다. 이 사람들이야말로 자기의 명예와 이권에 개입해서 부의 축적을 노리는 사람들입니다. 절대로 이러한 사람들은 찍지 맙시다! 낙선시킵시다, 여러분!

여러분의 이 김민주는 결코 여러분에게 실망을 안겨 드리지 않을 것입니다. 민주당의 기호 2번 김민주는 여러분의 편리한 생활 환경을 위한 막일꾼이 될 것입니다.

여러분들의 뜨거운 성원을 기대합니다. 감사합니다.

광역의회의원 후보연설문(야당편 2)

존경하는 유권자 여러분!

진정한 우리 서울시의 심부름꾼이 되고자 여러분앞에 나선 민주당 소속 기호 2번 홍길동입니다. 5·16군사정권으로 실종되었던 지방자치가 35년만에 전면적으로 실시되는 이번 4대 지방선거야 말로 역사적인 선거라 아니 할 수 없습니다. 그러나 보십시오! 지금 전국적으로 혼탁해지고 있는 이 선거를 말입니다. 이게 선거입니까? 이게 선거예요? 돈 많은 졸부들이 여기 저기서 온갖 수작을 부리고 있어요. 금품 제공하고 후보 사퇴시키고 정부에서는 공무원 몇만명 차출하여 공명선거 감시단인가 뭔가를 구성해 가지고 선거를 감시하라고 하는 모양인데 이것은 분명 고양이에게 생선가게 맡긴 것 아니냐 이 말입니다. 가재는 게편이라고 여당편만 들고 야당후보만 감시하는데 이게 바로 행정선거요, 관권선거가 아니냐 이 말입니다. 여러분!

맞다고 생각하시면 박수 한번 쳐 주십시오!

존경하는 유권자 여러분!

박정희 정권으로부터 실종된지 35년만에 다시 찾은 이 지자제는 분명 축제 분위기로 동네 잔치로 치러져야 함에도 불구하고 이 민자당 정권은 국민들로부터 무관심을 갖게 할려고 온갖 작태를 부리고 있습니다. 여·야 합의로 통과된 통합 선거법에 있어서 잉크도 채 마르기도 전에 기초의원 정당공천을 배제시켰습니다. 이것은 분명 선거에 자신이 없기 때문입니다.

또한 내년의 국회의원 선거와 내후년의 대통령선거를 겨냥한 치졸한 발상이 아닐 수 없기 때문에 본인은 이 김영삼 정권의 실정을 하나 하나 열거하여 지적하지 않을 수 없습니다.

과거 군사정권도 아닌 소위 문민정부라고 하는 자들이 하는 짓을 보면 부의장이 기자석에 들어가 사회를 보지 않나, 세상천지에 자다가도 웃을 해괴한 방식으로 단 20초만에 54조원의 예산안 등 47개 법안을 통과시키는 신종 날치기 기록을 세운 정부이올습니다. 시집살이를 당한 며느리가 더 시집살이를 시킨다더니 이 민자당 정권을 두고 하는 말인가 봅니다. 이 민자당 정권 들어선 이후 사회는 더욱 혼란해지고 생활은 날이 갈수록 피폐해졌습니다. 인사가 만사라고 말끝마다 외치고 있습니다만 사실 이 정권 들어서고부터 지존파의 엽기적인 살인행각에 이어 탈영사건, 장교살인사건, 아현동 가스폭발사건, 유람선 화재 및 지하철사건, 성수대교 붕괴 등 김영삼 정권 출범 후 2년 반동안 엄청난 대형사고 등이 줄줄이 사탕식으로 엮어지고 있습니다. 또한 500여명이 죽었습니다.

성수대교 붕괴는 그동안 민생치안의 부재, 물가폭등, 대북정책 혼선, 공직비리, 군기강 해이 등 모든 분야에서 난맥상을 노정해 온 김영삼 정권의 국정능력이 완전히 붕괴되었음을 극적으로 입증시키는 참사인 것임에도 불구하고 현 정권은 이 엄청난 인재에 대해 전혀 책임지려는 자세를 보이지 않고 있습니다. 말단 공무원 몇명만을 구속하는 선에서 이를 봉합하려 하고 있는데도 누가 이 정권을 지지하겠습니까? 누가 이 민자당 후보를 선택하시겠습니까? 절대로 안 될 말씀입니다. 이렇게 무책임하고 부도덕한 정권에 족쇄를 채우고 지역사회에 새로운 생명과 활력을 넣어 내고 장 주민들의 의사가 잘 반영될 수 있도록 일할 수 있는 사람을 선택해야 합니다. 문민독재의 폭정과 비리에 과감히 맞서고 정부 여당의 위선과 타락에 철퇴를 가할 제일 야당, 서민과 중산층을 대변하는 국민정당 민주당이야 말로 여러분의 이익을 대변해 주고 여러분의 권익을 보호해 줄 수 있는 정당이라고 민주당 기호 2번 홍길동은 자신 있게 말씀드립니다!

존경하는 유권자 여러분!

요즘 김영삼 대통령은 국제화니 세계화니를 외치고 있습니다만 쓸 데 없는 소리하지 말라고 하세요. 국제화인지 세계화인지를 할려면 우선 우리 내부부터 깨끗해야 하는 겁니다. 속으로는 썩을대로 썩었으면서 겉으로 아무리 좋은 얘기 해봤자 누가 알아주지 않습니다. 국제적으로 웃음거리 밖에 안 된다 이 겁니다. 각종 범죄에다 빈부의 격차는 심화될 대로 심화되어 날이 갈수록 못살겠다고 아우성입니다. 못사는 이유가 진정 우리가 게을러서입니까? 절대로 그런 게 아닙니다. 그것은 바로 국민을 무시하고 재벌과 부동산 투기꾼을 비호하는 정권이 오늘의 우리 사회를 이렇게 만들어 버린 결과인 것입니다. 우리도 모르는 사이에 재벌과 부동산 투기꾼들이 갈취해 갔기 때문입니다. 극소수 재벌과 부동산 투기꾼들이 번돈이 우리 1천만 근로자의 1년 봉급보다 더 많은 것이 이를 증명해 주고 있습니다.

따라서 이번 지방의회 선거는 정치, 경제적인 측면에서도 실로 중대한 심판의 장이 되어야 합니다. 유권자 여러분! 우리는 이번 선거에 우리의 유일한 무기인 투표권을 포기하지 마시기를 간절히 호소합니다. 만일 우리가 우리의 권리를 포기하고 심판을 잘못하게 되면 의회민주주의는 영원히 말살되고 말 것입니다. 우리가 그토록 갈구하던 인간다운 사회는 영원히 물거품이 되고 말 것입니다. 우리가 이번에 심판을 잘못하면 집권 여당은 또 다시 국민의 의사를 배신하고 개인의 부귀와 영화를 위해서 혈안이 될 것입니다. 이번 선거에서 우리가 심판을 잘못하면 그들은 침묵하는 국민의 이름을 팔아 내각제 개헌을 획책하여 이 나라를 혼란과 절망의 구렁텅이로 몰아 놓고 말 것입니다. 내각제가 되면 87년 6월 항쟁을 통해 쟁취한 대통령 직선제의 권리를 빼앗기게 되어 정권교체의 희망은 완전히 사라지고 재벌과 부동산 투기꾼과 권력의 유착으로 경제정의를 실현해야 한다는 우리의 희망은 사라지고 말 것입니다.

따라서 우리는 야당의원을 많이 당선시켜 여당의 독주를 견제토록 합시다. 여당의 횡포를 감시하는 야당의 파수꾼 기호 2번 홍길동이를 시의회로 보내 주시기 바랍니다, 여러분!

존경하는 유권자 여러분!

진정한 지방자치란 지금까지처럼 지역의 살림살이가 행정부에 의해서 집행되었던 것을 우리 지역민 스스로가 의논해서 결정하고 집행하는 자율적인 제도로써 지방의회의원은 여러분의 뜻을 잘 받드는 심부름꾼이라는 사실입니다. 지방의회의원은 우리가 내는 세금이 주민 대다수의 이익과 지역발전을 위해서 어떻게 쓰여져야 하는가에 대해 주민의 의사를 민주적으로 수렴하고 집행된 예산이 올바르게 쓰여졌는가를 감시하는 것이 제일 중요한 임무입니다.

또한 지역발전을 위해 가장 시급한 사업이 무엇인가를 정하여 지금까지 소외당한 우리 빈민과 서민을 위한 정책을 과감히 추진하는 것과 특색 있는 지역발전을 위해 주민의 의사를 민주적으로 결집하는 일을 합니다. 이와 같이 중요한 지역 현안을 다루는 지방의회에 있어서 그 지방의회를 운용하는 대표가 누구냐에 따라서 크게 좌우됩니다. 부동산 투기꾼과 같은 졸부의 이익을 위해 대변하는 민자당과 그런 당의 지지를 받고 나온 자들이 의회를 장악하게 되면 지자제가 빛을 볼 수 없습니다.

그들은 주민 절대 다수의 이익보다는 자신들의 재산을 지키고 키우기 위해 더욱 혈안이 되기 때문입니다. 이제 우리는 이번 선거를 통해 국민을 배신하는 정상배를 키우는 부끄러운 일을 되풀이 해서는 안 되겠습니다. 무엇보다도 대다수 주민의 이익을 대변할 수 있는 민주적이고 소신 있는 사람이 당선되어야 합니다.

여러분! 저는 다시 한번 호소합니다! 이번에 실시하는 4대 지방선거야 말로 이 나라의 진정한 민주주의의 꽃을 피우느냐, 아니면 다시 문민독재로 회귀하느냐 하는 중요한 선거인 것입니다. 다가오는 6월 27일은 고장난 민자당 정권에 대한 심판하는 날입니다.

온갖 사건공화국인 민자당 정권에 국민의 심판이 얼마나 무섭고 혹독하다는 것을 똑똑히 보여 줍시다! 진실로 국민을 사랑하는 정당, 민주당을 지지해 주십시오!

기호 2번 홍길동이를 지지해 주십시오! 감사합니다.

제2회 전국동시지방선거사무 일정표
(1998. 6. 4 실시)

시행일정	실시사항	기준일	관계법조
'97.12.6(토) 부터 '98.6.4(목) 까지	**기부행위제한**	선거일전 180일부터 선거일까지	법 §112
'98. 3.6(금) 까지	**입후보하는 공무원 등의 사직** (당해지방자치단체의 의회의원이나 장이 그 직을 가지고 입후보 하는 경우는 제외)	선거일 전 90일까지	법 §53①
	향토예비군소대장, 통·리·반장이 선거사무장 등이 되고자 하는 때 그 직의 사직		법 §60②
4. 5(일) 까지	지방의회의원이 다른 지방자치단체의 의원이나 장의 선거에 입후보 하는 경우 사직	선거일 전 60일까지	법 §53①
4. 15(수) 까지	인구수 등 통보 **(기준일 : 3.31)**	기준일 후 15일까지	법 §22②
5.9(토) 까지	**선거비용제한액 등 공고**	선거기간 개시 일 전10일까지	법 §122
5.12(화) 까지	투표구 명칭과 구역 공고	선거인 명부작성 기준일 전일까지	법 §31③ 규 §7

시 행 일 정	실 시 사 항	기 준 일	관 계 법 조
5.13(수)부터 5.17(일)까지	선거인 명부작성 부재자신고 및 부재자 명부작성	선거일 전 22일부터 5일 이내	법§37, 규§10 법§38, 규§11
5.14(목)부터 5.20(수)까지	무소속후보자의 추천장검인·교부	후보자등록신청개시일 전 5일부터 후보자등록마감일까지	법§48② 규§19
5.15(금)까지	선거인명부의 열(공)람 장소와 기간공고	열람개시일 전 3일까지	법§40③ 규§13③
5.16(토)까지	후보자 등의 방송연설 이용시설 지정·공고	후보자등록신청개시일 전 3일까지	법§71④
5.18(월)까지	투표용지작성방법 결정·공고	후보자등록신청개시일 전일까지	법§211 규§126
5.18(월)에	부재자신고인명부 확정	부재자신고기간 만료일의 다음날에	법§44
5.18(월)부터 5.20(수)까지	선거인명부 열(공)람 및 이의신청	선거인명부작성기간 만료일 다음날부터 3일간	법§40①②, 41① 규§13
5.19(화)부터 5.20(수)까지	**후보자등록신청** (매일 오전 9시 ~ 오후 5시까지)	선거일 전 16일부터 2일간	법§49. 규§20

시 행 일 정	실 시 사 항	기 준 일	관 계 법 조
5. 20 (수) 까지	경력방송원고 제출	후보자등록마감일까지	법§73⑤, 규§38②
	투표용지 게재순위결정		법§150③④⑤
	합동연설회일시·장소결정	후보자등록마감후	법§75②, 208 규§125
5. 21 (목) 까지	선거인명부 (부재자신고인명부) 사본교부신청	후보자등록마감일 다음날까지	법§46 규§183
5. 23 (토) 까지	**선전벽보·선거공보·지방자치단체의 장 선거의 부재자용 책자형소형인쇄물 제출**	후보자등록마감일 후 3일까지	법§64② 규§29③④
5. 24 (일) 까지	기관·시설안의 부재자투표소 설치허가 신청	선거일전11일까지	법§149② 규§70⑤
5. 25 (월) 까지	**선전벽보 첩부**	제출마감일후2일까지(섬·산간오지일 경우 3일까지)	법§64⑧ 규§29②⑤
	투표소의 명칭과 소재지 공고		법§147⑧
	부재자투표소의 명칭·소재지, 설치·운영 기간 공고	선거일 전 10일까지	법§148③ 규§68⑤
	부재자투표용지 발송(선거공보, 지방자치단체의 장 선거의 책자형소형인쇄물, 부재자투표안내문 동봉)		법§154, 212 규§77

시 행 일 정	실 시 사 항	기 준 일	관 계 법 조
5. 26 (화) 까지	부재자투표참관인 선정·신고	선거일 전 9일까지	법 §162②
	지방자치단체의 장 선거의 매세대용책자형 소형인쇄물제출	후보자등록마감일 후 6일까지	법 §66⑥ 규 §316
5. 28 (목) 까지	선거공보 발송	선거공보 제출 마감일 후 3일까지	법 §65②
	투표용지의 모형공고	선거일 전 7일까지	법 §152① 규 §75
5. 28 (목) 에	선거인명부확정	선거일 전 7에	법 §44
5. 28 (목) 부터 5. 30까지	부재자투표소에서의 투표 (매일 오전10시부터 오후4시까지)	선거일 전 7일부터 3일간	법 §148① 155②
5. 29 (금) 까지	투표안내문발송 (지방자치단체의 장 선거인명부의 제작형 소형인쇄물 동봉)	선거인명부 확정일 다음날까지	법 §153①②211③ 규 §76, 127
5. 30 (토) 까지	개표소 공고	선거일 전 5일까지	법 §173, 126③ 규 §133 ②⑤
6. 1 (월) 까지	투표사무원 위촉·공고	선거일 전 3일까지	법 §147⑨
	개표사무원 위촉·공고		법 §174①

시행일정	실 시 사 항	기 준 일	관 계 법 조
6.3(수)까지	투표소 설비	선거일 전일까지	법§147, 규§67,128
	개표소 설비		규§95
	投票참관인 선정·신고		법§161②, 213① 규§88
	開票참관인 선정·신고		법§181②, 215① 규§102,133⑥
	정당추천위원의 투표용지가인	투표개시시각전까지	법§157② 규§85,126③
6. 4(목)	投票	선거일	법 10장
	開票		법 11장
6.15(월)까지	선전벽보 등 작성 보전비용 청구	선거일 후 10일까지	법§64⑩, 66⑧, 71⑩ 규§26①
6.18(목)까지	선거소청	선거일부터 14일 이내	법§219①
	선거소송, 당선소송	소청결정서를 받은 날부터 10일 이내, 소청 결정기간이 종료된 날부터 10일 이내	법§222②, 223②
7.4(토)까지	선전벽보 등 작성비용의 보전	선거일 후 30일 이내	법§57③, 64⑩, 65③, 66⑧, 71⑩ 규§26①

306

시 행 일 정	실 시 사 항	기 준 일	관 계 법 조
7. 4(토)까지	**선거비용수입·지출보고서제출**	선거일 후 30일까지	법§132, 규§56
7. 5(일)부터 7. 11(토)까지	선거비용수입·지출보고서열람 기간·장소, 사본교부비용공고	보고서제출마감일부터 7일 이내	법§132③ 규§57①

정치부 기자가 쓴———
당선으로 가는 길

●

편저자/최재익
발행인/김재엽

●

발행처/한누리미디어
100-192, 서울·중구 을지로2가 148-73 신화빌딩 401호

●

전화/268-4514
FAX/268-4524
등록/제16-467호(1993.11.4)

●

초판발행일/1995년 4월 19일
재판발행일/1998년 4월 1일

●

값/15,000원

●

ⓒ 1998. 최재익 Printed in KOREA

●

잘못된 책은 바꿔 드립니다.

●

ISBN 89-7969-100-9 93340